한국 근현대사

역사의 현장 40

한국 근현대사

역사의 현장 40

'근대의 심장' 경복궁에서 '분단의 상징' 판문점까지

교수신문·부산대학교 한국민족문화연구소 로컬리티의인문학연구단 외 지음

Humanist

들어가며

《한국 근현대사 역사의 현장 40》은 불완전한 책이다. 불완전하다고 하는 것에는 두 가지 의미가 있다. 하나는 이 기획이 휴전선 남쪽의 공간만을 대상으로 했다는 점에서 그러하고, 또 하나는 특정 장소에 대한 해석은 절대적이지 않고 다양하며 그 접근 또한 열려 있기 때문이다. 바로 이 후자의 관점에서 이 책은 오늘을 만든 근현대의 시간을 조명한 '복수複數의 시선視線' 가운데 하나라 할 수 있다. 《교수신문》은 2012년 신년 특별 기획으로 '근현대 한국을 만든 40곳'을 연재했다. '지금 우리가 발 딛고 살아가고 있는 이 공간을 만든 주요한 장소는 어디일까?'라는 질문을 바탕으로, 역사학·정치학 등 여러 학문 분야에서 '역사 공간의 기억'을 실마리로 한국 근현대사를 재구성한 기획이다.

우선 오늘날 한국을 만든 역사적 공간·장소를 선정하기 위해 근현대 한국사를 전공한 역사학자를 비롯해 역사사회학 등 관련 분야 연구자와 《교수신문》 주요 필자를 대상으로 설문조사를 진행했다. 특히 전국의 의미 있는 역사적 공간·장소를 놓치지 않기 위해 지역에 소재한 대학 교수들과 지역사 전공 학자의 참여를 독려했다. 근현대 한국사를 '일제강점기', '해방 후부터 1960년대까지', '1970년대부터 현재까지'의 세 시기로 구분하고, 각 시기별로 정치·경제·사회·역사·문화적으로 특정한 기억과 의미를 내포한 공간·장소를 추천받았다. 연구자들의 추천을 통해 정리한 150여 곳의 공간·장소 가운데 추천 이유가 동일하고, 거리상으로 인접한 공간·장소, 그리고 시기별 또는 시기 구분을 초월해 중복 추천된 40여 곳을 추려 '근현대 한국을 만든 40곳'을 선정했다. 《한국 근현대사 역사의 현장 40》은 그 결과를 토대 삼아 만든 책이다. 편집 과정에서 '개항부터 한국병합까지'의 시기를 추가해 총 4부로 구성했다.

가장 추천을 많이 받은 곳은 역사적으로 굵직한 사건이 일어난 현장이었다. 일제강점기는 독립운동과 관련된 곳이 많았다. 3·1운동이 시작된 탑골공원(파고다공원)이 가장 많이 나왔고, 광주학생운동의 시발점인 광주제일고등학교, 3·1운동을 지원하는 등 사회운동의 거점이었던 천도교 중앙대교당 등도 언급되었다. 일제의 잔재와 수탈의 요지들도 많이 거론되었다. 조선총독부가 있었던 경복궁과 광화문 일대는 일제강점기를 대표하는 역사적 공간·장소 가운데 두 번째로 많은 추천을 받았고, 독립운동가를 투옥·고문했던 서대문형무소가 그 뒤를 이었다. 서울역(경성역)·군산항·목포항·인천항 등 일제에 의한 경제 수탈이 이루어진 교통의 요지들도 주요 장소로 꼽혔다.

해방 이후부터 1960년대까지는 판문점과 휴전선, 1970년대 이후에는 광주가 가장 많이 언급되었고, 해방 이후 산업화와 관련해서 포항제철이 대표로 꼽혔다. 학자들의 의견은 해방 이후부터 1970년까지의 기간에 대한 해석에서 가장 많이 엇갈렸다. 역시 '현재'의 문제와 깊이 닿아 있기 때문이다. 대한민국 정부 수립부터 한국전쟁, 산업화에 이르기까지 숨 막

히도록 혼란한 시대상이 반영된 결과로 읽어낼 수 있는 부분이기도 하다.

이 책에서 다루는 "공간·장소는 모두 한국 근현대사의 트라우마를 상징한다는 공통점을 가진다. 특히 식민지 시기를 거친 포스트 식민도시 서울과 부산에 집중된 장소들은 식민도시 시절의 기억과 모습이 과거의 극복이란 명분으로 급속도로 파괴되었기 때문에 공간이 가진 의미의 중층성을 잘 포착하고 풀어내야 한다. 그런가 하면 또 다른 대부분의 중요한 장소들은 이데올로기적 요소를 내포하고 있다. 그 결과 첨예한 관점이 교차하며, 현재 진행중인 역사적 트라우마를 제대로 짚어내지 못하면 공간을 단순한 서술과 묘사의 대상으로 전락시킬 수 있다. 그래서 역사적 장소의 표상에서 재현된 이념, 가치, 구조, 헤게모니, 역사화의 시공간성을 통찰할 필요가 있다. 트라우마 공간에 대한 기존의 지배적 기억과 공간정체성을 무조건 답습하는 것이 아닌 새로운 공간인식의 계기로 반전시켜 내는 것, 그것이 이 기획의 목표"라고 집필에 참여한 부산대학교 한국민족문화연구소 로컬리티의인문학연구단은 밝혔다.

《한국 근현대사 역사의 현장 40》에서 찾은 공간·장소를 통해 독자들은 역동적이고 생생한 과거를 만날 수 있을 것이다. 또한 때로는 감동과 자부심이 넘치는, 때로는 치욕적이고 부끄러운 역사가 담긴 역사의 현장을 어떻게 기억하고, 이곳에서 살아가는 우리가 이후 어떤 역사를 만들어갈 것인지 성찰하는 기회가 될 것이다.

이 책은 많은 이들이 함께 만든 결과물이다. 《교수신문》에서 주로 기획과 진행을 맡았지만, 부산대학교 한국민족문화연구소 로컬리티의인문학연구단에서 주요 집필진을 구성해 기획을 일관성 있게 유지하는 데 큰 도움을 주었다. 또한 기획의 완성을 위해 주요 인접 분야 연구자들도 참여했다. 신문에 연재된 기획을 멋진 단행본으로 만들어내기까지 많은 분들의 수고가 있었다. 공간·장소 선정 과정에 참여해주신 선생님들, 무엇보다 이 책의 바탕이 된 기획을 든든히 지원해주신 이영수 《교수신문》 발행인과 김동철 부산대학교 한국민족문화연구소 소장님께 깊이 감사드린다. 어느 곳에선가 이 낯선 책과 마주칠 '독자' 여러분께도 고마움을 전한다.

기획 및 집필진을 대신하여

최익현(교수신문 편집국장)

차례

2부 머나먼 여정, 식민에서 독립으로 – 일제강점기부터 해방까지

3부 새로운 출발, 그러나 아픈 – 해방 후부터 1960년대까지

4부 영광의 길목 – 1970년대부터 오늘날까지

1부

근대의 심장을 찾아서

개항부터 한국병합까지

경복궁 · 덕수궁 · 장충단공원 · 남산 · 옛 부민관 · 서울시의회 청사 · 명동 · 충무로

경복궁

권력성의 토폴로지로 접철된 공간

조선 왕조의 정궁, 경복궁의 수난

1995년 8월 15일, 광복 50주년 기념일 행사는 유달리 세간의 이목을 끌었다. 식민 권력의 심장부였던 구舊 조선총독부의 중앙돔 첨탑의 일부를 크레인으로 철거하는 장면이 온 국민에게 방송으로 중계되었기 때문이다. 그날은 오욕의 현장을 버텨온 세월의 더께를 벗겨내는 순간이었다. 2년 뒤, 옛 조선총독부 청사는 철거되었다. 마침 이해엔 창덕궁이 유네스코 세계문화유산에 등재되었다.

옛 총독부 건물은 조선 왕조 500년의 정궁正宮인 경복궁景福宮의 복판에다 의도적으로 터를 잡았다. 이후 궁궐의 정문인 광화문光化門과 국가의 의식을 치르는 중요한 공간인 근정전勤政殿 사이에 서서 역사의 숨통을 조이며 제국의 위용을 과시했다. 오늘날에는 이 광장에 당시 총독부가 있었다고는 쉽게 연상되지 않을 것이다. 과거 문무백관이 조복을 입고 근엄하게 드나들고 외국 사신이 국왕에게 조하朝賀를 올리기 위해 예를 다해 출입하던 광화문과 근정문이 아니던가.

일장기가 걸린 경복궁 근정전. 일제는 1910년 강제병합 이후 경복궁 근정전에 일장기를 걸고 국권 침탈을 과시했다.

조선은 개국하면서 도읍으로서 서울의 풍수지리를 잘 활용했다. 백악산 앞에 펼쳐진 평원은 왕궁의 기틀을 머금고 있었고 이곳을 감싸고 흐르는 한강은 득수의 조건에 부합했기에, 여기에 장엄한 궁궐을 축조했다. 임진왜란 전에는 경복궁이 법궁法宮이었고 창덕궁과 창경궁은 이궁離宮으로 사용되었으나, 왜군의 침략으로 서울의 궁궐들이 파괴되었다. 그 후 인조대에 와서 궁궐들을 보수했으나 경복궁만은 재정 부담 탓에 복원하지 못했다. 그 대신 중건된 창덕궁이 법궁이 되었으며, 경희궁慶熙宮과 더불어 각각 동궐과 서궐로 불렸다.

그러다 고종이 즉위하자 실권을 장악한 고종의 생부 흥선대원군이 1863년에 경복궁 중건에 나섰고 5년 만에 완공했다. 이마저도 온전하진 못했다. 두 차례 발생한 큰 화재로 자경전과 교태전 등 여러 내전이 소실되었고, 고종은 경복궁과 창덕궁을 자주 옮겨 다니는 신세가 되었다. 급기야 명성황후 시해 사건을 계기로 고종은 목숨에 위협을 느껴 정동에 있던 러시아 공사관으로 피신하기까지 했다. 국가의 자존심은 무너졌고, 경복궁은 더는 왕이 거주하지 않는 빈 궁궐이 되고 말았다.

박람회장으로 전락한 경복궁

일제는 1915년에 시정施政 5년을 기념하려는 목적으로 조선물산공진회를 개최했는데, 그 장소가 바로 경복궁이었다. 총독이 새로 즉위한 쇼와昭和 천황에게 진상하기 위해 2년 전부터 계획한 일이었다. 일제는 전시회장을 마련한다는 구실로 궁궐 내부를 파헤치기 시작했다. 이때 근정문 앞을 지키던 홍화문, 양쪽 옆에 서 있던 유화문, 용성문, 협생문 등 여러 건물이 한꺼번에 헐렸다. 그러면서 경복궁은 조선 왕조의 권위를 상징하는 궁궐이 아니라 박람회 전시장으로 전락하고 말았다.

개장식장에는 총독, 정무총감, 중추원 고문관, 주차군 사령관 들이 국화를 가슴에 달고 참석했다. 식민 권력에 의해 근정전의 용상龍床은 총독의 군홧발에 짓밟혔고 강녕전과 교태전은 떠들썩한 귀빈실로 쓰이는 수모를 겪으며 경복궁의 장소성은 변질되어갔다. 심지어 공진회장에서 소, 돼지 같은 가축의 품종 개량 상태를 보여준다는 명분으로 축사가 궁궐 한가운데에 의도적으로 지어지는 수모를 당했다.

일부 건물은 아예 해체해서 민간에 불하하거나 건축 부재가 사적 용도로 쓰이도록 방치했다. 예컨대 세자와 세자빈의 침전이었던 자선당資善堂을 일본인 상인 재벌 오쿠라 기하치로大倉喜八郎•가 반출해서는 도쿄의 개인 저택인 오쿠라호텔 안에다 버젓이 다시 세웠다. 이 건물이 1923년 관동(간토) 대지진으로 불타 버리자 호텔 측은 기단부의 일부를 정원석으로 사용해왔는데, 1996년 우리 문화재관리국이 기단석과 주초석의 잔해를 인수받아, 80년 만에 경복궁으로 다시 가져왔다.

식민 권력의 심장, 조선총독부 청사

공진회가 끝난 뒤, 조선 총독 데라우치 마사타케寺內正毅는 경복궁의 역사와 전통을 은폐하고자 식민 통치 기관인 총독부를 경복궁 안에 두려는 계획을 세운다. 총독부는 하늘에서 내려다보면 일본을 상징하는 '날 일日' 자 형태가 되고, 정면에서 볼 때는 중앙돔이 일본제국 군인의 투구가 되고, 양옆 부분은 어깨가 되는 형태였다. 한마디로 전형적인 군국주의 양식으로 설계되었다. 이 건물은 독일인 게오르크 데 랄란데Georg de Lalande가 기초 설계를 했는데 그가 죽자 일본인 노무라 이치로野村一郎와 구니에다 히로시國枝博가 완성했다. 이들은 일본 신도식神道式으로 근정문 앞뜰에서 지진제地鎭祭를 치렀다.

그 결과 경복궁은 궁궐 누각들과 홍례문興禮門을 비롯해 4,000여 칸이 사라지면서 산산이 유린당했다. 총독부는 조선 왕조 정가政街의 본산인 광화문 앞의 육조六曹 거리를 '조선총독부 광장'으로 둔갑시켜 조선 왕조의 심장부를 도려내는 대신 '식민 권력의 심장부'를 이식시키고, 일제의 식민 지배를 광고하는 선전 공간으로 활용했다. 이제 총독부는 단순히 근대식 건축의 표상에 머무르지 않

● **오쿠라 기하치로** 일제강점기에 조선의 문화재를 약탈하는 동시에 부산에서 일본 제일은행 지점을 개설하고 무역과 군수업에 주력하여 대상인으로 성장한 인물. 특히 오쿠라구미(大倉組)를 설립해 건설업에 적극 개입하면서 덕수궁 석조전을 비롯해 관청·학교·병원 등 일제 통치에 필요한 공공건물과 군용 시설을 설립했다.

조선총독부 청사 건물은 일제강점기인 1926년 경복궁 흥례문 일대에 세워졌다.

고 한민족 식민 지배의 총본산이 되었다. 순종이 머물던 창덕궁 대조전에 화재가 났을 때도 복구한다는 명분으로 일제에 의해 강녕전과 교태전의 건물 부재가 강제로 옮겨지는 등 능욕을 당했다.

이후에도 경복궁이라는 공간은 권력성의 토폴로지topology(점집합)로 점철되었다. 총독부 건물은 해방 후 미 군정이 통치하면서 군정청으로 재활용되었고, 총독부 광장은 다시 군정청 홍보 광장으로 바뀌었다. 나중에 대한민국 정부가 수립된 후로는 대통령 집무실 등 주요 부처가 배치되어 중앙 행정 관청으로 기능하게 되면서, 외형적으로 볼 때 경복궁은 '권력의 심장부' 역할을 지속했다.

경복궁의 복원과 남은 과제

우리 민족의 심장부에 쇠말뚝을 박았던 총독부. 일제 침략의 표상이었던 옛 총독부 건물은 한동안 중앙청으로 쓰이다가 더는 정부 기관의 집무실로 사용하면 안 된다는 여론이 들끓어 1986년부터 국립중앙박물관으로 임시 사용되었으며, 결국 1995년 해방 50년 만에 역사 속으로 사라졌다. 그해부터 침전인 강녕전, 동궁 영역에 속하던 자선당 같은 개별 건물도 많이 복원되어 궁궐 경관이 어느 정도는 되살아났다.

그러는 동안 경복궁의 정문인 광화문 역시 많은 수난을 겪었다. 일제는 1927년에 광화문의 위치를 강제로 옮긴 뒤 원래의 자리를 총독부 광장이라 부르며 그 자리에서 각종 행사를 강행했다. 일제는 총독부 광장을 황국신민을 양성하기 위한 집회 장소로 주로 활용했다. 광화문은 미 군정기에도 제자리로 돌아오지 못했다. 총독부 광장이 '군정청 광장'으로 대치되었을 뿐이다. 그 얼마 후 1951년에 한국전쟁으로 불타버렸고 1968년에야 철근 콘크리트 건물로 복원되었다. 하지만 광화문을 경복궁의 중심축에 맞추지 않고 당시 중앙청으로 사용하던 옛 총독부 건물의 축에 맞추는 바람에 방향이 어긋난 데다, 위치도 14미터가량 뒤로 물러난 상태로 복원되어 옛 모습을 잃어버렸다. 그러다가 2006년부터 철거·해체 작업을 시작하고 2010년에 복원 공사를 마무리하여 드디어 원래의 모습으로 제자리를 찾게 되었다. 이때 광화문의 수문장 역할을 하던 해태 두 마리도 돌아왔다.

이제 경복궁은 우리 시민들뿐만 아니라 외국 관광객을 위한 문화 공간으로도 자리를 잡았다. 광화문과 흥례문 앞에서 열리는 수문장 교대식은 경복궁 공간에서 이루어지는 문화 소비 양식의 하나로 널리 알려졌다. 이와 같은 볼거리는 단순한 퍼포먼스가 아니라, 철저한 역사적 고증을 거쳐 브랜드화한 전통 문화 알리기가 되어야 할 것이다.

또한 식민 권력에 의해 포섭된 경복궁의 역사성과 장소성을 회복하기 위한 사회적·문화적 사업이 시급하다. 특히 문화재를 보수 또는 복원할 때 정권의 논리에 밀려 무리하게 기간을 단축하는 졸속 사업이나, 충분한 고증 없이 주먹구구식으로 땜질하는 보수 행위는 결코 있어서는 안 될 일이다. 더구나 경복궁은 일제강점기에 궁궐의 대부분이 훼손되어 세계문화유산의 자격에 아직도 미달된 상황이다.

보이기와 보기, 이용하기의 기시감

고종이 경복궁을 떠난 뒤 일반에 공개되다

경복궁은 한국의 정치·경제·사회의 중심인 서울에서도 권력과 가장 가까운 공간이었다. 경복궁은 패배한 기존의 권위를 상징하는 곳인 동시에 새로운 권력의 보금자리라는 점에서 이중성을 지녔다. 특히 1896년에 고종이 경복궁을 떠난 이후 시간적으로 상당히 차이가 나는데도 경복궁을 '파괴'하고 '활용'하는 방식에서 기시감이 드는 것은 경복궁의 그러한 특성에서 기인한다.

1896년 고종이 경복궁을 떠나자, 곧장 많은 외국인이 앞다투어 경복궁을 구경하러 오기 시작했다. 주요 관람자는 일본 군인이었다. 일제의 침략이 본격화하면서 경복궁의 문은 점점 더 폭넓게 개방되었다. 고종 황제가 강제 퇴위당한 1907년에는 일본인의 방문이 더욱 급증해, 8월 한 달에만도 일본군 400~500명이 경복궁을 구경했다. 또 궁내부는 1908년 3월 8일부터 일반에 공개하기로 결정했다. 그러자 같은 해 4월 19일 일요일 하루 동안 찾아온 이가 2,118명에 이르는 등 매일 수백 명이 찾을 정도였다.

당시 경회루慶會樓 일대는 1907년 10월 일본 황태자의 방문을 계기로 본격적으로 '일본 귀빈'을 위한 연회장으로 이용되기 시작했다. 1909년 7월에 열린, 이토 히로부미伊藤博文 통감을 송별하고 소네 아라스케曾禰荒助

신임 통감을 환영하는 연회에는 한국과 일본의 관리 1,800명이 참가하기도 했다. 그런가 하면 한성부민회•는 일본인 관광단을 환영하는 연회를 개최하며 한복 입은 사람을 쫓아내 물의를 일으키기도 했다.

1910년 국권 상실 직후 경복궁의 상황을 잘 보여주는 사례가 있다. 1913년 새로 즉위한 다이쇼大正 천황의 생일을 축하하는 천장절을 맞아 '관민 연합 대봉축회'가 경복궁에서 거행된 것이다. 이때 근정전에서 식을 열었고, 광화문에는 일장기를 교차하여 걸었으며, 흥례문 앞에는 각종 매점을 만들어 기념품을 판매했다. 또 근정문 안쪽에는 국화 품평회 자리와 식장을 차렸고, 사정문 안에서는 축하주를 나눠 마셨으며, 강녕문 안에 연회장을 차려 일본과 한국 기생들에게 춤을 추게 했다. 게다가 만 명이 넘는 축하객이 만세를 부르며 맥주병을 양손에 들고 흥청망청 놀았다.

일제의 정당성을 과시하기 위한 장소

이후 조선총독부는 경복궁을 새로운 청사 부지로 선정하고 1916년부터 공사를 강행하기 시작했다. 청사 공사 기간은 박람회가 열린 시기와도 맞아떨어졌다. 1915년에 열린 '시정오년기념 조선물산공진회' 포스터를 보면, 조선을 상징하는 경회루와 근정전은 석양의 어둠 속에 잠겨가고 일제의 지배로 전달된 새로운 문명을 상징하는 공진회장은 밝은 대낮으로 표현되어 있다. 그리고 이를 조선인을 상징하는 '기생'이 흥겹게 환영하는 모습이다. 이렇듯 일제는 경복궁을 조선인의 전통과 자존심을 부정하고 자신의 문명적 우월함과 지배의 정당성을 과시하기 위한 최적의 장소로 여겼다.

• **한성부민회** 1907년 10월 일본 황태자의 서울 방문을 앞두고 당시 한성부윤 장헌식이 민간 차원에서 환영 행사를 하기 위해 유길준·조진태·예종석 등 친일적인 민간인들의 도움을 얻어 급조한 단체다.

1915년에 일제가 개최한 시정오년기념 조선물산공진회장의 전경. 경복궁 내 건물을 다수 헐어 내고 변경한 점이 여실히 드러난다.

1926년 10월 1일, 조선총독부는 총독부 청사 낙성식을 거행했다. 이날은 일제가 한국 강점을 기념해 제정한 '시정 기념일'이었다. 이후 경복궁은 행정 공간인 조선총독부 청사, 문화적 정당성을 구현하는 공간인 미술관, 벚나무를 심어 창출된 일본식 경관으로 총독부 관리들이 마음의 안정을 찾도록 만든 후원 공간으로 크게 삼분되었다. 그러면서 심지어 경회루 일대의 잔디밭은 골프 연습장으로 사용되었고, 근정전은 각종 행사, 초혼제나 위령제를 치르는 공간으로 변질되었으며, 경회루는 각종 '지원병'과 '황군'과 '근로보국대'를 격려하는 연회를 베푸는 장소로 전락했다.

시대를 보여주는 지표, 경복궁

해방 이후 조선총독부 청사는 미 군정 청사로 이용되면서 '중앙청'으로 불렸다. 미 군정기에 경복궁 안에 미군의 간이 숙소를 건립하는 데 반대하는 여론이 일기도 했으나, 결국 미 군정은 위치를 약간 변경하여 숙소를 지었다. 이때 지어진 미군 숙소 22동은 나중에 대한민국 정부에 이양되어 각 부처의 관사로 사용되었다. 대한민국 정부 역시 중앙청을 계속해서 행정의 중심으로 삼았다. 곧이어 1950년에 한국전쟁이 발발하자 중앙청은 잠시 인민군 청사로 이용되다가 그들이 퇴각할 때 불을 질러 내부가 소실되었고, 그나마 남아 있던 경복궁의 나머지 건물들도 한국전쟁으로 크게 파괴되었다.

1960년대부터 경복궁은 다시 활용되기 시작해 여러 가지 기능이 덧씌워졌다. 전쟁으로 파괴된 중앙청은 10여 년이 흐른 1961년에야 복구기술위원회가 구성되어 1962년 11월부터 다시 행정 공간으로 이용되었다. 또한 서북쪽 일대에 제30경비단이 들어서면서 부대 인근과 신무문, 경회루의 출입이 제한되었다. 이 무렵부터 방치되어 있던 경복궁의 문화재를 보존하려는 노력도 미미하게나마 나타나기 시작했다.

그러는 한편 경복궁은 4·19혁명 이후 다시 일반에 개방되며 공원으로서의 성격도 강화되었다. '아메리카 카우보이쇼' '국제 프로 레슬링' 경기가 열리기도 했다. 1962년에는 '군사혁명 1주년 기념 산업박람회'가 개최되었다. 박람회장에는 각종 진열관과 공연관 등 서른 채의 건물이 설치되었다. 국제관에는 미국의 인공위성 모델이 진열되었고, 반공관도 마련되었다. 당시 문화재관리국장이던 문응국 대령은 3개년 계획으로 경복궁을 분수와 화단, 야외극장, 어린이 놀이터, 동물원 등이 구비된 대규모 시민공원으로 만들겠다는 '야심찬' 계획을 밝히기도 했다. 1963년 10월에는 경회루 동쪽 약 7,000평

1968년 전후로 경복궁을 '민족의 얼'을 살리는 공간으로 탈바꿈시키려 했으나 결국 박물관, 공원, 군사 시설이 뒤섞인 혼돈의 공간이 되었다. 사진은 1969년 1월의 경복궁으로, 중앙청(옛 조선총독부) 옆의 공원과 건물 뒤쪽의 근정전 등의 건물이 보인다.

의 잔디밭을 헐어 골프장을 만들려다가 중단되기도 했다.

문화공보부가 생긴 1968년을 전후하여 경복궁에는 '민족의 얼'을 살리는 교육 공간이라는 성격이 덧붙여졌다. 광화문, 영추문 등이 복원되었고, 국립중앙박물관, 국립민속박물관 등 박물관이 다시 집중되기 시작했다. 전부터 진행된 변화에다 새로운 건물들이 덧붙여지는 양상이 중첩되면서 경복궁은 중앙청, 박물관, 공원, 문화재, 군사 시설 들이 누더기처럼 착종된 혼돈의 공간이 되어갔다. 그러다 1980년대를 거치면서 행정부가 경복궁을 떠났고, 1990년대에 들어서는 중앙청이 철거되었으며, 군사 시설은 이전되었다. 그리고 그 후부터 본격적으로 복원 작업이 진행되어 오늘에 이르고 있다.

그동안의 역사적 경험에 비추어 볼 때 경복궁이라는 장소가 지닌 기억의 흔적을 지우는 작업 역시 또 다른 활용은 아닐까 하는 생각이 든다. 경복궁은 한국의 어느 공간보다도 시대와 함께 변천하고 시대의 모습을 여실히 보여주는 장소라는 점에서, 또한 중건 이후에는 경복궁의 주인이 주로 당시의 최고 권력이었다는 점에서 시대를 보여주는 지표라고 할 수 있다. 이런 점에서 경복궁의 '복원'과 활용은 과거의 복제를 넘어서서, 그 어느 때보다도 국민에게 가까이 다가온 경복궁의 의미를 되새기며 우리 사회가 나아가야 할 지향을 찾는 노력과 함께해야 할 것이다.

덕수궁

'제국의 운명'이 엇갈린 곳

서울시청 앞 정동 일대는 한말에서 일제강점기에 제국주의 침략과 민족의 저항이 맞부딪친 격동의 공간이었다. 그 중심에 덕수궁德壽宮이 있었다. 덕수궁은 서울의 한복판에 있는 조선의 궁궐 중에서도 규모가 매우 작고 역대 왕실에서 별로 관심을 갖지 않아 궁궐다운 전각도 제대로 없었다.

원래 덕수궁은 조선 전기 예종의 조카이자 성종의 형이었던 월산대군의 사저였다. 임진왜란 때 피란 갔다 돌아온 선조는 경복궁과 창덕궁이 불타 버리는 바람에 여기에 임시 행궁을 마련해 전란 후의 조선을 재건했다. 비록 좁은 행궁이긴 했으나 국난 극복을 상징하는 공간이었던 셈이다. 선조가 죽고 광해군이 행궁에서 즉위했다가 창덕궁 복원이 마무리되자 거기로 옮겨 가면서 이때부터 이 행궁을 경운궁慶運宮이라고 불렀다. 경운궁은 덕수궁의 옛 이름이다.

근대 개혁의 산실

19세기 말 조선은 열강의 위협으로 요동치고 있었다. 1895년 을미사변으로 전국에서 의병이 일어났고 일본으로부터 신변의 위협을 느낀 고종은 러시아 공사관(현 경향신문 사옥 동쪽)으로 거처를 옮겨(이를 흔히 아관파천俄館播遷이라 부른다), 친일 내각을 타도하고 친러파로 새 내각을 구성했다. 당시 이 일대에 서구 열강의 공사관이 모여 있었기에 국제 역학 관계로 볼 때 고종으로선 일본을 견제하기 위한 최선의 선택이었다. 그러다 러시아로부터 벗어나라는 압력이 커지자 고종은 환궁을 결심하지만, 일본의 위협 탓에 경복궁으로 돌아가지 못하고 1897년에 덕수궁으로 와서 대한제국을 수립한다. 이때 고종은 환구단圜丘壇을 쌓아 천지에 제사를 올리면서 황제로 즉위하고 새 연호를 사용함으로써(칭제건원稱帝建元) 대한제국이 자주국임을 선포한다. 그리고 군제 개혁과 산업 진흥 등 근대화를 이루고자 광무개혁光武改革을 단행한다. 그 과정에서 덕수궁은 근대 개혁의 산실이 되었다.

역사적 의미가 아로새겨진 덕수궁의 공간

당시 덕수궁은 현재에 비하면 세 배나 컸다. 국가의 중요한 의식을 행하던 정전인 중화전中和殿 영역을 중심으로 삼았고, 그 동쪽에는 함녕전·덕홍전 영역이 있었으며, 서쪽에는 석조전 일원이, 그 뒤쪽에는 선원전과 돈덕전이 있었다.

그중에서도 잊을 수 없는 역사적 사건과 관련된 건물을 간단히 소개할까 한다. 바로 중화전 뒤에 있는 즉조당卽阼堂이라는 자그마한 건물인데 최근에 보수·복원되었다. 이 건물은 임진왜란 때 선조가 임시 거처로 사용했던 곳으로, 덕수궁의 모체가 된 원공간이다. 조선 왕조는 이곳을 힘든 시절 고통을 감내하며 왕실을 보전했던 장소로 인식했기에 영조는 이

1920년대의 덕수궁 석조전 모습. 석조전은 전통 건축 양식과 서양식 기법이 뒤섞인 대표적인 혼종 건축물이다.

곳을 직접 참배하여 옛 기억을 회상했고, 고종도 즉위한 후 이곳을 찾아 절을 올렸으며, 러시아 공사관에서 돌아와 1902년 중화전을 지을 때까지 정전으로 사용했다. 편액도 고종이 직접 썼다.

함녕전 뒤에 있는 정관헌靜觀軒은 궁궐 후원의 정자 기능을 한 곳으로, 한식과 양식을 절충하여 지은 건물이다. 이곳에서 고종은 커피를 마시며 외교 사절들과 연회를 즐겼다. 러시아 공사관 통역을 지낸 김홍륙金鴻陸이 1898년에 국정을 농단하다 발각되자 원한을 품고 고종의 커피 잔에 아편을 넣어 고종을 독살하려다 미수에 그친 사건은 유명하다.

덕수궁에 지어진 서양식 건물들은 근대화의 의지를 표상한다. 석조전石造殿을 영국인 하딩G. R. Harding에게 설계를 맡기고 돌로 지은 점, 건물

을사조약이 강제로 체결되었을 당시 경운궁(지금의 덕수궁) 대안문(지금의 대한문) 전경으로, 경계 중인 일본군과 삼삼오오 몰려 있는 사람들 모습이 보인다.

의 축을 다른 전각들과 달리한 점에서 서구 문물을 수용해 근대 국가로 나아가려 했던 고종의 의지를 엿볼 수 있다. 특히 정관헌과 석조전은 전통 건축 양식과 서양의 양식이 섞인 대표적인 혼종 건축물이다.

덕수궁미술관 뒤 포덕문을 나가면 중명전重明殿이 있다. 1904년에 덕수궁에서 대화재가 일어난 이후 고종은 이곳을 집무실로 사용했다. 현재는 궁궐 담장 밖에 자리하고 있으며 인근에 예원학교와 정동극장이 있다.

대안문은 원래 덕수궁의 동쪽 문이었는데 도로가 나고 환구단이 서면서 새 중심지가 되어 정문 역할을 하게 되었다. 대안문大安門이라는 이름은 나라의 태평성대를 기원하는 의미를 담아 지어진 것이었는데, 고종의 명령에 의해 대한문大漢門으로 바뀌었다. 《경운궁중건도감의궤慶運宮重建都

監儀軌》에 따르면 '대한'은 '큰 하늘', 곧 '운한雲漢'을 뜻한다. '운한'은 원래 '아름다운 문장'이라는 의미였는데, 제왕의 필묵, 나아가 황제의 조서詔書를 가리키는 말이 되었다. 이렇듯 대한문은 열강의 틈바구니 속에서 자주독립을 향한 대한제국의 몸부림이 느껴지는 이름이며, 3·1운동 때 수많은 민중이 운집하여 '대한 독립 만세'를 외친 곳이기도 하다.

일제에 의해 훼손된 덕수궁의 장소성

환구단과 대한문 광장은 대한제국의 원중심이었다. 그런데 일제는 많은 전각을 철거해 궁궐을 축소한 뒤 공원으로 둔갑시켜 1933년에 일반에게 개방했다. 식민 권력에 의해 덕수궁의 원형이 말살되고 그 장소성이 훼손된 것이다.

일본 제국주의에 의해 덧씌워진 덕수궁의 장소성은 어떤 양상을 보이며 전개되었을까. 1904년 러시아와 일본 간에 전쟁 조짐이 일자, 대한제국 정부는 국외 중립을 선언했다. 전쟁이 시작되자 일본군이 서울에 입성해 한일의정서 체결을 강요했다. 이를 계기로 일제가 한반도에서 필요한 지역을 마음대로 사용할 권리가 발동하기 시작했고, 덕수궁 일대는 일제의 권력과 자본이 활개를 치는 근대 식민성의 공간이 되고 말았다. 그 뒤 제1차 한일협약으로 고문 정치가 실시되었고, 1905년 을사조약(제2차 한일협약)으로 대한제국은 주권을 박탈당했다.

이 비운의 조약이 체결된 곳이 덕수궁 중명전이고, 1907년 늑약의 부당성을 국제 사회에 알리기 위해 헤이그 만국평화회의에 특사 파견을 결정한 곳도 여기다. 일제의 강제병합 이후 중명전은 외국인에게 임대되어 '경성구락부'로 사용되었고, 해방 후에는 영친왕의 부인 이방자 여사의 소유가 되었다가 개인에게 다시 매각되었던 것을 2006년에 문화재청이 매입했고 2007년 덕수궁에 포함시켜 사적으로 지정했다(사적 124호). 이렇듯 덕수궁은 대한제국 출범 이후 격동하는 역사의 전면에 등장했고, 을사조약과 대한제국의 멸망이라는 가장 치명적인 전환점을 찍은 곳이 되었다. 또한 1919년 1월 21일, 고종이 승하하자 대한문 앞에 수많은 군중이 운집했는데, 이 일이 3·1운동을 이끌어냈다.

해방 후에는 한반도의 통일국가 건설과 남한 단독정부 수립의 갈림길에서 석조전에서 미소공동위원회가 열려 세계의 주목을 받았다. 신탁통치 문제를 논의하는 자리였으나, 안타깝게도 양측의 입장만 확인하는 데 그쳤다.

덕수궁의 장소성 회복을 위하여

덕수궁은 임진왜란 이후에는 국난 극복을 위해, 대한제국기에는 자주자강에 진력한 상징적 공간인 동시에 열강에 의해 포섭되고 이용되면서 원래의 장소성을 상실한 공간이다. 한마디로 덕수궁은 근대사의 분수령이 되는 사건들을 겪어낸 공간이다. 그리고 해방 후 통일민족국가 건설과 남한 단독정부 수립의 갈림길에서 숱한 진통을 겪은 현장이기도 하다.

현대사에서 덕수궁이라는 공간이 가지는 의미는 과연 무엇일까. 한국전쟁 직후에 육군 공병단이 석조전 일부를 수리하여 덕수궁 사무소가 설치되었고, 1963년에 이르러서야 사적으로 지정되어 비로소 일반에게 개방되었다. 그 뒤로 덕수궁은 청춘남녀가 즐겨 찾는 장소가 되었으며, 중화문 앞길이나 준명당과 즉조당 뒤뜰의 오솔길은 지금도 사색하기 좋은 곳이다. 또 대한문 앞에서는 왕궁 수문장 교대 의식이 매일 열리고 있으며, 덕수궁미술관에서는 다양한 전시와 문화 행사를 열어 시민들에게 다가가고 있다. 이제는 일제에 의해 훼손된 덕수궁의 장소성을 회복하여 시민들에게 대한제국 멸망의 슬픔이 아닌, 도심 속 일상의 편안함을 누리게 해주는 공간으로 거듭나야 할 것이다.

장충단공원

오욕의 역사가 아로새겨진 공간

충신을 기리기 위해 세워진 공간

공간에서 운동과 생성의 '장場'은 사람의 행위를 담는 '터' 혹은 '곳'인 장소다. 장소는 인간들의 사건을 수용한다. 장소는 공간의 하나지만 단순한 공간이 아니다. 어딘가 그곳, 장소에서 사람들은 존재자 자신의 현재성을 표상으로 드러낸다. 그렇게 함으로써 유의미의 공간, 장소성을 생성하는 것이다. 장충단공원의 경우도 마찬가지다. 문자 그대로 충성한 사람을 칭송하기 위해 만든 제단, 장충단奬忠壇은 남산의 한 모퉁이에서 격동하는 근현대에 수많은 사건을 겪어냈다.

도성의 안산案山인 남산 기슭, 경복궁에서 마주 바라보이는 곳에 위치한 장충단공원에는 '장충단' 비碑가 놓여 있어 여기가 조선 고종 때 세워진 사당인 장충단이 있던 자리임을 알려준다. 그 옆에는 1959년 청계천 복개 공사 때 제자리를 잃은 수표교水標橋가 놓여 있다. 철거 당시 홍제동으로 한동안 이전되었다가 1965년에 이곳으로 옮겨졌다고 한다. 또 사명대사를 비롯해 이준, 이한응, 유관순의 동상도 동국대학교를 등지고 서 있다. 이렇듯 기념물로 가득 찬 기념 공간이기도 한 장충단공원은 탑골공원, 독립공원과 함께 도성 안에 자리 잡은 공원이다. 이 기념물들 앞 길 건너편에는 장충체육관이 지붕을 드러내고 있다. 그 오른쪽으로 신라호텔이 치솟아 있고, 그 너머에는 무학대사가 한양의 궁터를 암시받았다는 왕십리와 한강의 동호대교가 지근거리에서 서울의 역사성을 드러내 보인다.

정복자의 추모 공간으로 전락한 장충단

장충단은 조선의 심장부 가운데 하나이면서 외세에 끊임없이 굴욕을 겪어온 우리의 역사를 상징하는 공간이다. 장충단의 건립부터가 1895년 8월 20일(양력 10월 8일), 명성황후가 경복궁에서 일본의 자객들에게 시해된 을미사변의 산물이다. 이때 궁내부 대신 이경직, 시위대장 홍계훈 등 여러 충신이 일본군에게 맞서다 목숨을 잃었고, 고종은 그 영령들을 기리고자 1900년 9월 19일(양력 11월 10일) 장충단이라는 사당을 완공했다. 장충단 입구에는 소나무로 홍예문虹霓門을 세우고, 큰 나무 기둥을 사방에 세워 대한국기를 매달고, 제단의 맨 위부터 홍계훈, 이경직을 비롯해 국모를 보위하다 생을 마감한 무인들의 위패를 안치했다.

고종은 또한 장충단에 대한제국 제일의 추모 공간이라는 위상을 부여하고 1908년까지 해마다 봄가을에 그곳에서 위령제를 지냈다. 이 공간은 고종이 대한제국의 안위를 보우하는 군신軍神의 반열로 승격시킨 충신을 기리는 숭고한 장소이면서 애국계몽 단체들이 참배하는 장소였다. 당시 장충단을 관리하던 권한이 군부에 주어지고 애국자강을 열망하는 진명부인회를 비롯한 여러 단체가 자발적으로 모인 데서 그런 점을 확인할 수 있다. 그러므로 장충단은, 비록 그 역량은 미흡했지만, 계몽군주를 지향하던 고종과 시민으로서 자각해가던 신민들의 시선이 교차하는 합의의

1910년의 장충단공원. 일제는 대한제국의 추모 공간이었던 장충단 일대를 위락 공원으로 변질시켰다.

공간이기도 했다. 바로 그 점이 장충단의 운명을 재촉했다.

일제는 장충단을 군용지로 편입시켰을 뿐 아니라, 1908년에는 봄가을에 열리던 위령제를 금지하면서 장악 술책을 벌였다. 마침 1909년 가을 이토 히로부미가 안중근에게 저격당하자, 11월 4일을 국장일로 삼고 황족과 관료, 특히 조선인 관료와 조선인 학생 들을 모아놓고 장충단이 이제 조선의 공간이 아닌 일본의 공간임을 분명히 밝혔다. 결국 1919년에는 장충단이 군주와 신민의 합의 공간으로서 더 발전할 여지를 억압하고 장충단공원이라는 위락 공간으로서 개장했다.

장충단이 겪은 굴욕의 역사에서 더 압권인 것은 1931년 만주사변을 일으킨 일제가 1932년에 장충단공원 동쪽, 지금의 신라호텔 자리에 이토 히로부미伊藤博文의 이름을 딴 '박문사博文寺'라는 절을 세우고 공원을 조성한 일이다. 박문사는 이토 히로부미 사망 23주기인 1932년 4월 23일에 기공해 같은 해 10월 26일에 완공된다. 기금은 일본과 조선 등지의 독지가들이 낸 돈과 지역별 할당액으로 조성되었다. 일제는 박문사를 세우면서 본당은 경복궁 선원전을 떼어다 쓰고, 경희궁의 정문인 흥화문興化門을 뜯어와 문짝으로 삼고는 경춘문景春門이라 불렀다. 임진왜란 때 남산에 왜성대倭城臺를 세우고 경복궁을 능멸하려던 일본의 야욕이 최종적으로 승리하는 순간이었다.

일제는 또 이 절의 종파를 조동종曹洞宗에 두고 절 이름은 이토의 아호를 따서 '춘무산春畝山 박문사'라고 붙였다. 박문사 건립에는 친일파 이광수, 박영효, 윤덕영 등이 직간접적으로 참여했고, 안중근의 아들 안준생은 1939년 만선시찰단의 일원으로 박문사에 와 향을 피우고 이토의 아들에게 사죄했다. 충신을 추모하던 장소에서 정복자의 추모 공간으로 바뀌고, 게다가 자발적으로 굴종하는 역사가 전개되었다는 점에서 장충단은 민족 굴종의 역사를 표상하는 대표 공간이라고 하겠다.

위락과 정치 활동의 공간이라는 또 다른 정체성

장충단은 건립 당시부터 또 다른 속성을 가지고 있었다. 비록 1919년에 공식적으로 공원으로 개장하긴 했지만, 장충단은 처음부터 독립공원이나 탑골공원 같은 위락 공원의 속성을 내포하고 있었다. 한말에 출현한 여가 공간으로서 공원은 두 가지 의미를 가지고 있다. 한편으로는 독립공원처럼 신민을 각성시키는 집회 공간 역할을 했다면, 다른 한편으로는 일제가 조선의 식민 지배를 관철하고자 회유하는 공간 역할도 했던 것이다. 장충단공원 역시 그런 이중적 속성에서 자유롭지 못했다. 1960~1970년대에 이른바 박치기 왕으로 유명했던 김일의 레슬링 경기, 김기수·유제두의 권투 경기가 열렸던 것도 그런 역사의 연속선상에 있다.

그런가 하면 장충단공원은 정치 활동 공간으로서도 중요한 역할을 했다. 1957년 5월 25일에는 자유당 독재에 맞서 서울 시민 20만여 명이 운집해 이승만에게 경고했다. 1971년 4월 25일, 박정희는 "이번 한 번만 대통령으로 뽑아주면 다시는 국민에게 표를 구걸하지 않겠다" 하고는 '한국적 민주주의'의 길을 갔다. 그보다 며칠 앞선 4월 18일에 김대중은 100만 명의 청중 앞에서 박정희의 총통제를 예언했다.

민족혼 말살의 기억과 민간 기억으로 가득한 장충단공원. 그곳에는 근대화 과정에서 숱한 사람들이 겪은 고달픔과 애환이 스며 있다. 값싼 임금과 열악한 노동 조건에 시달리며 하루하루를 이어가다가 시원한 바람을 찾아 정처 없이 와서 머물던 장소, 배호의 〈안개 낀 장충단공원〉의 노랫말처럼, "낙엽송 고목을 말없이 쓸어안고 울고만" 있었던 사람들의 자리가 바로 이곳이기도 하다. 이렇듯 모두가 장충단공원을 '장場'으로 삼아 인간 존재의 의미를 재현했다. '그곳'에서 이루어진 장소 만들기에 대한 평가는 물론 후대인들의 몫일 것이다.

남산

아픈 권력의 공간에서 즐거운 일상의 공간으로

서울의 한가운데에 자리한 남산은 높이 262미터의 그리 높지 않은 산으로 서울에서 가장 넓은 공원이다. 〈애국가〉의 '남산 위에 저 소나무' 구절처럼 소나무를 비롯한 각종 수목이 울창하고 서울타워에 오르면 서울의 풍광이 한눈에 들어온다.

남산하면 가장 먼저 떠오르는 것은 무엇일까. 개인의 기억과 삶의 방식에 따라 그 표상은 매우 다양할 것이다. 특정 공간에는 그곳에서 살아가는 사람들의 삶과 결부된 고유한 장소성이 그때마다 부여되며, 겹겹이 누적된 그러한 기억들은 현재의 필요에 따라 호출되기도 하고 묻히기도 한다. 특히 조선 왕조에서 일제강점기, 대한민국 역대 정부들을 거치면서 왕조–총독부–청와대라는 권력의 심장부에 의해 장소성이 계속해서 덧칠된 남산은 그야말로 파란만장한 역사를 가진 곳이다.

조선신궁 건립으로 훼손된 영지

남산이라는 공간이 지닌 역사의 아이러니를 한번 더듬어보자. 남산의 옛 이름은 인경산引慶山이다. 남산이라 불리게 된 것은 1394년 태조 이성계가 개성에서 한양으로 도읍을 옮긴 이후다. 남산의 한자 표기인 '남南'은 앞을 뜻하기도 하는데, 이곳을 경복궁에서 바라봤을 때 앞에 위치했기에 남산이라 불린 것이다. 풍수지리상 궁궐이 중심이고 남산은 안산案山에 해당한다. 안산은 집이나 묘지 맞은편에 있는 산으로, 뒷산인 주산主山, 좌청룡·우백호와 함께 운수와 기운이 서려 있다고 하는 곳이다. 조선 왕조는 이러한 남산의 정기를 받기 위해 이곳을 목멱대왕木覓大王으로 봉하고 목멱신사木覓神祠를 지어 호국의 신으로 삼았다(지금의 팔각정 자리다).

조선 왕조라는 권력에 의해 영지靈地라는 장소성이 부여된 남산은 권력의 주인이 바뀌면서 새로운 장소성으로 덧칠된다. 조선을 강제 침탈한 일제는 남산 자락에 침략 신사인 조선신궁(조선신사)을 건립한다. 조선 왕조를 폄훼하고 황국 사관으로 조선인의 정신을 지배하기 위해서였다. 1925년에 완공된 조선신궁은 일본의 국가 신도 계열 신사 가운데 가장 격이 높은 관폐대사官幣大社로, 아마테라스 오미카미天照大神와 메이지明治 천황을 주신主神으로 삼았다. 남산에는 조선신궁 이외에도 경성신사 등이 있었고 조선 도처에 신사가 많이 세워졌지만, 조선신궁은 그 가운데 우두머리였다. 잘 알려지지는 않았지만, 일제는 숭례문 옆 담장을 헐어 아치 모양의 석문을 설치하고 신사 참배로의 입구로 삼았다. 해마다 이 길을 따라가며 신사 참배를 강요당한 조선인들은 숭례문과 석문의 대비를 통해 권력과 장소성의 변화를 실감했을 것이다.

조선총독부의 신사 참배 강요는 중일전쟁이 시작된 1937년 이후 한층 심해진다. 기독교도를 중심으로 신사 참배 거부 운동이 일어난 것도 이때다. 이 시기는 특히 미국과 일본의 관계가 악화되면서 제암리 사건 이후 암묵적으로 용인되던 약간의 종교적 자유마저 박탈된 때다. 신사 참배 거

일제는 3·1운동 직후 남산의 국사당을 헐고 그 자리에 조선신궁을 지었다. 일제강점기에 하늘에서 내려다본 남산 조선신궁의 모습으로, 남산 자락이 훼손된 모습이 여실히 드러난다.

부 운동은 광범하게 전개되었고 그 결과 200여 개 교회가 폐쇄되고 교인 50여 명이 옥사했다.

당시 신사 참배 강요에 반발한 세력 가운데 하나가 미션스쿨이다. 집단 참배 거부를 이유로 상당수의 미션스쿨이 폐교되었는데, 평양 숭의학원도 그중에 하나다. 당시 경성신사가 있던 자리는 현재 숭의여자대학교가 자리 잡고 있다. 일제가 패망하면서 경성신사가 철거되고 그 자리를 폐교되었던 숭의학원이 차지한 것이다. 그야말로 역사의 아이러니라 아니할 수 없다.

반전과 아이러니로 점철된 역사

남산에 아픈 기억을 남긴 것은 일제만이 아니다. 과거 민주화 운동을 경험한 세대에게 남산은 곧 중앙정보부로 기억된다. 연이어 집권한 박정희·전두환 독재 정권이 민주화 인사들을 연행해 끌고 갔던 중앙정보부(1961년 설립, 국가정보원의 전신), 그 후신인 국가안전기획부 본관(지금의 서울유스호스텔), 악명 높던 별관들(지금의 서울종합방재센터, 서울시청 남산별관 등)이 다 남산 자락에 자리를 잡았기 때문이다.

특히 1972년에 지어진 중앙정보부 남산 본관은 서울대 최종길 교수가 고문으로 사망한 사건을 비롯해, 1996년에 내곡동으로 옮겨가기까지 수많은 사람이 유린당한 아픔의 현장이다. 최종길은 이 건물이 지어진 이듬해에 '유럽 간첩단 사건'에 연루되었다는 이유로 끌려와 조사를 받다가 7층에서 추락해 사망했다. 당시 중앙정보부는 자살이라고 발표했지만, 사건이 나고 29년이 흐른 2002년에 의문사진상규명위원회는 사건이 조작되었으며 최종길의 사인은 고문에 의한 타살임을 밝혀냈다. 이처럼 남산 자락 도처에 산재한 일명 '하얀 집'들은 쥐도 새도 모르게 끌려가 죽임을 당하거나 성한 몸으로는 나오지 못할 것이라는 공포의 상징이었다. 이곳에 끌려와 고문당한 김대중은 나중에 이곳을 관장하는 청와대의 주인이 되었다.

이처럼 반전과 아이러니로 점철된 남산의 역사를 유심히 살펴보면 그 속에는 '경복궁 – 목멱신사' '총독부 – 조선신궁' '청와대 – 중앙정보부'라는 권력의 관계 맺기, 즉 공간의 권력성이라는 토폴로지가 관철되었음을 알 수 있다. 한마디로 남산은 권력에 의해 유린되어온 것이다.

민가협을 비롯한 시민 운동 단체에서는 남산 옛 안기부 건물을 인권역사관으로 보전하자고 주장했으나 2006년 이곳에는 숙박 시설인 서울유스호스텔이 들어섰다. 2015년 서울시는 이곳에 '인권현장' 표지판을 세우고 건물과 터를 보존할 것이라 밝혔다.

시민의 일상을 위한 공간으로

남산은 지금도 역사적 기억과 재현을 위한 투쟁의 장이 되고 있다. 서울시 새 청사의 건립과 함께 옛 중앙정보부 건물에 있던 시설들이 옮겨 가게 되자 이곳을 어떻게 활용할 것인가를 두고 의견이 맞서고 있다. 민주화 운동 세력은 이곳에 기념관을 설치하고 남산을 '인권과 평화의 숲'으로 만들자고 하며, 남산이 위치한 중구의회는 그동안 권력 기관에 빼앗겼던 남산을 인근 주민들에게 돌려주어야 한다면서 시민 체육 시설 설치를 촉구한다. 그뿐이 아니다. 싫든 좋든 일제와 관련된 공간들과 기억이 깡그리 사라지는 점을 아쉬워하는 사람도 있을 것이고, 기독교인 가운데는 신사 참배를 거부하다 희생된 사람들을 기리는 공간이 생겼으면 하고 바라는 이도 있을 것이다. 남산에 관한 어떤 기억을 어떻게 재현할지에 대해서는 의견이 분분하며, 그것은 현실의 힘 관계 속에서 재현의 정치로서 진행되고 있다.

하지만 남산이 겪은 능욕과 아픔이 그 형태가 어찌 되었든 권력에 의해 포섭됨으로써 생겨났다는 점을 떠올린다면, 이제 남산을 시민을 위한 공간, 일상을 위한 공간으로 되돌리는 것이 옳지 않을까. 그렇다고 시민을 위한 체육 시설을 설치하는 것이 능사는 아니다. 과거의 기억을 간직하면서도 현실의 삶을 풍부하게 할 수 있어야 한다. 남산이 다시는 권력에 의해 아픔을 겪지 않았으면 하는 다짐 역시 일상의 색채를 통해 드러냈으면 좋겠다는 말이다. 첫 데이트의 설렘, '맹세의 열쇠철망'에 걸어둔 소망, 가족 나들이의 화목함, 산책로에서 느낄 수 있는 상쾌함처럼, 남산이 권력의 아픔이 아닌 일상의 즐거움으로 기억되는 공간이 되기를 바라는 마음이다.

건축으로 따라가 본 남산의 현장

식민 지배의 심장부가 된 북측 산록

서울 시민이면, 아니 한국인이면 서울과 함께 떠올리는 장소가 있다. 남산! 한때 초·중·고생의 백일장과 사생 대회가 열리는 단골 장소였고, 연인들의 데이트 코스였으며, 서울역에서 온천으로 신혼여행을 떠나기 전 신랑과 신부가 드라이브 코스 일순위로 선택하던 곳. 남산은 〈애국가〉에만 있는 곳이 아니라 우리 모두와 함께하던 곳이었다.

남산이 역사에서 새삼스레 그 존재를 드러낸 시기는 개항 이후다. 남산에는 서울을 도읍으로 정하는 데 큰 공을 세운 조선의 국사國師, 무학대사의 초상이 모셔져 있었다. 우리에게 국사당國師堂으로 더 잘 알려진 목멱신사에서는 고종 연간까지 나라에서 매년 봄가을에 극진히 초제醮祭를 지냈다.

남산이 변화를 겪기 시작된 것은 청일전쟁에서 일본이 승리하면서부터다. 1893년 도성 안에 외인의 거주가 허락된 후 청일전쟁에서 승리한 일본이 자국민을 남산의 북측 산록에 정착시켜, 그곳에 일인 마을이 만들어졌다. 이때 일본은 임진왜란 때 자신들이 남산에 성을 쌓았다고 주장하며 남산 일대를 왜성대라 부르고 연고권을 강조하기도 했다.

남산에 터를 잡은 일본인들은 지금의 숭의여자대학교 터에 경성신사를 세웠고, 그 아래에는 을사조약 체결과 함께 통감부를 세웠다. 통감부 청사

통감부 앞에서 이토 통감이 운집한 사람들에게 연설하는 장면이다. 일제강점기 일본은 남산에 통감부를 세워 식민 지배의 근거지로 삼았는데, 한국전쟁으로 건물은 사라지고 그 자리에 애니메이션센터가 들어섰다.

는 대한제국을 강제로 병합한 뒤부터 1926년까지 총독부로 사용되었으며, 그 후에는 '천황의 은혜를 어린이들에게 베푼다'는 의미를 가진 은사과학관으로 사용되기도 했다. 그러나 한국전쟁을 겪으면서 화재로 사라졌고, 그 자리에 서울애니메이션센터가 세워졌다. 그 밖에도 총독부 건너편에 일본인 사찰이 자리 잡고 있었으니, 남산의 북측 산록은 식민 지배의 명실상부한 심장부였다고 할 수 있다.

이러한 남산의 공간적·정치적 위상에 변화가 생긴 것은 1926년 경복궁 내에 총독부 신청사가 완공되면서부터다. 일제는 총독부 이전을 계획하면서 남산의 성곽을 철거하고 능선을 깎아 조선신궁을 완성했다. 이렇게 해서

해방 후 남산 조선신궁 자리에 세워진 이승만 동상은 1960년 4월 26일 대통령 하야 성명을 발표한 그날 시민들에 의해 철거되었다.

조선 내 최고의 신사가 경성신사에서 조선신궁으로 바뀌었다. 한편 현재의 신세계백화점 자리에 위치했던 경성부청(현 서울시청)도 덕수궁 앞으로 옮겨졌다. 이로써 남산의 북측 산록에 자리 잡았던 식민 지배 권력이 경복궁과 남산과 덕수궁 앞으로 분산 배치됨으로써 서울의 도시 공간 전체를 관통하는 식민지 지배 체제가 완성되었다.

그 이후로도 남산의 훼손은 계속되었다. 장충단에는 일인을 위한 공원이 조성되었고, 식민 지배의 원흉인 이토 히로부미를 기리는 사찰 박문사가 세워졌다. 사찰의 정문에는 경희궁의 정문이었던 흥화문이 사용되었다. 박문사 자리에 들어선 지금의 신라호텔에는 정문과 진입로, 계단 등 박문사의 흔적이 고스란히 남아 있다.

남산의 제 모습 찾기

해방 후에도 수난은 끊이지 않았다. 해방 전 남산에 식민 지배의 상처가 남아 있었다면, 해방 후에는 전쟁과 분단의 흔적이 곳곳에 새겨졌다. 해방 후 북에서 내려온 피란민들이 집단으로 거주하면서 남산의 남측 산록에 '해방촌'이라 불리는 슬럼이 형성되기 시작했고, 서울역을 마주한 남산의 서측 산록에는 '양동'이라 불리는 사창가가 형성되었다.

한때 이승만 대통령의 동상이 조선신궁 자리에 세워지기도 했지만 4·19혁명으로 사라졌고, 신궁 터 옆에는 이토 히로부미를 사살한 안중근 의사 기념관이 세워졌다. 지금은 대우빌딩 건설과 재개발 사업으로 힐튼호텔이 들어서는 과정에서 남묘•가 제자리를 잃고 사당동으로 쫓겨나, 옛 흔적은 사라지고 없다.

한편 5·16군사쿠데타로 집권한 박정희 정권은 미국의 지지를 얻기 위해 남산에 자유센터를 건설해 한국을 아시아 반공의 성지로 만들고자 했으며, 1968년 무장 공비에 의한 청와대 습격 사건인 1·21사태가 발발하면서 유사시에 방공호로 사용하기 위한 남산 1호터널과 2호터널이 건설되기도 했다. 이 밖에도 외국인을 위한 임대 아파트가 건설되고 하얏트호텔이 건설되면서 남산의 훼손은 정점에 달했다.

다행히 1990년대 이후 '남산 제 모습 찾기 운동'이 벌어지면서, 남산에 건설되었던 외국인을 위한 아파트가 철거되고, 신사의 흔적을 지우고, 성곽이 복원되고 있다. 그리고 박정희 정권의 권력 기반이었던 중앙정보부도 민주화 시대를 맞아 남산을 떠났다.

• **남묘** 보물 제42호인 '동묘'와 함께 현존하는 관왕묘 중 하나다. 원래 지금의 용산구 남대문파출소 뒤에 있었으며 1913년에 개인 소유가 되었다. 한국전쟁 때 전소된 것을 1957년에 재건해 복구했고, 서울역 앞 도동 지구 재개발로 1979년 1월에 동작구 사당동으로 옮겨져 현재에 이르렀다.

박정희 정권에 의해 1964년 남산 자락에 세워진 한국반공연맹 자유센터(지금의 한국자유총연맹 본부)는 국가 주도의 반공 시책을 선전하고 옹호하던 곳으로, 건축가 김수근의 작품이기도 하다.

그러나 지난 100여 년의 역사를 고스란히 담고 있는 한국 근현대사의 현장을 지우고 마치 아무 일도 없었던 것처럼 되돌려놓는 것만이 능사인지는 생각해볼 일이다. '백문이 불여일견'이고 '눈에서 멀어지면 마음에서도 멀어진다'라고 했다. 비록 잘못된 역사라도 그 흔적을 남겨, 어떠한 교훈으로 삼을 것인지는 당대를 살아가는 우리의 몫이다.

옛 부민관·서울시의회 청사

한국 정치의 '중심의 주변'

이 나라 모든 도로의 원점인 도로원표道路元標가 서 있는 광화문 네거리에서 시작되어 서울시청을 거쳐 남대문까지, 세종대왕과 이순신 장군의 동상이 서 있는 세종로는 국태민안과 태평성대의 꿈을 최고도로 현시한 국가적 상징성과 공적 공간을 표상하는 중심 도로다. 이 도로에 인접한 서울시청 광장 서쪽 건너편 성공회 주교좌 성당으로 들어가는 골목 입구, 고층 건물들 사이에 시간의 향기가 묻어나는, 겸손한 듯 단정한 3층 흰색 건물이 서 있다. 1991년 6월 27일 지방자치제가 본격적으로 실시되면서 서울특별시의회와 의회 사무국이 입주하여 사용해온 이곳은 본래 시민들이 흔히 '부민관府民館'이라고 부르던 건물이다.

이 건물은 한국전쟁이 막 끝난 뒤인 1954년 제3대 국회 때부터 흔히 '태평로 국회의사당'으로 불리며 한국 의회 정치의 성장기에 중심 공간의 역할을 담당해왔다. 여러 언론사가 자리 잡은 태평로에서 국민의 여론을 전달하고 입법하는 공론장 역할을 해온 것이다. 1,000만 서울 시민을 대변하는 시의회가 들어와 있는 지금도 여전히 여론 형성과 입법 공간이라는 위상을 지니고 있다. 그와 동시에 이 공간은 국민 모독, 공갈과 협박,

변칙 통과, 길고 짧은 온갖 농성으로 점철된 의회 정치사를 지켜본 말 없는 증인이기도 하다.

친일과 항일이 중첩된 공간

부민관 건물은 본래 조선의 국내 전기·가스 사업을 독점하고 서울의 전차를 운영한 일본인 소유 기업 경성전기주식회사가 100만 원을 기부해 조선총독부가 '경성부민관'이라는 이름으로 1934년에 준공한 본격적인 근대식 건물이다. 이 건물은 당시 경성에서 강연회라든가 연극·영화·음악·무용 등의 공연장이 필요했던 수요에 부응하여 건설된 것이다. 예술성과 상업성을 절충한 '중간극'을 표방하던 극단 '중앙무대'가 박영호 작 〈까치 우는 섬〉과 송영 작 〈바보 장두월〉로 여기서 1937년 6월 23일에 창단 공연을 했고, 신파극단과 악극단의 공연도 잇따랐다.

그러다 일제강점기 말에 이르러 일제를 찬양하고 전쟁 참여를 독려하는 친일 예술과 정치의 집회 장소로 변질된다. 1941년 3월 16일에 대표적인 친일 극단인 '현대극장'이 '국민연극' 이론 수립과 실천을 표방하며 〈흑룡강〉으로 창단 공연을 했고, '인력 자원' 징집과 물자 헌납을 독려하는 크고 작은 시국 강연회도 연달아 열렸다. 대표적인 친일파 작가인 모윤숙, 이광수 등은 이곳에서 조선 청년들의 아시아·태평양전쟁 참여를 독려하는 강연을 거듭하며 친일 활동의 정점으로 치달았다.

친일파의 이런 행태는 결국 애국 청년들의 공분을 샀다. 마침내 1945년 7월 24일에 친일파 박춘금의 주도로 친일어용 궐기대회인 '아세아민족분격대회'가 열렸을 때 항일 비밀결사인 대한애국청년단 소속 조문기·유만수·강윤국은 박춘금이 친일 연설을 하는 도중에 다이너마이트 사제 폭탄

일제강점기의 부민관 전경(왼쪽). 1945년 7월 24일 부민관 앞에서 조선 청년들의 전쟁 참여를 독려하는 친일어용 궐기대회가 열리자 대한애국청년단 소속 청년들이 연단을 폭파했다. 사진(오른쪽)은 폭파 사건의 주인공들로, 왼쪽부터 강윤국, 조문기, 유만수다.

을 터뜨려서 연단을 폭파했다. 이 사건이 바로 일제강점기의 마지막 의거인 부민관 의거다. 건물 앞에 세워진 부민관 폭파 의거비는 이곳에서 온갖 변절이 자행되었으며 그 변절을 타격한 저항의 공간이었다는 역사적 사실을 단순·명료하게 말해준다.

오욕과 충돌의 입법 공간

해방 이후 이 건물은 1954년부터 20여 년간 국회의사당으로 쓰였지만, 한국 정치의 중심이 아니라 '중심의 주변' 공간에 머물렀다. 이승만의 자유당 정권 아래서는 온갖 친일파가 냉전을 등에 업고 친미파로 변신하면서 민의를 우롱하는 장소였다. 그런가 하면 1960년 4월 18일, 이 건물 앞에서 부정 선거에 항의하던 고려대 학생들이 귀갓길에 반공 청년단 정치깡패들의 피습을 받았는데 이 일이 4·19혁명의 도화선이 되었기에 민주화 운동의 이정표를 세운 장소이기도 하다.

한때 4·19혁명 이후 의원내각제가 실시되고 장면 내각이 들어서면서 국민의 관심이 집중된 국가의 중심 공간으로서 새로운 국가 건설의 담론이 분출하던 담론 투쟁의 공간이 된 적도 있지만, 그것도 한순간의 영광에 불과했다. 5·16군사쿠데타로 들어선 군사 정권이 이 건물을 국가 운영의 부속 공간으로 전락시켜버린 것이다.

1960년대 중반 즈음에는 국회가 그나마 어느 정도 입법 공간의 역할을 수행했지만, '오물 투척 사건'에서 보듯 국회를 탐탁지 않게 여기던 외부의 당대 권력과 국회 내부의 구성원들이 경쟁적으로 모독을 감행했다. 1966년 9월 22일, 국회 본회의장에서 삼성그룹 계열사인 한국비료주식회사의 '사카린 밀수 사건'과 관련해 대정부 질문을 진행하던 김두한 의원이 갑자기 정일권 총리 등이 앉아 있던 국무 위원석에 다가서더니, 오물을 꺼내 와락 끼얹었다. 순식간에 아수라장으로 변해버린 의사당에는 역한 냄새가 진동했다. 그곳은 정책과 담론보다는 물리적 억압과 몸싸움이 앞섰던 미숙한 의회 정치를 적나라하게 보여준 역사적 사건의 현장이었다.

1969년 9월 14일, 제7대 국회에서 민주공화당이 대통령 3선개헌안을 국회 별관 3층 특별위원회 회의실에서 통과시키면서 의회 정치는 또다시 위기에 직면했다. 게다가 1971년 '국가보위법안'이 통과된 일은 별관이 본관을, 변칙이 원칙을, 권력이 국민을 능욕하는 시대가 도래했음을 상징적으로 보여주었다. 1971년 12월 6일, 당시 대통령 박정희는 중국의 유엔 가입에 따른 국제 정세의 급변과 북한의 남침을 비롯한 안보 문제를 핑계 삼아 비상사태를 선포하며 6개항의 특별조치를 발표했다. 같은 해 12월 23일, 그는 백두진 국회의장에게 공한을 보내 비상사태하에서 대통

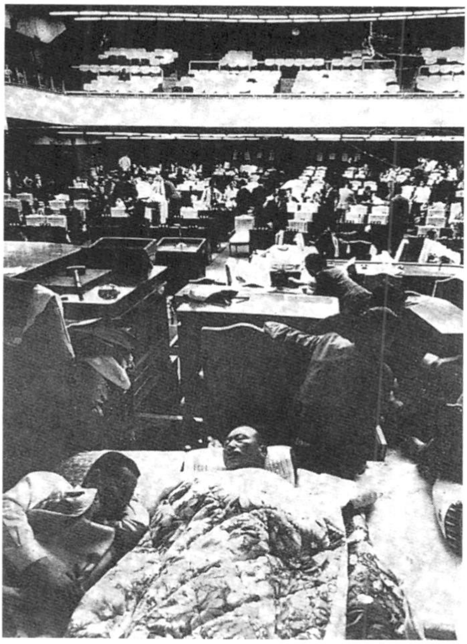

1969년 9월 14일, 야당 의원들이 3선 개헌을 막기 위해 국회 본회의장에서 밤샘 농성을 하는 동안 여당은 별관에서 법안을 변칙 통과시켰다. 당시 부민관 건물은 국회의사당으로 쓰였다.

령에게 광범위한 비상대권을 부여하는 전문 12조 '국가보위에 관한 특별조치 법안'의 조속한 국회 통과를 촉구했다. 그것은 단순·명료한 협박이었다. '만일 이번 회기에 통과되지 않으면 비상사태를 극복하기 위해 비장한 각오로 임하지 않을 수 없다'는……. 그러자 12월 27일 새벽 세 시, 땅! 땅! 땅! 국회 제4별관 외무위원회에서 공화당 의원과 무소속 의원만으로 법사위와 본회의를 열고 3분 만에 법안을 전격 작전으로 변칙 통과시켰다.

이렇듯 국회의사당 시절 부민관은 쓰레기통에서 장미가 피는 것보다 더 실현되기 어렵다고 조롱받을 정도로 취약했던 민주주의를 농락하던 역대 권력자들의 무력에 맞선 피와 땀의 투쟁 공간이었다. 그러나 그 노력은 큰 결실을 맺지 못했다. 전격 작전이 벌어지던 당시 야당인 신민당의원들이 법안의 본회의 보고와 발의부터 원천 봉쇄하고자 본회의장뿐 아니라 국회 제2·3·4 별관에서 철야 농성을 벌였으나, 변칙 통과를 저지하지는 못했다.

결국 1972년 10월 27일, 비상국무회의에서 '유신헌법안'이 통과되어 대통령을 간접선거로 뽑고 국회의원 3분의 1을 대통령이 지명한 유신정우회 소속 인사들로 채우면서 국회의사당은 독재 권력을 옹위하는 보조 역할을 수행하는 공간으로 전락하고 말았다. 이제 서슬 퍼런 독재 권력이 부과한 '검열 기계'가 가동되면서 거수기들이 날뛰는 국회는 국민을 억압하고 통제하는 입법 생산의 하청 공장에 불과한 처지로 떨어졌다. 그러나 그 초라한 모습마저도 1975년 9월에 당대의 권력자가 태평로에서 멀리 떨어진 여의도에 선물로 신축해준 건물로 국회가 옮겨가면서 오욕과 충돌의 장소로서 역할을 마감했다.

복합 문화 공간에서 문화 통제의 상징으로 변질되다

경성의 복합 문화 공간

1930년대 중반, 경성은 도시의 모습을 조금씩 갖추기 시작했다. 인구가 40만에 육박했고 근대식 건물도 하나둘씩 들어섰다. 특히 태평로 일대와 남대문로에는 경성부청을 중심으로 조선일보·동아일보·매일신보 사옥, 성공회 대성당, 미쓰코시 백화점(지금의 신세계백화점 본점)을 비롯해 여러 건물이 들어서면서 도시로서의 색채가 한결 짙어졌다.

부민관 역시 이 무렵에 세워졌는데, 이름 그대로 경성부민을 위한 복합 문화 공간으로서 설계되었다. 경성부는 1933년 6월, 경성전기주식회사가 공공사업 시설비로 기탁한 100만 원 중 절반으로 부민관을 건설해, 1935년 12월 20일에 개관하기에 이른다.

부민관의 등장으로 가장 활기를 띤 것은 공연 단체였다. 당시 공연하기에 알맞은 극장 가운데 동양극장은 전속 극단이 있었기에 여러 공연 단체를 수용할 수 없었고, 단성사·제일극장·우미관·명치좌·약초극장 등은 일본인 소유인 데다 주로 영화를 상영했기에 조선인이 대관하기가 힘들었다. 이러한 배경 속에서 부민관의 존재는 여러 연극 단체와 악극단에 공연 의욕을 불러일으키는 데 크게 이바지했다.

대표적인 예로 유치진을 중심으로 활동한 '극예술연구회'도 소극장에서 벗어나 부민관으로 진출해 '관객 본위의 연극'으로 나아가려 했다. 이전까지 극예술연구회는 번역극을 상연해 기껏해야 100여 명의 관객을 수용하는 등 아마추어 수준에서 벗어나지 못하고 있었다. 유치진은 "리얼리즘에 충실했던 작품은 빈 곳이 많고, 기름기가 없어 빽빽하기만 하다. 부민관 같은 대극장을 사용함으로써 민중 예술로 연극이 나아가야 한다"라며 대극장을 통해 새로운 연극 세계를 펼쳐 보이겠다는 의지를 피력했다.

이후 창작극을 중심으로 한 극예술연구회의 공연 대다수가 부민관에서 상연되었다. 특히 〈춘향전〉(1936년 9월 29~30일)은 연일 1,800여 석이 가득 찰 정도로 대성황을 이루었다. 이러한 성공은 극예술연구회뿐만 아니라 다른 극단들에도 큰 자극제가 되어 새로운 창작 공연이 줄을 이었다.

악극 분야도 부민관을 십분 활용했다. 당시 관객들은 연기와 노래, 무용 등 다양한 볼거리가 제공되는 버라이어티 음악극인 악극을 관람하면서 잠시 시대고를 잊을 수 있었기에 문화를 소비하는 공간인 부민관을 사랑했다.

부민관의 빛과 그림자

그러나 일제강점기 말에 부민관은 국책에 순응하는 공간으로 전락했다. 조선총독부는 "국민극 수준을 높이고 각 부분의 연극인들로 하여금 예술가로서 각자의 역량을 기울여 전시하 반도의 문화전"을 이룬다는 취지로 부민관에서 국민연극경연대회를 세 차례 개최했다. 이 대회를 통해 일제는 연극인을 통제했을 뿐 아니라 지배 이데올로기를 전파하는 데 연극을 이용했다. 결국 부민관은 문화 통제의 상징으로 자리 잡기에 이르렀다. 이후로 부민관에서는 내선일체와 전시 체제에 순응하는 활동이 다방면에서 이루어졌다. 1945년 7월, 친일 단체인 대의당이 개최한 '아세아민족분격대회'가 대표적인 예다. 박춘금을 비롯한 친일 인사가 일제에 충성하고 전쟁에 적극 참여하기를 독려한 이 행사장에서 조문기를 비롯한 애국 청년들이 감행한 투탄 의거는 일제강점기에 행해진 독립운동의 한 장면으로 기록되기도 했다.

복합 문화 공간으로서 부민관은 공연계가 활성화되는 데 커다란 영향을 미쳤다. 한국의 근대 연극이 그 전까지는 단조로운 신파극이나 서양의 리얼리즘 연극을 번역하여 무대에 올리는 수준에 머물다가, 부민관의 등장으로 창작극이 활성화되면서 공연의 다양성을 꾀할 수 있었다. 또한 부민관은 1930년대 중반에 연극계를 주도하던 동양극장과 동반자 관계, 혹은 대립 관계를 형성하면서 공연계를 자극했다. 동양극장은 전속 극단을 통해, 부민관은 전속 극단을 두지 않는 대신 다양한 활동을 수용하여 한국 연극이 한 걸음 더 발전하는 밑바탕을 마련했다.

하지만 부민관은 공연 예술만을 위한 공간이 아닌 데다 관립이었기에 태생부터 문제를 안고 있었다. 설립 초기에는 관립 극장이라는 점에서 자유롭게 공연 무대가 제공되었지만 1930년대 말부터는 국책 연극의 온상이 되었으며, 총독부의 주도 아래 연극경연대회를 개최하는 등 황국신민화와 대동아공영권 건설을 위한 신체제新體制에 알맞은 연극으로 관객을 유도했다. 부민관에서 몇 달씩 연극경연대회가 치러지는 바람에 많은 극단이 공연 장소를 확보하지 못해 지방을 전전하는 폐해를 낳기도 했다.

해방 이후 부민관은 잠시 국립극장으로 쓰이다가 한국전쟁기에는 서울 수복 이후 국회의사당으로 사용되었으며, 1975년 9월 1일 국회의사당을 여의도로 옮긴 뒤에는 시민회관으로 쓰였는데, 이후 태평로 확장 공사가 진행되어 그 규모가 축소되었다. 1976년에 세종문화회관이 세워지면서 그 별관으로 쓰이다가 1991년부터는 서울특별시의회 청사로 사용되고 있다.

재활용을 거듭한 건물

현재 서울특별시의회 청사로 쓰이는 건물의 정식 명칭은 '태평로 구舊 국회의사당'이다. 2002년 서울시 등록문화재 11호로 지정되었다. 문화재청은 등록 사유를 다음과 같이 밝혔다.

"시민회관, 영화관, 국회의사당 등으로 사용되어 국민들의 인지도가 높으며, 역사성이 있는 건축물이기도 함. 건물의 일부분을 탑식으로 높여 근대의 권위성·상징성을 강조함. 세종로 일대 경관 유지에 중요한 몫을 차지하고 있음."

건물을 기획할 당시 경성부는 일본 주요 도시에 세워진 비슷한 시설을 참고하기 위해 요원도 파견하고, 건축계 권위자들을 초청해 많은 자료를 수집했다. 건물은 대강당 3층, 옥탑 9층, 별관 4층의 규모로 설계되었는데 그중에 대강당은 3,500명을 수용할 수 있는 규모였다. 다목적 행사를 치를 수 있게 설립된 부민관은 특별실, 사교실, 다다미실, 담화실, 집회실 등도 갖추어 놓았었다.

건물의 설계는 하기와라 고이치萩原孝一 등이 맡았다. 점차 국제 도시로 발돋움하던 경성의 강건함을 상징하기 위해 세세한 장식은 피하고 탑 창문의 돌출부 음영이 더욱 강하게 보일 수 있도록 설계했다고 한다. 하기와라 고이치는 당시 경성에 제대로 된 극장이 없었기에 무대와 음향 설비에 공을 들였지만, 면적에 여유가 없어 회전 무대를 설치하지 못한 점을 아쉬워했다고 한다.

이 건물은 사라질 운명에 처하기도 했었다. 1954년부터 이 건물을 사용하던 국회가 1975년 여의도 의사당으로 옮겨갈 때, 서울시는 건물을 철거할 계획이었다. 그러나 세종문화회관이 그해에 완공되면서 별관으로 살아남았다. 그러나 건물 일부는 사라졌다. 1980년 태평로 확장 공사 때 전면 광장 부분의 12미터를 도로로 내주면서 정문과 현관을 비롯해 900제곱미터가 넘는 공간이 헐렸다.

돌출된 탑, 섬세한 무대 설계, 최신식 냉난방 시설 등 한때는 화려한 위세를 자랑했던 다사다난한 서울특별시의회 청사는 어떤 우여곡절도 없었다는 듯 담담히 태평로의 제자리를 지키고 있다.

명동·충무로

금융·경제·소비문화의 중심,
'경성의 긴자'

1970년대에 강남이 개발된 이후 서울의 중심이 명동에서 압구정동과 청담동 일대로 이동했다. 하지만 한류 바람을 타고 서울을 찾는 외국인 관광객들은 여전히 관광 명소로서 서울의 역사적 장소를 선호한다. 조선 왕조의 고궁과 근대 문명 개화의 흔적이 남아 있는 곳, 말하자면 '역사'와 '이야기'가 있는 서울 사대문 안, 그중에서도 광화문·종로 일대와 명동 일대가 바로 그런 곳들이다.

일본 거류민의 최초 거주지였던 탓에 일제강점기에 '본정本町(혼마치)'으로 불리던 지금의 충무로와 '명치정明治町'이라 불린 명동明洞은 남대문통, 을지로(황금정黃金町)와 더불어 경성의 대표적인 상업 중심지였다. 이 장소들은 일본제국이 식민지 조선에서 자본주의 문명의 우월성을 전파하고 제국의 번영과 화려함을 과시하는, 식민 도시 경성의 쇼윈도이자 제국 공간의 재현이었다.

일본인 거류지로 공식 지정된 '본정통'

외국인들, 특히 관헌이 아닌 민간 상인들이 서울에 들어오기 시작한 것은

1882년 임오군란 이후 조선이 청국과 '조청상민수륙무역장정朝淸商民水陸貿易章程'을 체결하고 중국 상인이 양화진과 한성에서 상점을 열 수 있도록 개방하면서부터였다. 이에 따라 일본도 1883년에 한성 개시開市의 특권을 획득했다.

이어서 1885년에 조선 조정은 서울의 남쪽, 오늘날의 명동성당과 백병원 사이에 있는 충무로 2가와 퇴계로 일대를 일본인 거주지로 공식 지정했다. 이곳 진고개 주변은 원래 남촌南村이라 하여 한미한 양반, 상인, 하층민 들이 주로 거주하던 곳이었다. 조선 조정이나 일본 측이 이 일대를 일본인 거류지로 합의한 데에는 한성 내에서도 외곽 지역이고 비교적 주거 환경이 좋지 않아 지가가 낮다는 점이 그 배경으로 작용했을 것이다. 또 일본인들의 경우, 그곳이 임진왜란 때 조선의 궁궐을 내려다볼 수 있는 군사적 요충지여서 일본인들이 진지를 구축하고 쌓은 왜성의 유적이 남아 있는 역사적 장소라는 점도 고려했을 것이다.

이렇게 하여 궁궐과 각사各司 아문衙門이 훤히 내려다보이고 풍광이 좋아 정자가 들어섰던 남산 기슭은 점차 일본인들의 한성 진출을 위한 진지가 되어갔다. 1890년에 근대 일본 불교의 조선 포교 효시가 된 진종眞宗 오타니파大谷派가 남산 본원사를 건립한 일을 시작으로, 1897년에는 가토 마스오加藤增雄 공사가 조선 조정으로부터 영대차지권永代借地權을 획득하여 남산공원(왜성대공원)을 조성했다. 1898년에는 경성의 일본거류민단이 일본 신궁사청神宮司廳에서 아마테라스 오미카미의 신체神體와 신보神寶를 받아 진좌식을 거행하고서 이곳에 남산대신궁南山大神宮을 창건했는데, 나중에 경성신사(예장동, 지금의 숭의여자대학교 자리)로 개칭되었다. 1900년경에는 공원 내에 청일전쟁에서 전사한 일본 군인을 기리는 '갑오전역기

1904년 명동성당 인근에서 군사 훈련을 하는 일본군 부대. 이 일대는 조선의 궁궐이 내려다보이는 군사적 요충지였다.

념비甲午戰役記念碑'를 세우고 해마다 4월 30일이면 초혼제를 지냈다. 이 기념비 옆에는, 다이쇼大正 천황이 1907년 황태자 시절에 조선을 방문하여 이곳 남산에서 서울 시가를 내려다본 일을 기념하기 위해 세운 '동궁기념비'가 건립되었다.

이와 같이 남산은 경성 거류 일본인들에게는 일본인의 정체성을 확인하고 기억하게 하는 기념 공간이자 추모 공간이 되었다. 이후 1925년에 완공된 조선신궁이 조선인의 의식 세계를 일본 정신으로 포섭하여 내선일체를 실현하는 상징물로 표상됨으로써, 남산은 일제 식민 이데올로기의 코드로 장소화되었다.

시가 형성과 자본의 밀집

경성의 일본 거류민 수가 급증한 것은 청일전쟁 이후부터다. 정치 상황에 따라 때로는 감소하기도 했지만, 일반적인 추이로 보아 그 증가세는 다른 개항장보다 훨씬 가팔랐다. 1885년 말 89명에 불과하던 일본 거류민이 청일전쟁이 끝난 1895년 말에는 1,939명으로, 러일전쟁 시기인 1904년에는 5,323명으로 급증해, 1908년에는 부산에 거류하는 일본인 수를 넘어서기에 이르렀다.

일본인들은 청일전쟁에서 승리한 후, 명동 일대가 "남쪽 구석지에 치우쳐" 상업 활동에 불리하다고 느끼고 종전에 청국인들이 장악하고 있던 주요 상업 지대인 남대문통으로 진출하기 시작했다. 1895년에는 진고개에서 남대문 사이의 도로를 확장하는 공사를 실시했으며, 도로 주변의 명동, 난동蘭洞, 낙동駱洞, 장동長洞, 회동會洞 등지의 토지를 매입하는 데 주력했다. 일본 영사관도 1896년에 남대문과 진고개가 만나는 지점으로 이전했고, 그 이듬해에는 거류민단역소居留民團役所와 상업회의소 역시 영사관 부근으로 이전했다. 그리하여 진고개와 남대문 주변에 국한되었던 일본인 거류지가 러일전쟁 이후에는 회현동(욱정旭町), 명동, 저동(영락정永樂町) 등 동쪽 방향과 을지로 이남으로 확대되었다.

오늘날의 충무로 일대는 일제강점기 내내 조선에서 땅값이 가장 비싼 곳이었다. 1936년경 본정 1~5정목에 자리 잡은 상점의 92퍼센트를 일본인이 경영했을 정도로, 이곳에서는 조선인이 영업하는 것 자체가 무척 어려웠다. 또한 본정통에는 주요 회사와 금융 기관, 백화점, 극장 등이 밀집하면서 '경성의 긴자'라는 별명이 생겼다. 일본의 주요 금융 기관인 제일은행, 백삼십은행, 십팔은행 등의 지점뿐만 아니라 조선은행, 동양척식주

동양척식주식회사 경성 지점은 일제강점기에 황금정으로 불리던 을지로 2가에 있었다. 1926년 나석주가 폭탄을 던진 곳이기도 한 이 건물은 한국전쟁 때 사라지고 현재 그 자리에 외환은행 본점이 들어서 있다.

남대문로에 있던 조선은행 본점. 일제강점기 식민지 조선의 중앙은행 역할을 하던 이곳엔 1990년부터 한국은행 화폐금융박물관이 들어서 있다.

식회사 등이 설립되면서 이 지역은 경성의 요지가 되었다. 또한 경성전기 주식회사, 미쓰이물산주식회사 경성 지점 등 일본 재벌 계열의 주요 회사가 설립되면서 오늘날의 충무로와 명동, 남대문 일대는 식민지 조선의 금융과 경제를 좌우하는 중심지로 부상했다.

'모던 걸'이 몰려드는 백화점 거리

이렇게 이 일대에 조선의 주요 경제 기관이 집중되자, 그 주변에 대중문화를 소비할 수 있는 공간인 경성고등연예관(1910년 일본인이 황금정에 개관한 조선 최초의 상설 영화관), 경성극장(1919년 본정 3정목에 설립되어 일본인이 운영한 극장) 같은 문화 시설과 카페가 속속 들어서기 시작했다. 특히 산처럼 쌓인 근대적 상품과 첨단 기술의 승강기, 카페·음악실·휴게실을 갖춘 백화점이 본정과 명치정 일대에 세워지면서 이곳은 유행을 좇아 패션을 선도하는 '모던 걸'이 거니는 소비문화의 거리가 되었다. 그러면서 화려한 물질문명에 홀린 식민지 상층 부르주아들은 제국의 번영에 영혼을 팔기 시작했다.

식민지 조선의 비루함과 극단적으로 대비되는 제국의 물질적 풍요를 상징하는 장소는 무엇보다 백화점이었다. 1925년 본정 2정목에 본정빌백화점이 들어섰고, 1926년에는 본정 입구에 하라타平田백화점이 들어서 재고품 판매 영업을 하기 시작했다.

본격적인 백화점 시대는 1906년 본정 1정목에 들어선 일본 미쓰이 재벌의 미쓰코시三越잡화점 경성 출장소가 1929년에 지점으로 승격되어, 그 이듬해에 지금의 신세계백화점 자리에 미쓰코시백화점을 준공하여 개업하면서 열렸다. 미쓰코시백화점은 대지 739평, 연건평 2,300평에다 종업원 360명을 두어, 당시 조선과 만주를 통틀어서 가장 큰 백화점이라는 위용을 자랑했다. 대구에서 잡화점으로 출발하여 1922년에 오늘날의 충무로 1가에 세워졌던 미나카이三中井백화점 역시 1932년경에 지하 1층, 지상 6층의 건물로 신축되었다. 1921년 남대문로 2가에 문을 연 조지야丁字屋백화점도 1939년 무렵 종전의 미도파백화점 자리에 대형 백화점을 신축하면서, 바야흐로 '경성 긴자'는 '도쿄 긴자'에 비견될 정도로 번창했다.

이 일본 백화점에서 자본주의 소비문화를 향유한 이들은 경성에 거주하는 일본인 중에서도 안정적인 월급과 함께 높은 외지수당外地手當을 받던 조선총독부 관료나 일본인 교원, 일본인 기업의 임원과 은행원 가족들이었다. 그런데 당시 신문 기사에서 확인할 수 있듯이, 이 일본 백화점의 단골 가운데 30퍼센트 정도는 조선인 상류층이었다. 조선인 상업 구역인 종로에서 화신백화점이나 동아백화점이 성업 중이었는데도 조선인 상류층은 일본 백화점을 다님으로써 우월한 사회적 신분을 과시하려 했던 것이다.

오늘날의 충무로와 명동은 구한말 일본인들의 거류지였던 진고개에서 출발해, 일제강점기에는 말 그대로 '경성의 긴자'로서 조선의 금융·경제·문화를 장악하고 선도했던 곳이다. 그로부터 한 세기가 지난 지금, 명동은 서울을 찾는 일본인들의 쇼핑 장소로 또다시 북적이고 있다. 이곳을 찾는 외국인, 특히 일본인에게 시간을 넘어서 관통되는 명동과 충무로의 장소성은 무엇일까. 또한 우리는 자본주의 최첨단의 문명을 소비하는 이곳이 18세기에 박지원이 쓴 소설 《허생전》의 무대이자 문벌 양반들이 주도하던 세상에서 비켜난 백두 서생들의 주거지였던 남촌임을 기억해낼 수 있을까?

2부

머나먼 여정, 식민에서 독립으로

일제강점기부터 해방까지

옛 서대문형무소 · 탑골공원 · 천도교 중앙대교당 · 인천항 · 목포항 · 군산항 · 옛 광주고등보통학교 · 부산항 · 옛 부산동척빌딩·미문화원 · 상하이 대한민국 임시정부청사 · 만주

옛 서대문형무소

민족 해방을 위한 번제의 제단

1975년 4월 9일 새벽, 주로 대구·경북을 중심으로 활동하던 민주화 운동 관련 인사 스물네 명 가운데 여덟 명이 대법원에서 상고가 기각되고 확정 판결이 난 지 열여덟 시간 만에 교수형을 당해 서대문형무소 형장의 이슬로 사라졌다. 이들은 1974년 4월 긴급조치 발표와 함께 180명이 구속 기소된 민청학련(전국민주청년학생총연맹) 사건의 배후자로 지목되어 서대문형무소에 1년 정도 갇혀 있다가 그해 7월 비상보통군법회의(1심), 9월 비상고등군법회의(2심)에서 국가보안법, 반공법, 긴급조치 위반의 판결을 받고 수감되었던 인사들이다.

한국 현대사에서 '사법 살인'으로 유명한 '인혁당(인민혁명당) 재건위 사건'은 당대의 유신 권력자가 자신의 지역적 세력 기반인 대구·경북의 반대 세력을 일망타진해 영구 집권의 토대를 마련하려던 야심의 산물이었다. 서대문형무소는 그 야심을 실현하는 도구적 장소로, 통한의 피눈물로 젖은 공간이다. 현대사에서 서대문형무소는 민중의 온갖 삶이 만화경처럼 전개된 공간인 동시에, 일제강점기와 독재 정권의 시기를 거치며 수많은 독립운동가와 민주투사 들을 탄압하고 억압하여 권력의 영구화를 꿈꾸던 자들이 마치 신神이나 된 듯 고귀한 생명을 희롱하던 '세계 극장 Theatrum Mundi'이자 디스토피아였다.

일제 무단통치를 증언하다

서대문형무소가 자리 잡은 위치는 식민 제국과 독재 정권의 권력자들에게는 참으로 절묘했다. 무악재를 넘어가는 서울-의주 간 중심 교통로에 자리 잡고서, 오가는 민중들이 지레 주눅 들게 만들고, 한말에 독립문을 세운 정신을 마음에 새기는 이들이 갈 곳은 감옥뿐이라고 은근히 협박하는 위치이기에 그렇다.

서대문형무소는 일본인 건축가이자 간수 출신인 시텐노 가즈마四天王數馬가 설계하고 대한제국 탁지부가 인왕산 기슭 금계동(서대문구 현저동에 있던 마을)에 세워져 1908년(순종 2) 10월 21일에 문을 열었다. 500명을 수용할 수 있는 최초의 근대식 감옥으로, 원래 이름은 '경성감옥'이었다. 그러다가 일제가 강점한 이후 독립운동이 활발해지자 치안 수요를 감당하고자 1912년 마포 공덕동에 세운 새 감옥을 경성감옥이라 부르고 원래의 경성감옥에는 '서대문'이라는 지극히 조선적인 이름을 붙여 그 위상을 낮추되 실제로 행사되는 폭력의 내용은 강화해, 무단통치의 은밀하고도 강력한 도구성을 부여했다. 감옥의 규모를 계속 확장해 1916년에 여사女舍를 건립하고, 3·1운동 당시 시위 관련자 1,600명을 비롯해 3,000여 명을 수용하고, 1923년에는 새 청사와 사형장도 설치하고, 1935년에는 여섯 개 옥사를 신축해 3,500명을 수감하게 한 점 등이 그 증거다.

이는 감옥이 전국적으로 증설되면서 식민지 백성의 삶이 더 깊은 나락으로 떨어지고 감시와 처벌로 점철된 현실을 증언한다. 80년간 35만 명

1930년대 서대문형무소 전경. 일망감시 체계를 갖춘 서대문형무소는 일제 무단통치의 강력한 도구로 기능했다.

을 수감해 온갖 한이 서린 서대문형무소는 평범한 개인의 한없이 비루한 삶부터 독립지사와 민주화 운동가의 숱한 절개와 기개, 오욕과 좌절, 피맺힌 수난까지 낱낱이 지켜본 현대사의 진정한 증언 공간이다.

고문과 노역으로 피맺힌 지성소

서대문형무소가 권력의 도구로서 수행한 구체적인 역할은 죄수의 수감에 그치지 않고 교회教誨를 빌미로 인간성을 모독하는 고문과 노역, 곧 징역懲役을 자행하는 것이었다. 그 출발점에 '105인 사건'이 있다. 1910년 11월 27일에서 12월 2일 사이에 열린 압록강 철교 개통식에 참석한 데라우치 마사타케 조선총독을 암살하려다 미수에 그친 사건을 빌미로 삼은 일제는 안창호, 이승훈, 양기탁, 신채호 등 주로 서북 지방과 서울의 기독교인이 중심이 된 전국적 비밀결사이자 애국 계몽 운동을 펼치고 《대한매일신보》를 발간하던 신민회新民會의 일망타진을 목표로 삼았다. 그리하여 신민회 관련자 600여 명을 수감하고 고문해 허위 자백을 받아냈으며 이들을 기소했다.

그 이후 서대문형무소는 수많은 독립운동가와 애국자를 수감하는 공간이 되었다. 그리고 전기도 들어오지 않고 이불이나 돗자리도 없는 시멘트 바닥에다 수감을 채우거나 몸을 묶어 내던져두고 용변도 방 한구석에 파놓은 홈에서 처리하도록 만든 징벌방인 '먹방'에서 고문하고 처형하는 '고문 기계'로 작동했다. 또한 수감자들을 공작사工作舍에서 하루 열 시간에서 열네 시간 노역을 시킴으로써 전국의 감옥이나 군대에서 필요한 관용 물품을 만드는 강제 노동 생산 공간의 역할을 하기도 했다.

해방되고 나서는 수많은 간첩, 사상범, 민주화 운동가 들이 거쳐간 이곳은 한국 현대사의 절규와 핏방울이 벽돌 하나하나마다 깊숙이 배어 있는 고통과 통곡의 장소이기에, 가히 민족 해방을 위해 몸을 불사른 번제燔祭의 제단이자 지성소sanctuary라 하겠다.

감시와 통제를 위해 설계된 파놉티콘

군집 형태의 건축물로 구성된 서대문형무소는, 일찍이 공리주의자 제러미 벤담이 제안했고 미셸 푸코가 해석한 감시와 통제를 구현하는 근대 공간인 파놉티콘panopticon을 잘 표상한다. 붉은 벽돌담에는 수감자들의 탈옥을 감시하고자 1930년대 후반에 10미터 높이의 망루 여섯 개를 설치했다. 또 부챗살처럼 생긴 운동장인 격벽장隔壁場을 비롯해 세 구역으로 나

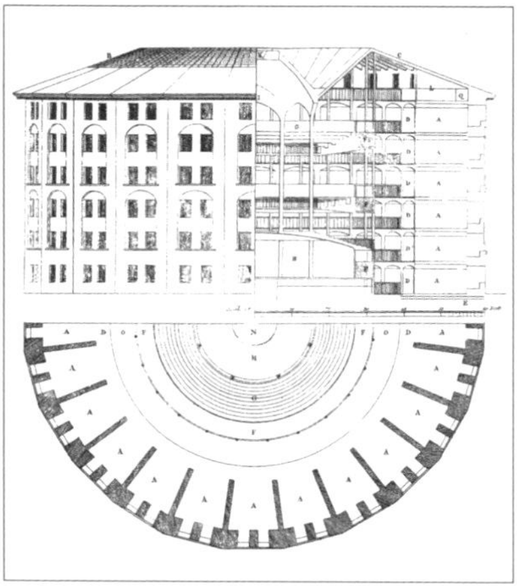

서대문형무소(왼쪽)는 2층 복도 천장을 뚫어놓았는데, 이는 1791년 영국의 철학자 제러미 벤담이 죄수를 효과적으로 감시할 목적으로 고안한 원형 감옥의 건축 양식(오른쪽)을 차용한 것이다.

뉜 티 자T형 부채꼴 옥사 중앙에서 간수가 고개만 살짝 돌려도 넓은 감옥이 한눈에 모두 들어왔고, 복도의 뚫린 천장 철망 사이로도 내려다볼 수 있었다.

이렇듯 서대문형무소는 일망감시一望監視 체계를 수용한 근대 감옥의 견본이었다. 이러한 공간 배치는 일본이 프랑스와 벨기에의 근대 감옥을 모델로 삼아 1870년대부터 일본 국내에 감옥을 설치한 결과였다. 거기에는 일반적인 감방 외에도 한 평 남짓한 특수한 감방으로 구성된 일상적 감시와 통제 공간이 있었고, 수감자의 교회와 개조를 명분으로 전향을 요구하는 온갖 고문이 자행되었다. 그 결과 고문 피해자들은 신체적 후유증만이 아니라 자백과 허위 자백으로 인한 정신적 내상, 인간성을 파괴하는 반인륜 범죄가 일상화된 억압과 폭력도 감내해야 했다. 그뿐만 아니라 형무소 옥사에 별도의 화장실을 설치하지 않아 나무통에다 용변을 처리하는 비위생적 환경과 혹독한 추위로 말미암은 동상과 피부병이 수감자들의 육체를 갉아먹었으며, 출옥하고 나서도 여독과 후유증으로 죽음을 맞기도 했다.

그러나 이곳에서 감시와 통제, 끊임없는 노역과 처벌만이 관철됐던 것은 아니다. 독립운동가나 민주화 운동가 들은 서로 다른 감방에서 미리 정한 암호로 벽을 두드려서 통신하는 도산 안창호식의 타벽통보법으로 소통했다. 3·1운동 수감자들은 통방을 개발해 서로 의사소통을 했는데, 어윤희, 유관순의 3·1운동 1주년 기념 만세 투쟁이나 1920년대 말 최양옥이 조직한 대한독립군 공명단의 태업과 파업 투쟁이 가능했던 이유도 여기 있다.

결국 강고해 보이는 파놉티콘의 감시와 통제의 공간을 비틀고 변주시키는 저항 공간은 민족 해방과 민주화를 염원했던 이들의 노력으로 늘 존재해왔다. 그런 점에서 서대문형무소는 감시와 통제의 일상 공간, 노역과 제조의 생산 공간, 억압과 폭력적 고문과 처벌의 공간, 그리고 그 내부에 민족 해방과 민주화 운동 전략을 고심하는 반反감시 공간이 존재하는 4중 구조의 공간이었던 셈이다.

문학 작품에 비친 서대문형무소

서대문형무소는 1908년에 일제에 의해 '경성감옥'으로 개소되었다. 당시 전국 최대 규모의 근대식 감옥으로, 국권을 회복하고자 맞서 싸운 한국민을 저지하고 탄압하기 위해 만들어졌다. 이 감옥의 시스템은 해방 후에도 이어져 1987년까지 존속했다.

서대문형무소는 1945년 11월에 서울형무소로 이름이 바뀌었다가, 1961년에는 서울교도소로, 1967년에는 서울구치소로 개명되었다. 1987년 11월에 서울구치소가 경기도 의왕시로 옮겨간 뒤, 1988년 문화재청에서 제10·11·12옥사와 사형장을 국가사적 324호로 지정했으며, 1998년에 서대문구에서 '서대문형무소역사관'으로 개관해 현재에 이르고 있다.

서대문형무소는 시기별로 두 가지 기능을 담당했다. 일제가 패망하기 전까지는 독립운동가들의 신체와 사상을 감금하는 것이었고, 해방 이후에는 주요 민주화 운동 인사들을 격리하고 위협하는 것이었다. 심훈, 유관순, 이재유, 이병희, 한용운, 도예종, 이돈명, 리영희 등을 비롯한 수많은 민족 지사와 민주화 인사가 이곳에서 옥사하거나 복역했다.

서대문형무소에서는 한용운, 심훈 등이 남긴 글의 일부를 그대로 새겨놓아 후인後人들의 이해를 돕고 있다. 한용운은 〈눈오는 밤〉에서 이곳을 이렇게 표현했다.

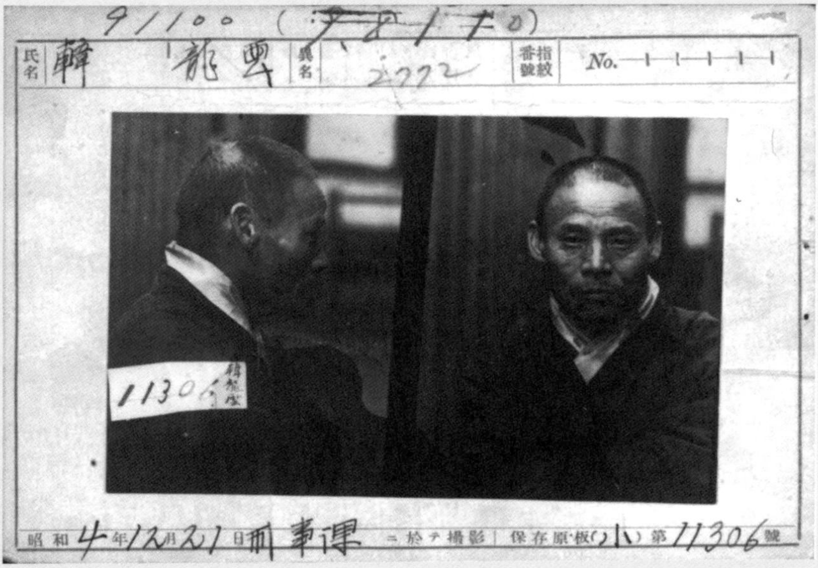

한용운의 수형기록표. 1929년 12월 광주학생독립운동에 따른 민중대회 개최 건으로 체포되어 서대문형무소에 수감될 때의 모습으로 당시 50세였다.

四山圍獄雪如海 감옥 주위 사방 산에 눈이 잔뜩 쌓였는데
衾寒如鐵夢如灰 쇠처럼 찬 이불 속에서 꾸는 꿈은 싸늘하네
鐵窓猶有鎖不得 쇠창살도 꽉 닫히지 않은 틈이 있는 탓에
夜聞鐵聲何處來 한밤중에 어디선가 찬 소리가 들려오네.

소설가 심훈 역시 이런 기록을 남겼다.

어머니! 날이 몹시도 더워서 풀 한 포기 없는 감옥 마당에 뙤약볕이 내리쪼이고 주황빛의 벽돌담은 화로 속처럼 달고 방 속에는 똥통이 끓습니다. 밤이면 가뜩이나 다리도 뻗어보지 못하는데, 빈대 벼룩이 다투어가며 진

물을 살살 뜯습니다. …… 그렇건만 대단히 이상한 일이지 않겠습니까? 생지옥 속에 있으면서 하나도 괴로워하는 사람이 없습니다. 누구의 눈초리에나 뉘우침과 슬픈 빛이 보이지 않고, 도리어 그 눈들은 샛별과 같이 빛나고 있습니다.

–〈옥중에서 어머니께 올리는 글월〉 중에서

탑골공원

황제의 권위를 상징하는 장소에서 저항의 못자리로

2001년 11월 23일 새벽 두 시경, 인적 드문 탑골공원 삼일문 앞에 나타난 세 사람은 낫을 묶은 기다란 장대로 '삼일문'이라 쓰인 현판을 뜯어내 부수어버렸다. 한 달 전 경찰의 방해로 저지되었던 현판 내리기 작전이 성공한 것이다. 이들은 날이 밝자 자청하여 기자회견을 열고서 반일 민중운동의 정신이 배어 있는 탑골공원에서 친일 장교였던 박정희 전 대통령이 쓴 현판을 떼어내는 것은 당연하다고 주장했다. 이렇듯 90여 년이 지난 지금도 역사적 현장을 둘러싼 장소 쟁탈전이 계속되고 있다.

황제가 세웠으나 민중의 정치 공간이 되다

탑골공원은 탑동공원, 파고다공원으로도 불렸다. 조선 시대에 대표적인 상업 공간으로서 사람들의 왕래가 잦았던 운종가雲從街 동쪽 끝자락인 이 자리에 원각사圓覺寺가 있었던 까닭이다. 1897년 고종은 대한제국을 선포하면서 환구단圜丘壇과 팔각 형태의 황궁우皇穹宇를 세워 자신이 천자임을 세상에 알렸다. 이러한 구상의 연장선에서 고종은 탑골에 공원 건설을 추진했고 1903년 무렵에 팔각정을 준공했다. 팔각은 하늘과 땅을 잇는 도형

탑골공원에는 조선 시대의 사찰인 원각사가 있었다. 사진은 일제강점기의 원각사비(왼쪽)와 10층석탑(오른쪽)으로, 지금도 탑골공원에 남아 있다.

으로 황제를 상징한다. 고종은 탑골공원을 매개로 황제로서 존재감을 드러내고 싶었던 것이다.

하지만 탑골공원에 모여든 민중은 고종에게 민중의 목소리에 귀 기울이기를 요구했다. 미국으로 망명했다가 돌아온 서재필을 중심으로 조직된 독립협회는 1898년에 탑골공원에서 서울 시민을 모아놓고 대한제국의 친러 정책을 비판하는 만민공동회를 열었다. 말하자면 만민공동회는 그동안 지배자들에게 숨죽여왔던 민중이 자신의 권리를 되찾으려는 시도였던 것이다. 만민공동회에 참석한 민중들은 대외적으로는 자주국가, 서구의 의회제 실시로 군주권 견제, 재정 일원화, 재판 제도의 확립 등의 내용이 들어간 '헌의 6조'를 고종에게 제출했다. 고종이 만민공동회의 이 제안을 받아들이면서 새로운 국가를 건설할 가능성이 잠시 보였으나, 기득권층의 제동으로 무산되고 말았다. 어쨌든 탑골공원은 애초에 황제가 세웠지만 민중의 정치 공간으로 활용되었던 셈이다.

식민 정책 선전을 위한 놀이공원으로

그러다가 1905년 을사조약이 체결된 이후 일제의 영향력이 커지면서 탑골공원은 서울 민중의 손에서 멀어지고, 통감부 관료와 일본인 들이 즐기는 연회장, 서울을 방문한 외지인의 관광지로 활용되었다. 황제의 권위를 상징했고, 조선 민중이 자신의 공간으로 만들려 했던 탑골공원을 일본인들이 놀이 공간으로 만들어버린 것이다.

강제 병탄併呑 이후 조선총독부는 탑골공원을 휴식 공간으로 조성했다. 정자와 벤치를 마련하고, 라일락과 정향나무를 심은 화단과 수련이 떠 있는 연못을 만들고, 벚나무와 백양목, 미루나무를 심어 제법 공원다운 조경으로 관람객의 눈을 사로잡았다. 휴식 공간의 묘미를 살리기 위해 찻집도 운영하고, 음악당을 만들어 매주 연주회를 열었다. 심지어 요정까지 허가해 공원은 요정의 앞마당이 되었다. 일요일에만 출입이 가능했던 공원은 1913년부터 매일 개방되었고, 몇 년 뒤에는 야간에도 개장하기까지 했다. 신문에는 정자에 앉아 한가롭게 담배를 피우는 노인들, 공원의 봄 풍경과 시민들이 산책하는 모습을 실어, 조선 민중이 총독부가 제공하는 시혜를 누리고 있는 것처럼 선전했다. 탑골공원을 흔들던 민중의 목소리가 총독부의 조경 사업에 묻혀버린 것이다.

'저항의 못자리', 탑골공원

총독부의 무단 정치와 언론·사상의 통제는 한말 번성했던 독립운동의 주체적 역량에 크나큰 타격을 입혔다. 종교계 인사가 중심이 된 민족 대표들은 고종의 승하와 국제 상황의 변화를 고려해, 조선 독립운동의 방향을 국제기구와 일본 정부를 상대로 한 독립 청원 운동으로 정했다. 그리고 많은 지방 주민들이 상경할 고종의 인산일 직전인 3월 1일을 독립 선언일로 잡았다. 그런데 이 계획이 진행되는 과정에서 학생들도 가세하고 예상 외로 많은 사람이 서울로 모여들었다. 그러자 민족 대표들은 순수한 독립 선언이 변질될 수 있다고 판단해, 거사 하루 전날 만세 운동 장소를 탑골공원에서 그 주변에 있던 인사동의 태화관으로 변경했다.

3월 1일 오후 두 시, 탑골공원을 가득 메운 수천 명의 민중은 민족 대표들을 기다리고 있었지만, 그들은 태화관에서 〈독립 선언서〉를 낭독한 후 축배를 들고 조선총독에게 전화를 걸어 자수했다. 어른이 없는 탑골공원에서 정재용을 비롯한 학생들은 팔각정에 올라 〈독립 선언서〉를 낭독하고 독립 선언은 '가장 영광 있는 우리의 권리'라고 외쳤다. 학생들의 외침과 함께 민중의 독립 만세 소리가 울려 퍼졌다. 탑골공원을 출발한 민중은 고종이 안치된 덕수궁을 향했다. 조선 민중의 곡소리는 전국으로 확산되었다. 시작은 민족 대표가 책임졌으나, 마무리는 민중의 몫이었다.

민중의 저항에 당혹한 일제는 두 번 다시 탑골공원에서 기미년의 기억이 되살아나길 원치 않았다. 탑골공원은 조선 민중에게 만세 운동을 허용한 혐의로 폐쇄되었다. 공원 이용은 그 뒤 1년이 지나서야 허용되었고, 뒷문은 10년 동안이나 폐쇄되었다. 공원을 드나드는 사람들에 대한 감시도 더 심해졌다.

1919년 3·1운동이 일어나기 전 탑골공원 팔각정에 모인 민중의 모습. 오후에는 수천 명의 민중이 공원을 가득 메웠다.

하지만 민족 언론은 조심스럽게 그날의 기억을 되새겼다. 매년 탑골공원의 봄 풍경 사진을 게재했다. 해마다 사진의 앵글은 달라져도 〈독립 선언서〉를 낭독한 팔각정은 반드시 들어갔다. 조선 민중에게 팔각정은 담배나 피우면서 쉬는 휴식의 공간이 아니라, 권리를 찾아 외치던 곳이었기 때문이다.

친일 신문들은 아예 탑골공원을 언급조차 하지 않았다. 심지어 친일파 한상룡은 통감부 시절 재정 고문이었던 메가타 다네타로目賀田種太郎의 동상을 세워, 이곳을 일본 제국주의의 선전 공간으로 만드는 데 앞장서기까지 했다(뒷날에는 이승만이 한상룡을 따라 자신의 동상을 세웠다가 망신을 당했다).

1930년대의 탑골공원 전경. 만민공동회가 열렸던 이곳을 조선총독부는 휴식 공간으로 탈바꿈하려 했지만, 조선 민중에게 저항의 못자리와도 같은 이곳에 대한 기억을 지울 수는 없었다.

그러나 총독부는 탑골공원이 조선 민중에게 저항의 못자리라는 기억을 지울 수 없었다. 1924년 사회주의 계열의 전국 단위 청년 단체인 조선청년총동맹이 임시 대회를 열자, 일제 경찰은 이 단체를 불온 단체로 규정하고 해산시켰다. 그리고 3·1만세운동의 경험을 떠올린 총독부는 탑골공원을 폐쇄했다. 1926년 6월 10일 순종의 인산일에는 일본 군대를 주둔시켜 조선 민중의 출입을 차단하기까지 했다. 이렇듯 탑골공원은 지배자들이 만들었지만, 자신의 권리를 찾으려는 민중의 저항 공간 노릇을 꾸준히 이어갔다.

탑골공원은 고종이 황제의 권위를 상징하는 공간으로 삼고자 계획한 공간이었지만, 민중은 이곳을 황제에게 자신들의 요구를 관철시키기 위해 집회를 하는 공간으로 활용했다. 3·1운동 당시에는 민족 대표들에게 배신당한 민중이 일제의 무단통치에 반발하는 출발지가 되었다. 이때부터 탑골공원은 민중의 목소리가 울려 퍼지는 공간이 되었다. 하지만 일본 제국주의 지배자와 조선인 추종자 들은 민중의 출입을 끊임없이 통제했다.

해방 후 군사 정권은 식민지 시기 민중의 저항 정신을 가로채기도 했다. 5·16군사쿠데타로 권력을 장악한 군사 정권은 '3·1운동 기념탑'과 손병희 동상을 세워 권력의 정당성을 역사에서 찾고자 했다. 이는 민중에게 신뢰를 얻고 싶었던 군사 정권이 독립 선언 선포 당시 공원에 나타나지도 않았던 손병희를 앞세워 3·1운동의 과실을 나눠 가지려 했던 의도의 산물이었다.

천도교 중앙대교당

항일 투쟁과 민중 집회의 거점

강렬한 붉은 벽돌과 안정감을 주는 화강석 기단부, 특이한 모양의 중앙탑 지붕이 멀리서도 눈길을 끄는 건물이 전통 문화의 거리, 인사동과 인접한 운현궁 건너편에 자리 잡고 있다. 종로구 경운동에 위치한 천도교 중앙대교당이 그곳이다. 지금은 매주 일요일 천도교도들이 모여서 시일식侍日式(천도교의 정기적인 의례로 개신교의 예배와 유사함)을 올리는 순수한 종교 공간이지만, 일제강점기에는 항일 투쟁과 민중 집회 공간으로 더 유명했던 곳이다. 해방 후 상하이에서 귀국한 김구 선생이 "천도교가 없었다면 3·1운동이 없었고, 3·1운동이 없었다면 중앙대교당이 없고, 중앙대교당이 없었다면 상하이 임시정부도 없고, 상하이 임시정부가 없었다면 대한민국의 독립이 없었을 것이외다"라고 한 감사 연설에서도 그런 사실이 잘 드러난다.

근대사의 여러 흔적이 사라지고 겨우 비석이나 기념비로만 남아 있는데 반해, 중앙대교당은 온전하게 남아서 본연의 역할을 수행하며 그 공간이 지닌 의미와 정신을 오늘날 우리에게 일깨워주고 있다. 따라서 중앙대교당은 한국 근대사의 흔적을 그대로 간직한 랜드마크라고 하기에 손색이 없다.

민족의 성금으로 지어진 근대 건축물

중앙대교당 건설은 동학 3대 교주인 의암 손병희가 1905년에 '천도교'로 교단명을 바꾸고 남녀노소, 빈부귀천의 차별이 없는 인간 평등주의를 표방한 뒤, 천도교가 체계적인 조직과 안정된 재정을 갖춘 사회 세력으로 급격하게 성장하면서 추진되었다.

당시 조선총독부는 '신축 교당이 지나치게 크다' '중앙에 기둥이 없어 위험하다'와 같은 이유를 대면서 성금 모금을 중지하고 이미 받은 성금은 돌려주라고 종용하며 건축 허가를 내주지 않았다. 그 때문에 당초에 건축 면적을 약 1,320제곱미터(400평) 규모로 계획했으나 결국 절반 규모로 축소하여 허가를 받을 수밖에 없었다.

설계는 일본인 나카무라 요시헤이中村與資平, 시공은 중국인 장시잉張時英이 담당하고 일본인 후루타니 도라이치古谷虎市를 총감독관으로 삼아, 1918년 12월 1일에 중앙대교당 개기식開基式을 거행했다. 건축비를 독립운동 자금으로 사용한 탓에 공사가 잠시 지체되기도 했다. 거기에 건설 자재 구입 방해, 시공자 장시잉 구금 등 일제의 갖은 탄압 속에서도 1919년 7월에 공사를 재개하여 1921년 2월에 준공했다.

중앙대교당은 당시 명동성당(1898년 준공), 조선총독부 건물(1926년 준공)과 함께 서울의 3대 건축물로 손꼽혔으며, 오롯이 민족의 성금만으로 지은 건물로서는 가장 큰 건물이었다. 내부 천장 부분은 철제 앵글로 엮어 하중을 벽체로 분산시킴으로써 내부 기둥을 없애고 넓은 공간을 마련했다. 또 4층 누각에 올라서면 온 장안의 집들뿐만 아니라 마당까지 들여다보일 정도였다. 경운동 88번지에는 중앙대교당 말고도 1921년에는 중앙종리원(중앙총부 본관)이, 1925년에는 수운 최제우 탄생 100주년을 기념

1928년 4월 3일 천도교 서울교구에서 열린 천도교 청년당 제2회 전국대표대회 기념사진. 전국 각지에서 모여든 청년 대표들로 가득했던 서울교구의 옛 모습이 오늘날 중앙대교당의 적막한 분위기와 대비된다.

해 '대신사출세백년기념관大神師出世百年記念館(수운기념관)'이 건립되었다. 말하자면 이 일대는 가히 '천도교 단지'라 할 만했다.

건축학적으로 볼 때 중앙대교당은 19세기 유럽의 여러 양식이 혼용된 절충 양식으로 되어 있다. 이는 '나카무라 건축사사무소'에서 근무하던 오스트리아 출신 건축가 안톤 펠러Anton Feller의 영향 때문이다. 펠러는 당시 독일, 오스트리아 등 유럽에서 유행하던 빈 분리파 양식을 접했던 것이다.

명동성당이 프랑스 신부 조르주 코스트George Coste의 설계와 감독으로 지어졌던 것처럼, 당시에 지어진 많은 서양식 건축물은 설계자뿐만 아니라 벽돌공, 미장공, 목수 들도 조선인 기술자가 거의 없었기에 외국 기술자에게 의존할 수밖에 없었다. 항일 운동에서 주도적인 역할을 했던 천도교가 신축 교당 설계를 일본인에게 맡길 수밖에 없었던 점은 조선이 근대성을 실현할 역량이 미흡했던 현실을 역설적으로 보여준다고 하겠다.

항일 독립운동과 문화 운동의 거점

중앙대교당은 준공 이후 종교 의식을 위한 공간으로서만이 아니라 항일 독립운동의 중심 역할을 수행했다. 당시 천도교는 기독교와 함께 항일 운동을 주도한 핵심 세력으로서 독립운동의 기본 방향과 자금 운용, 〈독립 선언서〉 배포, 해외 독립운동 자금 운용 등을 계획했다. 그러한 활동의 거점이 바로 천도교 중앙대교당이었다. 중앙대교당 입구에는 1919년 3·1운동 때 천도교 대표 등이 모여 〈독립 선언서〉를 검토하고 배포하던 장소임을 기념하는 '독립 선언문 배부터' 비석이 서 있다. 민족 대표 33인 중 한 사람인 이종일李鍾一(1858~1925)은 1919년 2월 27일 밤 보성사(지금의 조계사 서쪽 경내)에서 인쇄한 〈독립 선언서〉를 자신의 집(지금의 수운회관 자리)에 보관했다가 다음 날 아침 전국 각지로 배포함으로써 독립운동의 발판을 마련했고 시위 운동이 지방으로 확산되기 시작했다.

천도교 교단이 3·1운동, 6·10만세운동 등 독립운동에 자금을 댈 수 있었던 것은 독특한 자금 조달 방식인 성미제誠米制(교단의 재정 마련을 위해 교인들이 일정 양의 쌀을 낸 제도) 덕분이었다. 교인들이 원래는 쌀을 내던 것을 당시 미가米價로 환산한 돈을 낸 덕분에 1918년에 일어난 쌀값 폭등은 오히려 교단의 재정을 풍성하게 해주었다. 당시 천도교 중앙총부로 들어오는 월 성미액은 평균 5,000~6,000원에 이르렀고, 1918년에 중앙대교당과 중앙총부 본관 신축을 위해 교도들이 낸 성금(1호당 10원)은 공사비(30여 만 원)뿐만 아니라 3·1운동을 비롯한 독립운동 자금으로도 사용될 수 있었다.

기독교 쪽의 자금과 함께 천도교 교단의 풍부한 재정은 3·1운동 추진에 주요한 원동력이 되었다. 안정된 재정력과 연원제淵源制(포교 및 교화 활동을 위해 세워진 천도교도들의 조직), 포덕제布德制(연원제 폐지 이후 약화된 교세를 만회하기 위해 교단에서 운영한 조직) 등 교도들의 체계적인 조직력 덕분에 천도교는 당시 각계의 독립운동을 결집하고 시위를 확산시키는 데 주도적 역할을 수행할 수 있었다.

3·1운동 이후 천도교는 국내에서는 직접적으로 독립운동에 관여하지 않았다. 대신 천도교 사상을 종교보다 사회사상 쪽으로 강화하며 문화 운동을 본격적으로 전개하기 시작했다. 1920년대에 중앙대교당은 《개벽》, 《별건곤》, 《어린이》, 《조선농민》 같은 각종 잡지와 서적을 발행하고 문화 행사를 주관하는 민족 운동과 문화 운동의 출발지가 되었다.

출판 문화 운동의 상징이 된 개벽사開闢社와 민족주의 진영의 최대 농민 운동 조직이었던 조선농민사朝鮮農民社 역시 이곳에 근거를 두었기 때문에 '개벽사 터' 기념 동판이 현재 수운회관 정문 기둥에 붙어 있다. 또 손병희의 사위인 소파小波 방정환方定煥(1899~1931)이 "어린이 여러분, 여러분은 우리의 희망입니다"라고 외치던 장소였고, 1923년 5월 1일 '어린이날' 기념식을 거행한 곳이기도 하다. 중앙대교당 앞 '세계 어린이 운동 발상지' 기념비는 이곳이 어린이 운동의 산실임을 말해준다.

한편 중앙대교당은 수운기념관과 함께 민족의 여론을 대변하는 민간 공회당이었다. 일본 니가타 현에서 발생한 조선인 학살 사건 보고연설회

1920년대에 천도교에서 펴낸 잡지들인 《개벽》과 《어린이》의 표지.

(1922년 9월), 동맹 파업을 결의한 서울 시내 인력거조합총회(1922년 11월), 조선 최초로 자유연애를 주제로 한 신여성 권애라의 강연(1923년 1월)과 조선물산장려회 대강연회(1923년 2월), 백정들의 신분 차별 철폐 운동인 형평사衡平社 창립 1주년 기념식(1924년 4월), 조선 기자들의 조직인 무명회無名會가 주최한 전조선기자대회(1925년 4월), 신간회 창립 1주년 기념식(1928년 2월) 등 각종 단체의 집회와 강연회가 이곳에서 거행되었다. 1970~1990년대에 사회적 약자를 위한 장소로 명동성당이 있었다면, 일제강점기에는 중앙대교당이 그 역할을 했던 것이다.

1960년대 도시 계획으로 쇠락해가다

그러나 1960년대에 도시 계획이 실시되면서 중앙총부 건물과 수운기념관은 운명을 달리하게 되었다. 중앙총부는 1969년 우이동 의창수도원의 봉황각 옆으로 옮겨져 보존되었으나(지금의 종학대학원), 수운기념관은 끝내 사라지고 말았다. 중앙총부가 있던 자리에는 1971년에 15층 규모의 수운회관이 건립되었고, 수운기념관 자리에는 주차장이 들어섰다.

민족 종교로서 항일 운동에서 중추적인 역할을 수행했던 천도교의 교세는 한때 300만 명을 헤아릴 정도로 대단했지만, 이제 10만 명 정도에 불과하다. 이런 상황은 중앙대교당의 모습에서도 그대로 드러난다. 일제강점기 종교 건축물로서 중앙대교당과 어깨를 나란히 견주었던 명동성당은 여전히 다양한 활동을 이어가고 있는데, 중앙대교당은 평범한 모습, 다소 쇠락한 모습으로 남아 있다. 사람의 발길도 많지 않아 쓸쓸한 분위기를 안은 채 옛 역사를 되새기고 있을 뿐이다.

역사로 보는 천도교의 흥망성쇠

대한민국 7대 종단(기독교, 민족종교, 불교, 원불교, 유교, 천도교, 천주교) 중 하나인 천도교의 뿌리는 동학東學이다. 1860년 4월 5일, 창도주 수운水雲 최제우崔濟愚(1824~1864)가 동학을 창명했고, 기본 조직으로서 '접'을 설치했다. 동학은 천주교로 대변되는 서학에 반해서 나온 민족 운동으로 시작되어, 3대 교주인 의암義菴 손병희孫秉熙(1861~1922)에 이르러 '천도교'로 그 이름을 바꿨다. 동학을 근대적 종교로 개신하며 근대 문명을 수용한 손병희는 '녹두장군' 전봉준(북접 통령)과 함께 우금치전투에 참여하기도 했다.(본류에서 갈라져 나왔다고는 하지만, 시천교·대순진리회·증산도는 천도교와 직접적인 종교 모임이 없는 단체들이다.)

오늘날에는 천도교의 활발한 활동을 찾아보기 힘들지만, 일제강점기에만 하더라도 천도교의 위세는 대단했다고 한다. 천도교인들이 기독교의 십자가처럼 교당에서 볼 수 있는 흰색 바탕에 빨간 무늬가 그려진 '궁을기弓乙旗'를 집집마다 달았을 정도라고 한다.

천도교가 사회적으로 가장 큰 힘을 발휘했을 때는 손병희가 3대 교주로 있던 시절이다. 1906년 2월 16일, 그는 천도교로의 개명을 선포하고 〈천도교대헌〉을 공포했고, 중앙에는 중앙총부, 지방에는 대교구를 설치하면서 교단 체제를 세웠으며, 쇠망해가는 국권을 회복하기 위해 지도자 양성과 교인

1935년 무렵 교당에서 기도하는 천도교도들의 모습.

의 교화에 힘썼다. 이처럼 동학의 창도와 민족 운동, 그것을 계승한 천도교 선포의 상징적인 성과가 천도교 중앙총부의 설치였으며, 이러한 역사적 전환의 '기념비'가 바로 천도교 중앙대교당이다. 다시 말해, 천도교를 선포할 때 가장 먼저 내세운 일이 '천도교 교당 건축' 사업이었던 것이다.

손병희는 1908년에 천도교 대도주大道主 직을 춘암春菴 박인호朴寅浩(1855~1940)에게 넘기고 천도교도에 대한 교화 지도와 민족 운동에 주력했다. 천도교단은 1920년, 중앙대교당이 건축될 때까지 손병희와 박인호 체제 속에서 비약적으로 성장했다. 경운동에 이미 2층 건물 두 동과 별관이 있었지만, 1918년 천일기념식을 맞아 상경한 3,000여 명의 교인 대표를 수용할 수 없게 되자, 손병희는 대교당 신축을 발의했다. 1919년 3·1운동으로 천도교 지도자들 대다수가 투옥되는 바람에 공사가 지체되기도 했지만, 1921년 2월 말에 준공되었고, 이듬해 봄에는 중앙총부를 비롯한 천도교회월보사,

천도교청년회, 개벽사 등이 경운동 신축 총부 본관 건물로 이전했다. 중앙대교당은 세워지자마자 장안의 명물이 되었다고 한다.

한편 중앙대교당 건축 성금 중 많은 액수가 3·1운동 자금으로 쓰였다. 〈독립 선언서〉를 발표한 민족 대표 33인 가운데 한 사람인 이종일(당시 보성사 사장)은 보성사에서 인쇄한 〈독립 선언서〉 2만여 장을 자신의 집으로 운반한 뒤 다음 날 전국 각지로 배포함으로써 거족적인 독립운동의 발판을 마련했다.

그래서일까. 항일 투쟁의 중심 세력, 100만 천도교도의 집집마다 걸린 궁을기의 위세를 경계한 일제의 핍박은 날이 갈수록 심해졌다. 전주를 비롯한 팔도 곳곳에서 일제의 탄압으로 재산을 잃고 목숨까지 위협받은 천도교도들은 자식에게 종교를 대물림하지 못했다. 자식이 부모의 종교에서 영향을 받는 타 종교에 견주어볼 때 교세가 자연히 위축될 수밖에 없는 상황이었다.

천도교의 수난은 해방 이후에도 계속되었다. 상하이 임시정부와 함께 독립운동을 이끌었던 천도교단이 이승만 정권에 환영받지 못했던 까닭이다. 당시에 60퍼센트가 넘는 천도교도가 북한에 있었는데, 분단이 고착화되면서 다수가 공산 정권과 결탁했고 이에 동의하지 않던 일부 교도는 월남했다. 이승만 정권은 개벽사(지금의 중앙대교당의 주차장 자리에 있던 건물, 우이동에 복원되어 있다)에 모래를 투척하는 등 천도교를 지속적으로 탄압했다.

민족 운동의 구심체 역할을 했던 천도교. 이러한 천도교가 어떤 이유로 이렇게 잊힌 것일까. 현재 수운회관에 입주해 있는 출판사 '모시는 사람들'의 박길수 대표는 이렇게 진단했다. "3·1독립운동의 핵심 세력은 천도교였다. 기독교가 1이라면, 천도교가 10의 비율이었다. 투옥된 이들의 숫자는 비슷하지만, 실질적으로 독립운동을 전국 단위 주도로 확산시킨 이들은 천도교도였다. 그런데 오늘날은 1년에 네 번 있는 기념일에도 500여 명 정도가 모일 정도로 교세가 위축되었다. 사회는 근대화에 성공했지만, 체계적으로 전문가를 양성하지 못한 천도교는 1900년 초기에 멈추어 섰다."

인천항

굴곡진 이미지를 벗고 새로운 정체성 찾기

조선 시대 군항으로서 중요한 역할을 담당했던 제물포濟物浦는 흥선대원군의 통상 수교 거부 정책이 종료된 1883년(고종 20)에 외세의 압력 때문에 상업항으로 개항했다. 이에 따라 인천의 중심은 관교와 문학 지역에서 제물포 개항장으로 옮겨갔다. 하지만 인천항(제물포항)은 조수 간만의 차이가 심해 전천후 하역 작업이 불가능했기 때문에 1884년부터 1911년까지 민간 자본과 정부의 투자로 항만 시설이 건설되었다. 그 후부터 인천항은 한국의 근대화와 산업화를 이끈 상징이 되었다. 하지만 이곳은 민족의 치욕과 굴욕을 드러내는 장소이기도 하다.

'인천항 개항 백주년 기념탑' 철거

오늘날 인천항을 둘러싼 역사적·문화적 함의는 중층적이고 복합적이다. '인천항 개항 백주년 기념탑'(이하 '기념탑')과 '인천의 성냥 공장'(이하 '성냥 공장')은 그 일면을 잘 보여준다.

기념탑은 인천항을 바라보는 서로 다른 시선의 차이를 잘 드러낸다. 이 탑은 1983년 전두환 정권에 의해 개항 100주년을 기념하여 세워졌다. 해

일제강점기의 인천항 풍경. 선박에서 물품을 하역하는 인부들의 모습이 보인다.

양 물류의 중심인 인천 중구 신흥동 능해 입체 교차로 주변에 세워진 이 탑은 항만으로 통하는 물류 흐름을 막을 뿐만 아니라 사람들의 접근을 어렵게 한다는 문제점이 기획 단계부터 제기되었다. 하지만 권위주의 정권과 공무원들은 이 탑의 건설을 강행했고, 건설에 11억 원이나 소요되었다. 탑의 높이는 33미터, 길이는 9미터 규모이며 선박 모양인데, 배 100척은 개항 100주년을, 여인상은 '희망과 전진'을, 배에 탄 인물과 시민상 12기는 '조국 근대화의 기수들'이 거친 파도를 헤치며 희망을 품고 힘차게 입항하는 모습을 상징했다.

그러나 근대 군국주의 건축을 연상시키는 이 탑은 시민들에게 친근하게 다가오지 않았다. 2001년부터 시민들은 이 탑의 철거를 요구하기 시작했다. 표면적인 이유는 차량 흐름을 방해한다는 것이었다. 하지만 숨겨

2003년에 철거된 인천항 개항 백주년 기념탑(왼쪽)과 자유공원의 맥아더 동상(오른쪽). 맥아더 동상은 기념탑과 함께 격렬한 철거 논란이 있었으나 현재까지 그대로 남아 있다.

진 진실은 지역의 역사와 정체성을 둘러싼 가치와 시선의 문제였다. '평화와 참여로 가는 인천연대'를 구심점으로 삼아 모인 인천 시민들은 기념탑이 인천 개항의 역사를 왜곡하고, 일제의 굴욕적인 문호 개방과 침략을 정당화하는 상징물이라고 주장했다. 또 인천항이 일제에 의해 강제로 문호를 개방하기 전부터 우리나라를 대표하는 항구 역할을 해온 만큼, 개항의 역사는 훨씬 더 거슬러 올라가므로 이 탑의 철거는 정당하다고 주장했다.

이들의 주장에 인천 시민 전부가 동의하지는 않았기에 지역성을 둘러싼 갈등이 빚어질 수밖에 없었다. 인천시는 시민 단체의 요구를 계속 무시하다가 여론이 급격하게 악화된 2002년 12월에야 철거를 결정했지만,

완전한 철거를 위해서는 9개월이 더 필요했다. 지역의 진보적 시민 단체들은 기념탑이 철거되자 '인천 역사 바로 세우기'의 새로운 장이 열렸다고 자축했다. 이들은 이 여세를 몰아 또 다른 굴곡의 상징인 자유공원의 맥아더 동상의 철거에 나섰으나, 심각한 좌우 이념 논쟁만 촉발한 채 상황은 소강상태에 빠지고 말았다.

인천 노동 운동의 초석이 된 성냥 공장 노동자의 투쟁

외부인에게 인천 또는 인천항 하면 가장 먼저 떠올리는 이미지 가운데 하나가 성냥 공장이다. 1923년에 발간된 《인천부사仁川府史》에 따르면 일본인들이 이미 1885년에 서울 양화진에 성냥 공장을 세웠다는 기록이 있지만, 인천 향토 사학자들은 최초의 성냥 공장은 인천에 있었다고 주장한다. 정확히 이름이 알려지지 않은 어느 외국인이 최초로 1886년에 인천에 성냥 공장을 세웠다는 것이다. 여기서 생산된 성냥은 국내외로 팔려 나갔지만, 양질의 일본 성냥이 수입되자 이 공장은 망했다고 한다. 인천문화원에서 펴낸 《인천의 민속생활》에 따르면, 1917년 10월 4일에 '조선인촌(성냥)주식회사'가 인천에 다시 세워졌고, 남녀 직공 500여 명이 연간 7만 상자의 성냥을 생산했다고 한다. 이 공장은 국내 최대의 성냥 공장으로, 당시 국내 성냥 판매량의 20퍼센트를 점유했고, 학생들의 주요한 수학여행 코스이기도 했다.

인천에서 성냥 공장이 번창할 수 있었던 이유는 항구 도시여서 노동력이 풍부했고, 압록강 일대의 목재를 신의주를 거쳐 인천항으로 반입하기가 쉬웠으며, 서울이라는 큰 시장이 인접한 덕분이었다. 그와 동시에 인천에는 공장을 세울 만한 넓은 부지가 있었고 전력도 풍부했다. 공장 인

인천 성냥 공장의 여성 노동자들. 가족의 생계를 위해 장시간 노동했던 이 여성들은 1970년대 인천 노동 운동의 초석을 놓았다.

근의 500여 가구가 성냥갑을 만들어 공장에 납품하면서 성냥 산업은 인천 지역 최대의 가내 수공업으로 자리 잡았다. 어떤 가정은 전 가족이 이 일에 매달려 생계를 꾸리기도 했고, 공장 인근 도로변은 햇볕에 말리기 위해 내놓은 성냥개비와 성냥갑으로 가득해 온 동네가 성냥 공장처럼 보였다.

성냥 공장은 가족의 생계를 책임지는 빈민가 출신 어린 여공 500여 명에게는 소중한 일터였다. 1930년대 초반, 이 소녀들은 하루에 열세 시간 노동하고 품삯으로 고작 60전을 받았다. 그런데 인천의 성냥 공장 여성들은 용감한 노동자이기도 했다. 그들은 냉혹한 현실 속에서도 노동 기본권 향상과 임금 인상을 요구하는 투쟁을 벌였다. 1931년 8월 26일자 《동아일보》에는, 공장이 성냥 껍질 1만 개를 붙이는 데 1원 70전씩 주던 품삯을 돌연 1할 줄일 뜻을 발표하자 "조선인촌주식회사 공장 녀직공 170명 전부는 돌연 동맹 파업을 단행하였다고 한다"라는 기사가 실렸다. 또 같은 신문 1933년 6월 3일자에는 "김단야 등이 조선인촌주식회사 직공들을 조종하야 동맹 휴업을 단행하는 등"이라는 보도도 실렸다. 이러한 노동 운동은 1970년대 산업화 시기에도 인천에서 가열하게 이어졌으며, 동일방직 투쟁으로 대표되는 인천의 노동 운동은 한국 민주주의 발전의 중요한 초석이 되었다.

인천항의 새로운 정체성 찾기

그런데 인천의 이 같은 고단한 노동 운동의 역사가 외지인에게는 조롱거리가 되기도 했다. 한국전쟁 이후 수많은 젊은 남성이 군부대에서, 술자리에서 성냥 공장의 여공을 성적으로 조롱하는 저속한 노래인 〈인천의 성냥 공장〉을 불러댔다. 이 노래는 시간이 지날수록 그 내용이 더욱더 저속해졌으며, 점차 외지인이 인천을 조롱할 때 부르는 대표적인 노래가 되었다. 이는 어느 시사평론가의 주장처럼 "생계를 어린 여성에게 떠넘긴 식민지 남성들의 왜소한 마조히즘이 만들어낸 엉뚱한 사디즘"일지도 모른다. 아니, 그보다는 역사적·문화적 뿌리도 없는 '듣보잡'이 경제적 풍요를 누리는 데 대한 수도권 주민들의 차가운 시선과 질시의 감정이 표출된 것으로 보인다.

이제 인천 경기가 침체되면서 이 노래가 더는 들려오지 않게 되었다. 인천시가 송도와 영종도, 청라 지구에서 벌이는 '무모하고' '도발적인' 개발은 이와 같은 굴곡진 이미지를 벗어던지고 새로운 정체성을 만들고 싶다는 욕망의 표출일 것이다.

인천항은 서울과 수도권을 세력권으로 하는 서해안 최대의 항구이지만, 이제 평택항이 뛰어난 입지 조건과 대중對中 무역의 부상 덕분에 빠르게 성장하고 있다. 어쩌면 머지않아 평택항이 서해안의 제1항이 될 수도 있겠지만, 인천항에 새겨진 수많은 역사적·문화적 향수와 추억을 대체할 수는 없을 것이다.

경계의 공간—영화와 드라마 속 인천

1990년대, 남동공단이 담긴 〈파업전야〉

영화 제작소 장산곶매가 〈오! 꿈의 나라〉(1989)에 이어 두 번째 작품으로 〈파업전야〉(1990)를 선보인 것은 의미심장하다. 영화가 재현해낸 '공간성'의 의미 차원에서 그러하다. 〈오! 꿈의 나라〉가 5·18광주민주화운동을 그렸다면, 〈파업전야〉는 인천 남동공단을 배경으로 노동조합의 결성 과정을 재현했다. 전자가 '광주'라는 공간을 통해 '민족'을 소구했다면, 후자는 '인천'이라는 공간에서 '계급'의 함의를 읽어냈다.

인천은 〈파업전야〉에 의해 정치적 공간, 혹은 거대 담론의 장 속으로 소환되어 재해석된다. 이 영화는 공단 도시로서 인천의 정체성을 직설 화법으로 풀어나간다. 이때 남동공단은, 프랑스 철학자 앙리 르페브르Henri Lefébvre의 견해에 기대면, "생산물이자 생산자이고, 경제적 관계, 사회적 관계의 토대"가 된다. 그의 말대로 공간은 고립되거나 정적인 곳이 아니며, 그 개념은 변증법적으로 발전한다.

어떤 의미에서 〈파업전야〉는 1980년대 거대 담론의 역사 끝머리를 장식하는 마지막 불꽃 같은 것이었다. 〈파업전야〉 이후 영화나 드라마 속의 인천은 더는 첨예한 정치성을 추구하지 않는다.

2000년대, 결핍을 지닌 마이너리티들의 모습

2000년대에 접어들면서 바야흐로 인천은 거대 담론의 장에서 걸어 나와 마이너리티의 권역으로 흘러 들어간다. 〈파이란〉(2001), 〈고양이를 부탁해〉(2001), 〈슈퍼스타 감사용〉(2004), 〈비상〉(2006) 등의 영화에서 그런 점을 볼 수 있다. 삼류 깡패 강재(최민식 분), 성장통을 겪는 다섯 명의 여상 졸업생들, 프로 야구 통산 최다 연패의 주인공인 투수 감사용(이범수 분), 무명들로 구성된 인천 유나이티드 축구단은 모두 인천이라는 공간의 어떤 결핍된 지점을 가리킨다.

이 영화들은 하나같이 주류에서 벗어나거나 정상에 오르지 못하는 마이너리티들의 삶을 조망한다. 〈파이란〉에서 강재가 비굴한 발걸음을 옮기는 인천항과 자유공원 아래 북성동 주변은 또 하나의 주인공이라 할 만하다. 그리고 〈고양이를 부탁해〉의 만석동, 만석부두, 차이나타운, 연안부두 터미널 등의 공간성은 극중 인물들이 처한 상황의 강력한 알레고리로 작동한다.

다큐멘터리 영화 〈비상〉은 어떠한가. 마치 외인부대원들처럼 무명 선수들로만 구성된 인천 유나이티드 축구단은 이렇다 할 명성도 경력도 갖추지 못한 선수들로 구성되어 있다. 〈슈퍼스타 감사용〉에서 주인공 감사용이 던지는 야구공은 목표물에 정확하게 도달하기도 전에 상대편의 방망이질에 난타당하고 만다. 이처럼 이 영화들의 주인공들은 이류나 삼류 인생을 살면서 누추한 공간을 배회한다.

2010년대, '비동시적 동시성'의 착종성에 주목하다

2010년대에 들어 인천은 한국 영화와 드라마에서 인기 있는 촬영지로 각광받기 시작했다. 이 시기의 영화와 드라마는 인천의 착종성錯綜性, 즉 근대 건축물과 빈민촌과 차이나타운과 국제 신도시가 어지럽게 공존하는 공간의 숨결을 포착해낸다. 인천의 금창동과 신흥동 부근에서 찍은 〈도가니〉(2011), 서구 가정동과 영종도 공항 북로 일대에서 촬영한 〈통증〉(2011), 송도 테크노파크 IT센터에서 촬영한 〈타워〉(2012) 등이 그 예가 될 것이다. 또 〈신세계〉(2012)는 인천국제공항, 인천항, 제물포시장, 연안부두, 차이나타운 등지에서 촬영했고, 〈남자사용설명서〉(2013)는 중구의 자유공원과 홍예문, 인천아트플랫폼 등지에서 찍었다. 바야흐로 인천이 영화 촬영지의 적격지로 주목받게 된 것이다.

그런데 인천 서구 지역 도심재생사업 구역인 루원시티Lu 1 City에서 촬영한 영화들이 많다는 점에 주목할 필요가 있다. 재개발 사업에 차질이 생겨 건물 철거가 지연되면서 유령 도시가 되어버린 루원시티는 도리어 그런 점 덕분에 촬영 현장으로서 관심을 받았다. 주민들이 전부 이주한 가정동 일대는 폐가들만 남아 있어 폭파 장면 촬영이나 범죄 사건을 재현하기에 적격이었다. 〈카운트다운〉(2011), 〈모비딕〉(2011), 〈도둑들〉(2012), 〈나는 살인범이다〉(2012) 같은 영화나 드라마 〈강력반〉(KBS2, 2011)이 루원시티에서 촬영된 것은 그런 사정에서였다. '신도시 재생 사업'이라는 도시 근대화가 지연되면서 음산하고 누추한 공간으로 전락한 루원시티는 음울한 표정으로 카메라에 포착되곤 한다.

이처럼 인천은 영화 〈친구〉나 〈해운대〉에 담긴 부산처럼 짙은 지방색과 향토성을 보이지 않는다. 그보다는 대도시이면서도 속은 텅텅 빈 폐허의 공간으로서, 그리고 문명의 풍요로운 이미지보다는 결핍과 야만성의 아이콘으로서 재현되곤 한다.

한편 드라마 〈로열패밀리〉(MBC, 2011)는 인천 송도국제도시의 '잭니클라

우스 골프장'과 포스코건설 송도 사옥을 주요 배경으로 삼았고, 〈드림하이〉(KBS2, 2011)는 인천 해안동의 인천아트플랫폼을 배경으로 삼았다. 영화 〈타워〉는 송도 테크노파크 IT센터에서 촬영했다. 이 작품들은 국제도시 인천의 어두운 풍광 대신 현대적인 건축물과 예술적인 분위기가 풍기는 장소들을 주로 담았다. 그런 와중에도 〈로열패밀리〉와 〈타워〉는 화려한 경관 속에서 벌어지는 암투와 재난을 재현했다. 말하자면 인천은 웬만해서는 로맨틱하고 따뜻한 공간으로 받아들여지지 않았던 셈이다.

요컨대 충무로에게 인천이라는 공간은 지나치게 누추하거나 초라한 공간, 냉혹하면서 부조리한 공간으로 받아들여졌다. 쓸쓸한 항구와 오래된 골목길, 차이나타운과 일제강점기의 근대 건축물, 폐허가 된 동네와 글로벌한 최첨단 국제 도시. 영화 속에서 인천은 '비동시적 동시성'이라는 심한 분열증으로 균열을 드러내 보인다. 충무로가 만들어낸 인천이라는 공간은 육지도 아니고 그렇다고 바다도 아닌 항구 도시로서 일종의 문지방 혹은 경계였던 셈이다.

목포항

동백꽃처럼 타오르다 슬프게 시든 도시

1997년 10월, 목포시는 개항 100년을 기념하며 '제2의 개항 선언'을 한 바 있다. 과거의 번영과 현재의 낙후함의 격차로 힘들어서 그런 것은 아니었다. 그보다는 100년이라는 시간을 성찰하면서 미래 지향적이고 국제적인 목포항 건설에 크게 의미를 두었다. 물론 여기에는 일제강점기 때 잘나가던 목포항에 대한 향수도 포함되었다. 목포 개항 100년을 앞둔 1991년 6월, 100군데가 넘는 기관과 단체가 참여하는 '목포백년회'가 조직되어 기념 행사를 개최했고 《목포개항백년사》를 출판하기도 했다. 또 도심을 가로지르는 도로 이름에는 '백년'이라는 말이 들어갔다. '목포 시민의 날'도 개항일인 10월 1일이다. 1997년과 같은 대대적인 행사는 없지만 지금도 1897년 개항은 목포항을 설명하는 데 유효하게 사용되고 있다.

목포가 다른 도시들과 달리 개항 100주년 사업을 활발하게 추진한 것은 목포의 당시 시세市勢, 그리고 1992년 한중 수교라는 국제 정세의 변화와 무관하지 않다. 일제강점기 내내 번성했던 목포항이 해방 후 쇠락하면서 목포시는 전체적으로 낙후되는 흐름 속에 놓였다. 이런 상황에서 중국

길이 열린 것은 어려웠던 당시 상황을 타개하고 목포시 성장의 호기로 작용할 것이 분명해 보였다. 근대 개항을 통해 목포항이 세계와 조우했던 사실을 떠올린다면, 중국과 거리가 가까운 목포항이 국제 항구로서 제 역할을 하리라는 기대가 낯설지는 않을 것이다. 목포에서 근대적 개항이 이처럼 적극적으로 호명된 것은 개항 이후 목포항이 겪은 급격한 변화 때문이다.

대한제국 첫 칙령 개항장

개항과 관련하여 목포항의 별칭은 다소 생소한 '대한제국 첫 칙령勅令 개항장'이다. 근대 개항이라고 하면 부산항이나 인천항을 먼저 떠올리게 마련이다. 그런데 이 항구들은 일본과 '병자수호조규', 이른바 '강화도조약'을 체결하면서 열렸지만, 목포항은 그곳들과 달리 고종의 칙령에 따라 1897년에 열렸다. 따라서 칙령 개항장이라는 별칭에는 '자주적' 개항이라는 의미가 크게 강조된다.

이에 따라 목포시에서는 개항 100년에 즈음하여 칙령 개항장의 의미를 적극 부각시켰다. 어느 날 갑자기 수동적이며 강제적으로 개항된 것이 아니라, 전근대부터 목포가 근대 개항장으로 변할 수 있는 요건을 차근차근 갖춰나가고 있었던 공간임을 강조했다. 조선 시대에 이미 목포진木浦鎭을 중심으로 해운과 수운이 발달했고, 주변 섬 지역과 활발하게 교류했던 만큼 목포항의 이러한 역사적 의미를 계승·발전시키고자 한 것이다. 하지만 목포항은 열강의 입김이 강하게 작용하던 국제 관계 속에서 개항되었기 때문에 칙령 개항장이란 의미가 지금까지 부각되지 못했다.

더욱이 목포 개항의 이면에는 일본의 구체적인 침략 계획도 자리하고 있었다. 1890년대 초반부터 일본은 전라도의 항구를 개방해달라고 조선에 지속적으로 요구했다. 먼저 개항한 세 항구 중에 부산만이 일본 상인의 우위가 확실했을 뿐, 인천과 원산은 청 상인이 주도하던 항구였기 때문에 일본인이 조선에서 상권을 확대하기 위해서는 새로운 개항장이 필요했다. 그리하여 목포항에 각국의 공동 조계가 조성되었지만 일본인이 조계지 대부분을 사용했다. 명색은 공동 조계였지만, 실제로는 일본의 전관 조계專管組界였던 셈이다.

개항 이후 목포항은 수입보다 수출이 많은, 수출 초과 현상을 보였다. 목포의 배후 도시인 나주, 광주에서 소비되기 위해 수입되는 물품보다 곡창 지대에서 생산되는 쌀, 면화, 우피 같은 수출품이 훨씬 더 많았다는 뜻이다. 1899년에 군산항이 개항되면서 목포항의 경기가 타격을 입을 수도 있었지만, 목포항은 국내 유통과 국제 수출입의 거점 항구로 계속 성장했다. 1910년 일제가 제정한 지방 제도하에서 전남의 도시 가운데 유일하게 부府로 지정된 곳이 목포였다. 1910년대 초에 전남도청 이전 논의가 일었을 때에도 도청 후보지 1순위로 거론될 정도였다. 또 목포를 출발점으로 하는 1번 국도와 2번 국도가 완공되면서 목포항의 흥성에 가속이 붙었다. 게다가 양항良港(배가 드나들거나 머물기에 좋은 항구)과 호남평야라는 입지 조건을 갖춘 데다 목화 농사가 성공을 거두고 물류 시스템까지 갖춰지면서 목포항은 발전 일로를 걸었다.

일제가 기획한 목포 발전 프로젝트

목포항에서 수출되는 물품 중에 대부분을 차지한 품목은 쌀과 면화였는데, 1920년대 수출액이 1910년의 스무 배에 달할 정도로 크게 늘었다. 군

1930년대에 목포항을 가득 메운 면화. 일제강점기에 수출 중심항으로 번성했던 목포항은 해방 이후 목포의 산업이 전반적으로 쇠퇴하면서 점차 퇴락했다.

산항과 마찬가지로 쌀의 수출이 크게 늘어 정작 국내에서 필요한 쌀이 부족해지자 타이 등지에서 값싼 쌀이 목포항을 통해 들어오기도 했다.

뭐니 뭐니 해도 목포항을 특징짓는 수출품은 면화였다. 1904년에 목포 앞 고하도高下島에서 미국산 육지면陸地綿(목화의 대표적인 품종 가운데 하나)이 시험 재배되었다. 이후 재배에 성공하고 전라도에 시작지試作地를 설치하는 등 일제는 육지면 재배 면적을 공격적으로 넓혀갔다. 그리하여 조선면화주식회사를 시작으로 목포에는 대규모 조면繰綿 공장들이 들어섰다. 그뿐만 아니라 직접 면포를 짜는 조포 공장에 면실유 공장까지, 면화와 관련된 다양한 산업체도 들어섰다. 1920년대에 면화 값이 폭등하자 목포항으로 큰 선박들이 폭주하고, 해안에는 면화가 가득 쌓이고, 거리에는 건축이 성행해 빈 땅이 없을 정도로 호황을 누렸다. 일제가 기획한 목포

1930년대 목포 조면 공장의 모습.

의 발전 프로젝트가 제대로 성공했던 셈이다.

해방 이후 사그라든 '목포 전성시대'의 뒤안길

1920년대의 경제 호황은 '목포 전성시대'를 낳았다. 1935년 6월 29일자 《매일신보》에는 전국 열네 개 주요 도시의 호구수와 인구수가 적혀 있는데, 인구수로 보면 경성이 압도적으로 많고 그다음으로 부산, 평양, 대구, 인천, 목포 순이다. 목포는 이미 1920년대부터 인구수가 급증했고, 1930년대에 들어서면서 무안군의 일부 지역을 편입하여 도시의 외형이 확장되었다. 그 즈음 목포는 전국 6대 도시에 들었고, 부산·인천과 함께 3대 항구라는 타이틀을 유지했으며, '전남의 왕도王都'로 불릴 정도였다. 또 개항 이래 근대 문화가 적극 수용되면서 예향藝鄕, 문화 도시로서도 이름을 얻었다.

그러나 일제강점기에 수출 중심의 항구였던 목포는 해방 이후 일본을 중심으로 한 생산 구조와 무역 구조가 단절되면서 경제적으로 어려움을 겪기 시작했다. 새로운 생산 체계를 확립하고자 노력했지만, 목포의 산업은 전반적으로 쇠퇴했다. 게다가 한국전쟁기에 원조 경제 체제 아래에서 서울과 영남을 중심으로 한 산업화가 진행되면서 목포는 물론이고 호남 지역 전체가 경제적으로 점차 낙후되었다.

이러한 까닭에 목포의 전성기 때 크게 인기를 얻은 대중가요인 〈목포의 눈물〉이 더 애잔하게 다가오는지도 모르겠다. 문병란 시인이 말하는 목포는 더 신랄하다. 그는 〈목포〉라는 시에서 "더 갈 데가 없는 사람들이 와서/ 동백꽃처럼 타오르다/ 슬프게 시들어버리는 곳/ 항상 술을 마시고 싶은 곳이다"라고 했다. 목포항이 가져온 식민과 근대의 혼돈 속에서 살다가 일제가 소멸한 뒤 그 뒤안길에 남겨진 목포 사람들을 함축적으로 말해주는 시가 아닌가 한다.

1897년 개항 당시 조계가 설정되고 그 주변으로 조선인이 꾸준히 모여들면서 목포에는 새 삶터들이 생겨났다. 목포 앞에 펼쳐진 수많은 섬에서 새 삶을 찾아 사람들이 건너왔고, 이들은 '전국 6대 도시 목포'를 일구었다. 오늘날 목포는 대한제국 첫 칙령 개항지라는 기억을 되살리면서 재도약하기 위한 방안을 강구하고 있다.

목포가 낳은 문화예술인

목포항을 떠올리고 기억하는 문화·예술 작품은 여러 가지가 있을 것이다. 그중에서도 세 가지를 꼽는다면, 첫째는 단연 가수 이난영의 〈목포의 눈물〉이고, 둘째는 화가 김환기의 〈어디서 무엇이 되어 다시 만나랴〉이며, 셋째는 소설가 문순태의 《타오르는 강》이다. 목포항이라는 특수한 공간은 인접한 목포 바다와 영산강을 따라 남도 특유의 문화·예술적 상상력을 키워냈다. 이곳은 이난영, 김환기, 문순태가 만나는 접점이기도 하다.

〈목포의 눈물〉로 일약 스타가 된 열여섯 살 소녀

한국 가요사를 훑어보면 16세 소녀 이난영(1916~1965)을 일약 스타로 만들어준 노래가 바로 〈목포의 눈물〉이었음을 쉽게 알 수 있다. 이 노래는 가사를 상금 걸고 공개 모집한 일로도 유명하다. 이난영을 얻은 오케레코드사는 1933년에 사세를 과시할 겸 유행가 가사 모집 광고를 냈다. 약 3,000통의 응모 작품이 들어왔는데, 그 가운데서 뽑힌 것이 바로 〈목포의 눈물〉이었다. 작사자는 목포 출신인 문일석이란 이였다(그는 이 가사 하나로 가요사에서 유명한 인물이 되었지만, 작사 활동은 이 곡 한 편으로 끝난 것으로 보인다).

오케레코드사는 가사에서 재미를 봤던지 곡까지 현상 모집했으나, 마땅한 후보곡을 찾지 못했다. 그래서 회사의 전속 작곡가인 손목인에게 곡을 맡겼다. 손목인은 그때 〈갈매기 항구〉라는 곡을 만들어 고복수에게 연습을 시키고 있었는데, 〈목포의 눈물〉 가사를 받고 보니 내용이 비슷했던지 〈갈매기 항구〉의 멜로디를 그냥 〈목포의 눈물〉에 붙여버렸다.

1935년 노래가 발표되자 이난영은 아무도 따라올 수 없는 당대의 '스타'가 되었고, 당시 돈으로 500원 정도(당시 일류 샐러리맨의 1년치 봉급 수준)의 월급을 꼬박꼬박 받았다고 한다. 〈목포의 눈물〉이 히트하자 이난영의 오빠 이봉룡은 목포를 소재로 한 또 다른 노래 〈목포는 항구다〉를 만들어 동생이 부르게 했다. 조명암이 쓴 가사에 곡을 붙인 이 노래 역시 크게 히트했다. 이 두 곡은 아직도 애창되는 노래다. '개항장'이기는 했으나 그렇게 널리 알려지지 못했던 한산하고 쓸쓸한 항구가 이 노래들 덕분에 낭만 깃든 명승지로 환골탈태한 것만은 분명하다.

한국적 서정주의를 세계에 떨친 화가

목포항과 관련한 상상력의 젖줄로 목포 앞 '시아바다(전남 신안군)'도 빼놓을 수 없다. 목포의 문인들은 이 시아바다를 '청호清湖'라고 부른다. 섬으로 둘러싸인 바다를 '호수'에 비유한 셈이다. 이 시아바다에 떠 있는 섬 안좌도가 바로 화가 김환기(1913~1974)의 고향이다. 1970년 김환기는 '가능성의 바다'를 화폭에 담았다. 〈어디서 무엇이 되어 다시 만나랴〉가 바로 그 작품이다. 김환기는 이 그림을 구상할 때부터 친구 김광섭의 시 〈저녁에〉를 마음속으로 노래했다고 일기에 적고 있다.

시 〈저녁에〉는 가요 듀오 '유심초'가 불러서 유명해졌지만, 사실은 당대의 일급 화가와 시인의 만남이 먼저 있었다. 김환기는 결국 화가가 되었지만, 그는 언제나 시인을 꿈꾸던 문학 청년이기도 했다. 한국적 서정주의를 바탕으로 독창적 예술 세계를 정립한 그는 한국은 물론이고 해외에까지 그 이름을 알렸다. 그런 그의 내면에는 안좌도에서 늘 마주 보던 목포 앞바다가 출렁거리고 있었으니, 그것이 그의 상상력의 원질이었다 해도 지나치지 않을 것이다.

민초들의 삶을 그린 대하소설, 《타오르는 강》

목포항은 영산강과 이어져 있다. 사연 많은 영산강 물줄기가 목포항에 이르러, 마침내 대해로 흘러든다. 2012년에 완간된 문순태의 대하소설 《타오르는 강》은 목포항과 영산강을 배경으로 삼고 있다. 작가가 이 소설 집필에 나선 때가 1975년이었으니, 꼬박 37년이 걸린 셈이다. 벌교를 주요 배경으로 삼아 시작하는 《태백산맥》과 거대한 양대 산맥을 이룬다고 할 만한 이 소설은 영산강을 무대로 살아가는 100년 전 '바닥 인생'들의 이야기를 그린다.

1886년 노비 세습제 폐지에서 시작해 동학 농민 전쟁, 개항과 부두 노동자의 쟁의, 1920년대 나주 궁삼면 소작 쟁의 사건, 1929년 광주학생독립운동까지, 반세기에 이르는 웅장한 구도를 갖춘 이 소설의 주인공은 '웅보'라는 자다. 예부터 목포 남항에는 염업鹽業으로 생계를 잇는 이들이 많았는데, 웅보도 염업에 뛰어들까 고민하는 바닥 민초의 한 사람이다. 웅보는 선창에서 부두 노동자로 일하다 파업 주동자가 되고, 소금점을 내어 생계를 연명할까 고민하지만 결국 나무꾼으로 살아가게 된다. 작가는 '웅보'라는 인물을 중심으로 영산강-목포항을 주요 무대로 삼아 바닥 삶을 살아가는 민초들의 생활과 풍속을 생생히 살려냈다.

군산항

일제강점기 쌀 수탈의 본거지

대한제국의 의지로 개항한 도시

1926년 6월 25일 네 시, 군산 공설운동장에서 사이토 마코토齋藤實 조선 총독의 '군산 만세' 삼창이 연단의 마이크를 타고 스피커에서 터져 나왔다. 이것을 신호탄으로 삼아 군산 사람들은 하던 일을 멈추고 집집마다 국기와 축하등을 내걸었고, 학생들의 시가지 행렬로 시내는 축제 때처럼 술렁거렸다. 사이토 총독이 방문한 사실만으로도 식민 도시 군산의 위상이 짐작이 되고도 남지만, 만세 삼창까지 외쳐주는 총독의 성의에 군산에 거주하던 일본인들은 식민지 지배자로서의 자존감까지 덤으로 얻을 수 있었다.

군산은 1899년 5월에 마산, 성진, 평양 등과 함께 대한제국의 칙령에 따라 개항(개시)되었다. 과거의 개항이 외세의 요구를 수용하는 수동적 개항이었다면, 군산 개항은 대한제국이 능동적으로 근대화를 추진하려던 의지의 표현이었다. 대표적 근대 건축물인 옛 군산 세관은 그 결과물이다.

대한제국은 군산에 각국의 조계지를 만들어 일본의 독무대를 제어할 계획이었다. 하지만 군산항은 대한제국의 의지와 달리, 일본 공업화에 필요한 쌀 수출항으로 전락하고 말았다. 일본인들에게 군산은 조선의 대표적인 쌀 생산지를 배후로 둔 무역항으로서 성장할 가능성이 있다는 점에서 매력이 있었던 것이다.

쌀이 탑처럼 쌓인 부둣가

군산의 일본인들은 군산이 '쌀의 군산'으로 불리는 것을 은근히 자랑했다. '쌀의 군산'이라는 말은 데라우치 마사타케 조선 총독이 군산을 방문했을 때 언급했다는 설이 있다. 일본인들은 쌀과 군산의 관련성을 더 끌어올리기 위해 조선 시대에 세곡稅穀을 모으던 군산창群山倉의 존재를 강조하는 아이러니를 연출하기도 했다.

군산을 홍보하는 다양한 자료에서 부둣가에 쌀 가마니를 탑처럼 쌓아 놓은 광경은 다른 도시와 구별되는 특징이었다. 1934년 군산항의 쌀 수출량은 약 220만 석으로, 전국 수출량 약 920만 석과 비교해볼 때 상당히 높은 비중이었다. 같은 해 군산항 총 수출량의 97퍼센트 이상이 쌀이었다. 군산항을 떠난 쌀 대부분은 일본의 오사카, 고베, 나고야 등으로 보내졌다. 당시 자료를 살펴보면 네덜란드나 루마니아 같은 유럽으로도 수출되었음을 알 수 있다.

개항장 군산으로 몰려든 일본인들은 우선 조선 쌀을 일본으로 수출하기 위한 기반 시설부터 갖추기 시작했다. 전주와 군산을 잇는 국도인 전군가도(1908년 개통)와 호남선 익산역에서 군산역까지 연결한 군산선(1912년 개통)은 호남평야와 군산을 연결하는 대동맥이었다. 군산역과 부두도 철로로 연결되었고, 1934년에는 호남평야의 쌀이 하루 150량의 화차로 부둣가에 야적되었다. 조수 간만의 차가 심한 항만의 자연적인 조건

군산의 축항 공사 장면. 군산 앞바다는 조수 간만의 차가 심해서 배가 드나들기에 불리했다. 이런 제약을 상쇄하기 위해 일제강점기에 총 네 번에 걸쳐 축항 공사가 이루어졌다.

군산항 부둣가에 탑처럼 쌓인 쌀자루. 일제강점기 군산항의 최대 수출 품목은 쌀이었는데, 대부분이 일본의 오사카, 고베, 나고야 등으로 보내졌다.

을 극복하기 위해 네 차례에 걸쳐 축항 공사가 추진되기도 했다. 오늘날에도 남아 있는 '뜬다리 부두'는 3,000톤급 배 세 척이 동시에 접안할 수 있도록 만들어졌다. 위험한 축항 공사에 동원된 조선인 노동자들의 인명 피해 소식이 신문 모퉁이에 조그맣게 소개되기도 했다.

이렇게 군산이 쌀 수출의 중심이 되자 군산에는 쌀 관련 업종이 늘어났다. 수출용 미곡을 도정하기 위한 정미업이 발달했으며, 운송 및 하역업, 이와 관련된 노동자들이 사슬 관계를 이루었다. 특히 쌀 생산에 참여하는 대지주의 농지 투자도 많았다. 개정병원開井病院 신관을 농장 사무실로 이용했던 구마모토 리헤이熊本利平, 발산초등학교 주변을 농장으로 소유한 시마타니 야소야嶋谷八十八의 흔적은 지금까지도 남아 있다. 일본인 지주가 재산을 축적하는 방법은 조선 농민에게 고율의 소작료를 징수하는 것이었다. 1927년에 일어난 옥구 소작 쟁의는 조선 농민들의 생존 투쟁을 잘 보여준 사건이었다.

그런가 하면 발산초등학교 뒤뜰에는 석탑을 비롯한 수십 기의 문화재가 출처도 알려지지 않은 채 모여 있는데, 이는 일본인 지주들이 쌀만이 아니라 우리 문화재 수탈에 얼마나 관심이 컸는지를 짐작케 한다.

일본인 따로 조선인 따로의 생활 공간

근대 도시 군산에서는 일본인과 조선인이 생활하는 공간이 서로 달랐다. 일본인 거주지인 북서부 지역에는 관공서가 밀집해 있었다. 식민 도시 경영에 필요한 군산부청·경찰서·우편국·세관·법원 같은 관공서는 물론이고, 조선은행·조선식산은행·조선상업은행·십팔은행·동일은행 지점들이 일본인 자본가들의 돈줄이 되어주었다.

군산은 근대화 과정을 거치면서 소외된 덕분에 식민 도시의 경관이 파괴되지 않고 고스란히 남아 있다. 사진은 옛 군산 세관 건물이다.

'쌀의 군산'을 가장 잘 보여주는 미두장米豆場(미곡취인소)이 1932년에 문을 열었다. 미두장은 일본 오사카의 쌀 시세를 기준으로 쌀을 사고파는 일종의 노름판이었다(당시 미두장은 오늘날 주식 시장이나 선물 시장 같은 것이었다. 거래 품목인 쌀을 싸게 사서 비싸게 팔아야 이익을 볼 수 있었다). 그곳은 일확천금을 노리던 조선인들이 쪽박을 차는 코스였다. '화투는 백석지기 노름판이요, 미두는 만석지기 노름판'이라는 말이 유행할 정도로 큰 노름판이 군산의 돈을 빨아들였다. 채만식은 미두장에서 가산을 탕진하는 조선 사람들의 생활을 소설 《탁류》에서 적나라하게 묘사해놓았다.

한편 군산이 개항되자 조선인들도 기회를 만들기 위해 분주히 움직였다. 객주처럼 미곡 거래에 참여하는가 하면 정미업에도 참여해 조합을 구성하기도 했는데, 일본인들의 근거지와 떨어진 '째보 선창'(죽성포)과 가까운 '송방 거리'를 중심으로 활동 무대를 만들어갔다. 이 주변으로 구불구불 뱀 모양으로 어지럽게 생긴 마을에 부두 노동자나 축항 공사장 노동자 등 근대 도시에서 하층민으로라도 살아가기 위해 군산으로 모여든 조선인들의 주거지가 생겨났다. 일제는 조선인 마을을 위험 지구로 인식하여 여기에만 파출소를 배치해놓고 감시했다.

조선인 마을과 일본인 마을 중간 지대에는 근대 문화의 소비 지역이 조성되었다. 군산 사람들은 극장·백화점·다방·유곽·의원·양약국·빵집 등에서 근대적인 일상 문화를 소비했다. 오늘날 군산에서 가장 유명한 빵집인 이성당(시마네 현 이즈모 시에서 제과점을 운영하던 일본인이 1910년경 군산으로 이주해 운영한 제과점 '이즈모야'를 해방 이후 조선인이 운영하며 변경한 상호)은 식민지 시기 일본식 빵과 과자를 판매하던 곳으로, 일본인뿐만 아니라 조선인들이 이색 음식을 경험할 수 있는 공간이었다.

식민지 시기에 대표적인 쌀 수출 도시였던 군산은 식민지 수탈의 최전선이었을 뿐만 아니라 조선인들이 이색 문화를 체험할 수 있는 곳이었다. 근대 도시 군산은 사회 기반 시설을 비롯한 근대적인 시설들로 가득했다. 하지만 군산은 해방 이후 1960~1970년대 근대화 과정에서 철저히 소외되었다. 오히려 그 덕분에 식민 도시의 경관들이 파괴되지 않고 많이 남아 있게 되었다. 최근 군산시는 근대 유산을 보존하고 문화재로 등록하는 한편, 군산근대역사박물관을 만들어 근대 식민 도시의 경험을 도시 마케팅에 적극 활용하고 있다. 식민 도시의 흔적을 보존하는 것은 한 도시를 기억하는 과정이다. 기억을 재현하는 방식과 관련해 근대 식민 도시 군산을 해석하기 위한 논쟁이 좀 더 다양하게 전개되기를 기대해본다.

채만식이 《탁류》에서 그린 군산항

"금강錦江……. 이 강은 지도를 펴놓고 앉아 가만히 들여다보노라면, 물줄기가 중동께서 남북으로 납작하니 째져가지고는—한강漢江이나 영산강榮山江도 그렇기는 하지만—그것이 아주 재미있게 벌어져 있음을 알 수 있다" 라는 묘사로 시작해서 "초봉이는 저도 모르게 한숨을, 안도의 한숨을 내쉬면서, '네에' 고즈넉이 대답하고, 숙였던 얼굴을 한 번 더 들어 승재를 본다. 그 얼굴이 지극히 슬프면서도 그러나 웃을 듯 빛남을 승재는 보지 못했다" 라는 문장으로 마무리되는 《탁류》는 식민지 시기 뛰어난 풍자 작가 채만식(1902~1950)이 《조선일보》(1937. 10. 12~1938. 5. 17)에 연재한 신문 장편 소설이다. 《탁류》의 배경이 바로 군산이다.

채만식은 금강이 휘달려 마침내 도달한 곳 군산을 이렇게 묘사했다. "이렇게 에두르고 휘돌아 멀리 흘러온 물이, 마침내 황해黃海 바다에다가 깨어진 꿈이고 무엇이고 탁류에 얼러 좌르르 쏟아져버리면서 강은 다하고, 강이 다하는 남쪽 언덕으로 대처大處-시가지市街地 하나가 올라앉았다. 이것이 군산群山이라는 항구요, 이야기는 예서부터 실마리가 풀린다." 예나 지금이나 군산의 주요 볼거리는 이 군산항을 기점으로 반경 1킬로미터 안에 있다고 봐도 무방하다. '미항米港'의 역사적 무게가 얼마가 컸는지를 환기해주는 대목이다.

《탁류》의 작가 채만식과 1941년에 발행된 《탁류》 재판본의 표지. 재판(3판)을 금지하는 총독부의 도장이 선명하다.

작가의 눈은 바로 이곳 군산항에서 생을 이어가는 완악한 인물 정 주사를 응시하면서, 식민지 시기의 혼탁한 물결(탁류濁流)에 휩쓸려 무너지는 한 가족과 그 주변 인물들의 모습을 재구성한다. 작가는 계속되는 불행으로 결국 살인을 저지르고 마는 초봉과 시대의 탁류 속에서도 건강성을 잃지 않는 계봉, 두 자매의 삶을 대비한다. 그러면서 거친 탁류에 휩쓸려 정신줄을 놓고 자기 운명마저 망쳐버리는 도시 하층민의 삶을 풍자한다. 초봉의 비극적인 삶이 중심축을 이루며 가난·싸움·투기·간통·흉계·횡령·탐욕·추행 등 인간 삶의 밑바탕에 도사린 온갖 부정적인 요소를 날것 그대로 보여준다. 하지만 작가는 이런 낡고 거친 탁류의 흐름 끝에 도래할 새로운 인간상을 희미하게 제시하는 것도 잊지 않는다.

이 소설에서 특히 눈여겨볼 부분은 작가가 매의 눈으로 관찰하여 소설에서 생기 넘치게 형상화한 미두장 풍경이다. 이는 일제의 미곡 수출 기지 역할을 톡톡히 했던 '역사적 상황'의 보고報告이기도 하다. 군산 미두장은 노름과 투기장으로 변질된 어둠의 공간이며, 그 뒤에는 온갖 추악한 인간 욕망이 뒤엉켜 있다.

오늘 아침 '전장요리쓰케前場寄付' 삼십 원 십이 전으로 장이 서가지고는 '전장도매前場止' 홑 구 전, '후장요리쓰케後場寄付' 홑 칠이 이절에 가서 오 정五丁: 五錢이 더 떨어져 홑 이 전으로 되더니, 삼절에는 마침내 그처럼 삼십 원대를 무너뜨리고 팔 전(이십구 원 구십팔 전)으로 또다시 사 정이 떨어졌던 것이다.

현물이 품귀品貴요, 정미도 값이 생해서 기미期米도 일반으로 오르게만 된 형세건만, 도리어 이렇게 떨어지기만 해놔서, '쓰요키强派'들한테는 여간 큰 타격이 아니다.

만일 이대로 떨어지기로 들면 '후장도메'까지에는 다시 사오 정은 더 떨어지고 말 것이고, 한다면 도통 이십 정(20丁)이 오늘 하루에 떨어지는 셈이다.

표준미가標準米價 이후 하루 동안에 백 정白丁이니 이삼백 정이니 하는 등락은 이미 옛날의 꿈이요, 진폭이 빈약한 오늘날, 더구나 한산한 이 시기에 하루 이십 정의 변동은 넉넉히 흥분거리가 될 수 없는 게 아니던 것이다.

시대의 질탕한 흐름, 그 거친 탁류 속에 납작 엎드린 군산, 군산항. 그리고 거기서 삶을 영위해가는 모든 이의 운명. 황해로 흘러드는 금강 물줄기가 이곳에 이르러 거친 탁류가 되는 것은 지금도 여전할 듯하다.

옛 광주고등보통학교

청년 학생 운동의 시발점

지금은 거의 잊혔지만, 1953년부터 매년 11월 3일은 '학생의 날'로 지정되어 시도 교육청이 돌아가면서 주관하여 기념했다. 그 기념일의 원천에는 1929년 11월 초에 일어난 광주학생독립운동이 있다. 도시철도 금남로5가역에서 내려 광주제일고등학교 교정의 기념공원으로 들어서면 광주학생운동기념 역사관이 한눈에 들어온다. 그 옆에는 1954년에 세워진 광주학생독립운동기념탑이 서 있다. 탑에는 이렇게 쓰여 있다. "우리는 피 끓는 학생이다. 오직 바른 길만이 우리의 생명이다." 한국전쟁의 고통을 겪고 있던 당시에 청년 학생들의 기개를 북돋우는 이런 기념비를 세운 이들은 과연 무엇을 외쳤던가? 거기에 바로 광주학생독립운동의 정신이 있다.

식민지 교육에 반대하는 투쟁 공간

광주학생독립운동은 1929년 10월 30일 나주와 광주 간 열차 통학로에서 일본 학생이 조선 여학생의 '댕기머리'를 잡아당긴 '작은' 일로 촉발되었다. 그러나 댕기머리가 무엇인가? 그것은 조선 여인의 '몸', 겁탈당하는 식민지 조선 자체를 표상했다. 광주학생독립운동은 청년 학도들이 조선의 몸은 조선인의 것이라고 몸의 자주성을 선언한 사건이다.

광주학생독립운동의 진원지는 호남선 나주역과 광주역으로, 이 운동은 철도와 결합된 식민지 근대성이 사회 운동의 장소성을 구성하는 전망을 최초로 보여주었다. 1929년 11월 3일, 신사 참배를 마치고 돌아가던 일본인 학생 수십 명과 광주고등보통학교(광주제일고등학교의 전신, 이하 '광주고보') 학생들이 광주역 앞 광장에서 집단 난투를 벌였다. 여기에 가담한 학생 300여 명은 광주고보 강당에 모여 장재성의 지도로 사후 대책을 논의했고, 농기구실을 열어 장작, 곤봉, 배트 등으로 무장했다. 여기에 광주농업학교와 전남사범학교 학생들이 가세해 교가와 운동가를 부르며 광주중학교로 행진했다.

일련의 시위는 1927년 이래로 광주고보와 광주농업학교에서 일본인 교장의 강압적인 교육 방식에 반대하고, 열악한 교육 환경의 개선과 교우회 자치 운영을 요구하는 다양한 동맹 휴학이 전개되면서 식민지 노예 교육을 반대하는 '투쟁 공간'이 형성되었기에 가능했다. 동맹 휴학 주도자들은 조선인 본위의 교육과 민족 해방이라는 뚜렷한 문제의식을 가지고 맹휴를 거듭 펼쳤고, 그 결과 광주고보뿐만 아니라 광주농업학교·전남사범학교·광주여자고등보통학교도 시위운동의 경험을 축적해갔다. 11월 3일의 시위로 일제 당국의 탄압이 심해지자, 11월 12일에는 장재성의 지도로 광주고보와 농업학교 학생들이 시민들과 함께 '구속 학생 석방' '식민지 노예 교육 철폐'를 외치며 시가행진을 벌였다.

이중 공간성이 낳은 식민자와 피식민자의 갈등

당시 광주는 공간·지리적으로 농업과 상업에 기반을 둔 식민 도시들의 배후 기지이며, 대전–목포 간 호남선과 송정리–담양 간 광주선 철도가 개설되면서 생겨난 교통 중심지이자 인적 자원의 집결지였다. 광주가 이런 요지가 된 배경에는 쌀과 면화 경작에 적합한 영산강 유역에 위치한 나주·송정리·학교鶴橋 3대 평야에 일본인 영농자가 다수 이주하여 일본인 거주 사회가 일찍이 형성된 점과도 관련이 있다.

특히 광주 인근에 자리한 호남 수탈의 내륙 중심지 영산포와 나주, 식민 해항 도시 목포에서 일본인 거주 밀집 지역이 발달했다. 영산포는 일본 상인들과 자본가들의 거점이었고, 조선인 6,000명에 일본인 800명이 살던 나주 지역에는 공장 38개 가운데 30개가 일본인 소유일 정도였다. 자연히 나주·담양·영산포에 거주하는 일본인 학생들은 교육 중심지인 광주로 대규모 통학권을 형성했다. 일본인 통학생 비율을 보면, 광주고보생은 전교생의 6분의 1인 70명이었던 데 비해, 일본인 학교인 광주중학은 전교생의 4분의 1인 100명으로, 후자가 비율이 더 높은 이유가 여기 있다. 이런 정황 탓에 통학생들이 각 학교의 여론 형성에 큰 영향을 미칠 가능성이 높았고 이에 따라 서로 충돌할 가능성이 언제나 존재할 수밖에 없었다.

식민지 생활 공간은 '이중 공간'이라는 특징을 가진다. 나주의 일본인들은 '본정本町'을 중심으로 토지를 소유했으며, 대나무 세공업과 요리점, 일용 잡화·식료품·면포·농구·미곡 판매 등 지방 소도시에서 핵심적인 역할을 하는 상업 활동을 영위했다. 그에 반해 조선인들은 약간 주변부였던, 군청과 '서문정西門町' 사이, 이른바 '사매기'에서 상권을 형성했으며, 주로 여관이나 술집을 운영하는 등 부차적 상업 활동에 종사했다. 이와 같은 공간의 민족적 격리는 갈등의 소지를 안고 있었다. 그리고 주로 농업에 종사하며 자녀를 광주로 보내 교육시키는 조선인들은 지역의 경제력을 독점한 일본인과 이해관계에서 예민한 갈등을 겪을 가능성이 높았다.

1931년에 인구가 4만 2,637명(일본인은 6,199명, 그 외의 외국인은 325명)이었던 식민지 상업 신도시 광주에서도 서문통·동문통·남문통에 일본인 상가가 집중되는 등 생활 공간의 이중성이 작동했다. 교육 공간의 경우도 광주고보·전남사범학교·광주여고보·광주농업학교는 조선인 중등학교였고, 광주중학은 일본인 학생들이 다니는 학교였다(다만 목포상업학교는 조·일 학생 비율이 같았다). 이와 같은 이중 공간성은 제국 시민의 공간과 식민지 시민의 공간 형성에서 끝나지 않았다. 식민지 근대화의 수혜를 입는 공간과 그렇지 못한 공간이라는 또 다른 이중성이 '이중의 이중성'을 작동시켰다.

청년 학생 운동 100년사의 시발점

광주학생독립운동은 '조직 공간' 발전의 산물이기도 하다. 1926년 11월 3일 광주고보의 왕재일과 장재성, 농업학교의 박인생 등 열여섯 명이 결성하여 이듬해 3월에 자진 해산한 사회과학연구회 '성진회醒進會'는 광주 지역 최초의 학생 운동 조직이다. 이들은 민족 해방 운동에 반제·반자본을 표방하는 사회주의 이념의 유용성을 인정하고 전남사범학교와 광주여고보 등의 사회과학 연구 모임 결성을 지도했다. 그뿐 아니라 1927년부터 강해석, 지용수 등의 '고려공산청년회'가 각 학교 독서 모임을 지도하다가 1928년 8월에 검거되었다. 이어서 장석천 전남청년연맹 위원장과 나승규 등이 학생 지도를 담당했는데, 이들은 1929년 11월 3일의 학생 시

鐵甕城가튼警戒裡에

光州學生大公判開廷

雲集한傍聽人으로法廷內外大混雜

십구일광주지방법원대법령에서

판재변호사이십여명의렬석으로공판개정되다

被告四十九名全部出廷

◇光州에서 本社特派員 朴尹錫 發電

被告氏名

十四被告의事件分離에

金晋燮抗議提出

◇注目되는分離問題

治維法違反으로 分離被告

昨年十月三十日

光州驛前에서最初發端

朝鮮學生을戲弄하엿다는일로

◇今般事件發生의槪要

光州全市街에

警戒網치고

公判前日부터光州署에서

今般事件

參考條文

당시 학생 운동에 참가했던 학생들의 재판을 보도한 기사. 광주학생독립운동 관련자로 광주에서 구속된 학생들은 260여 명이었는데, 173명이 예심 재판에 회부되었다. 구속된 학생들은 법정과 옥중에서도 꿋꿋이 투쟁을 전개했다.

위 이후 즉각 2차 학생 시위를 추진했다.

1929년에 장재성이 일본 주오대학교를 중퇴하고 귀국해서 학생 사회과학 모임을 조직하고 9월에 전남청년연맹 위원장을 맡은 일은 학생 운동에서 중요한 계기로 작용했다. 장재성을 '책임비서'로 한 독서회 중앙회 아래 학교별 소그룹 독서회는 사회과학 연구를 심화하고 소비조합 결성을 시도하다 곧 해산되었으나, 유사시 강고한 조직력의 기반이 되었다.

시위는 나주와 목포로 퍼져나갔다. 특히 목포상업학교의 19일 시위는

50여 명이 적색기를 앞세우고 중국 혁명과 러시아 혁명을 지지하는 급진적 격문과 태극기를 살포했다. 27일에는 나주에서 동조 시위가, 29일에는 영산포에서 맹휴가 전개되었다.

한편 1926년 6·10만세운동 이후에 처음 나타난 학생 시가 행진과 대규모 검거 사건은 전국적인 반향을 불러왔다. 서울의 조선학생사회과학연구회는 권유근을, 중앙청년동맹은 학생전위동맹 소속 부건을 파견하여 전남청년연맹의 장석천, 강영석 등과 회담을 갖고 시위 운동을 전국으로 확대하는 데 합의했다. 또 장석천은 현지 조사를 하러 온 신간회의 허헌, 황상규, 김병로를 만났는데, 이들은 전국적 시위 운동과 자금 지원에 합의하고 서울 지역 학생 및 사회단체와의 연계 투쟁 계획을 세웠다. 그해 12월에는 서울에서, 1930년에는 전국에서 광주학생독립운동 지지 시위가 전개되었다. 이 운동에는 전국 250개교 5만 4,000명의 학생이 참여했고 26개의 간도 한인학교 등 국외 학교까지 포함하면 280개교가 참여하여, 국내는 물론이고 만주·일본·미국·러시아에까지 영향을 끼쳤다. 광주학생독립운동은 이 땅에서 '바른 길만이 우리의 생명'이라고 선언하는 '피 끓는' 청년 학생 운동 100년사의 시발점으로서 확고한 위상을 차지한다.

진리의 장소를 산다는 것

> 산보자에게 공간/장소는 그저 지나가는 곳이 아니라 무엇인가가 나타나는/드러나는 곳, 때로는 어떤 숨겨진 진실—존재하되 그 존재를 인정받지 못했던 존재들이 특정한 시선 아래에 드러나는 진리-사건—이 나타나는 곳이기도 하다. …… 숨겨져 있던 것들이 드러나는 장소, 은폐에서 탈은폐로의 이행이 이뤄지는 장소, 존재의 숨겨졌던 얼굴이 드러나는 장소, 이런 장소를 우리는 진리의 장소라 부를 수 있다. 그러나 이 진리의 장소를 사는 것, 진리의 장소에서의 사건들을 사는 것은 산보자의 시선으로 그것을 발견하는 것보다 더 중요하다. 진리의 장소를 사는 것과 산보자로서 그 장소를 발견하는 것, 이 두 사건 사이에 장소의 진리가 존재한다.
>
> – 이정우, 《진보의 새로운 조건들》 중에서

철학자 이정우는 '진리의 장소'를 이렇게 정의했다. 그의 말대로 이 장소는 '반복'되는 곳이기도 하다.

한국 근현대 역사의 현장 40곳 가운데 하나로 '광주제일고등학교(옛 광주고등보통학교, 이하 '광주일고')'가 호명될 수 있었던 것은 바로 이 학교를 다녔던 순수한 학생들의 '독립운동' 때문이다. 그들은 학생이었고, 자라서 어른이 되었고, 다시 무無의 세계로 돌아갔다. 그러나 역사라는 시간의 굴곡 속에서 호명된 광주일고라는 표지판은 특정한 시간을 마주하는 장소로 소멸되지 않고, 반복되고 있다. 이정우의 말대로 광주일고라는 장소가 의미를 가지는 것은 그 즉물적 물질성 때문이 아니라 그 터 위에서 펼쳐지는 사건들의 차이 때문이다.

1929년 11월 3일, 대일 항쟁기의 한가운데에 박준채와 박기옥이라는 사촌 남매가 있었다. 그해 10월 30일 오후 다섯 시 반 광주발 목포행 열차가 나주역에 도착했다. 광주중학에 다니던 후쿠다 슈조를 비롯한 일본인 남학생들이 광주여고보생 박기옥과 몇몇 여학생의 머리채를 잡아당기며 희롱하기 시작한 것은 바로 그때였다. 누이가 희롱당하는 모습을 본 사촌 동생 박준채가 후쿠다에게 달려들어 그를 후려쳤다. 그러자 옆에 있던 일본인 학생들이 맞받아치면서 사태는 조선인 학생과 일본인 학생의 패싸움으로 번져갔다. 경찰이 개입했지만, 박준채를 비롯한 조선 학생들만 체포되었다. 광주 시내 조선인 학생들은 일경의 편파 수사에 분노했고, 11월 3일 일제히 항일 시위에 나섰다.

광주학생독립운동사 연구에 따르면, 학생들의 투쟁은 국내에 그치지 않고 북간도를 비롯해 만주, 중국 관내와 일본, 미주 지역 등 한인 사회가 형성된 해외로까지 파급되어갔다.

당시 사촌 누이의 머리채를 잡아당기며 희롱하던 일본인 남학생에게 맞섰다가 옥고를 치른 박준채는 흥미로운 삶의 여정을 걸었다. 옥고를 치르고 풀려난 그는 광주고보로 돌아갈 수 없었다. 퇴학 조치가 내려졌기 때문이다. 그는 서울 양정고보를 거쳐 1939년에 일본 와세다 대학 정경학부를 졸업한 뒤, 1960년부터 2001년 87세로 삶을 마감할 때까지 조선대 교수로 지냈다. 1929년 사건의 영향 때문이었는지 그는 줄곧 '교육 운동'에 주력했다.

교직에 있는 동안 박정희 군사 정권으로부터 회유와 탄압을 받았으나 굴하지 않았으며, 1980년 조선대 교수들의 시국양심선언에도 관여했다. 사건의 한복판에 있었던 인물은 '광주'를 떠나지 않고 그렇게 맴돌았다. 그는 '진리의 장소'를 살았으며, 그 뒤로도 그 장소를 평생 맴돈 존재였다.

광주제일고등학교 교내에는 광주학생운동을 기념하는 역사관과 불꽃을 형상화한 39미터의 기념탑이 서 있다. 1954년에 세워진 이 기념탑은 1999년에 광주광역시문화재(기념물 제26호)로 지정되었다. 역사의 장소는 '역사관' 혹은 문화재라는 즉물적 물질성으로만 존재할 수는 없다. 철학자 이정우가 지적했듯, 산보자의 시선으로 진리의 장소를 발견하는 것보다 진리의 장소를 살아내는 인식의 전환이 지금, 여전히 필요하다. 기념탑에 새겨진 '학생독립운동의 정신'은 시간의 흐름 속에서 정금正金처럼 더욱더 단련되는 것이어야 하기에.

부산항

근대 국가의 성장 동력으로 불린 공간

1876년 근대 개항으로 일본인들이 부산에 들어와 살기 전에 부산 바다는 부산 사람들에게 삶터였다. 《숙종실록》을 보면 부산의 바닷가에 사는 여성들이 생선을 잡아 초량 왜관의 일본인을 상대로 장사를 한다는 기사가 나온다. 부산항에서 낚아 올린 생선으로 생계를 꾸려가는 부산 사람들의 모습이 떠오른다. 〈부산포초량화관지도釜山浦草梁和館之圖〉(18세기 중엽)에 그려진 부산항 앞바다에서 조업하는 어선과 어장의 모습은 부산항이 부산 사람들에게 아주 친숙한 공간이었음을 잘 보여준다.

근대 문화의 이입과 조선 수탈의 창구

20세기 들어 일본이 점차 조선을 장악하는 동안 일본 기업이 부산 앞바다를 매립하고 조선총독부가 항만 시설을 관리하면서 삶터였던 부산항이 조선 사람들에게 완전히 차단되어버렸다. 매립한 땅 위로 부산역과 세관이 유럽풍의 웅장한 위엄을 드러냈고, 부두가 하나씩 세워져 일제강점기 말까지 총 네 개의 부두가 만들어졌다. 부산항 부두 입구에 세워진 세관은 허가된 사람들만 출입할 수 있는 통제된 공간이었고, 부산역 앞에 설치된 시계는 부산 사람들에게 시간의 중요성을 일깨우고 따르도록 만든 근대적 기계 장치였다. 일본 시모노세키下關에서 들어오는 관부 연락선關釜連絡船이 수송하는 물자와 사람은 부두까지 이어진 철로를 통해 만주 펑톈奉天(지금의 선양)까지 곧장 이동할 수 있었다. 요컨대 부산항은 물자와 인력과 정보를 빠르게 이동시켜 일본이 조선과 만주를 지배하는 데 필요한 시간을 단축시키는 데 한몫했다.

조선을 빠져나가 일본 하층 노동자의 임금을 낮추는 데 기여한 조선산 미곡, 일본 공업 지대에서 생산되어 조선 시장을 장악한 일본산 공산품들 역시 부산항을 거쳐 갔다. 식민지 조선을 지배하기 위해 천황의 명령을 받고서 어깨에 힘을 잔뜩 넣고 들어오는 일본 식민자들, 근대 문화를 배워보겠다고 일본으로 빠져나가는 유학생들도 부산을 거쳐서 오고 갔다. 일제강점기 말에는 징용, 징병, 일본군 '위안부'로 제국주의 전쟁에 동원된 조선인들이 부산항을 통해 연락선에 실려가 식민자들에게 극심한 약탈을 겪기도 했다.

한편 부산은 식민지 질서를 강요하는 힘과 이를 피하려는 세력이 충돌하는 공간이기도 했다. 당시 언론 보도에 비친 부산항은 이곳을 통과하려는 조선인들과 이들을 통제하려는 일본 경찰 사이의 갈등으로 묘사되곤 했다. 사기, 절도, 불법 도항 등은 당시 부산항을 설명하는 중요한 키워드였다. 식민 지배로 농촌 경제가 파탄 나면서 새로운 가능성을 찾아 일본으로 건너가려던 조선 농민들은 부산에서 돌파구를 찾고자 했다. 언론에서 보도된 사건들은 바로 제국주의 경찰의 감시를 뚫고 외부로 나가려는 조선인들 사이에 벌어진 충돌의 증좌였다.

감시망에 묶여 부산에 눌러앉아 도시 빈민으로 살아갈 수밖에 없는 조

일본 시모노세키와 부산을 오가던 관부연락선 도쿠주마루(德壽丸). 이 배에서 1926년 한국 최초의 소프라노 가수 윤심덕과 극작가 겸 연극 운동가였던 김우진이 투신 자살했다.

선인들에게 부산은 가능성의 공간이 되었다. 부산항은 또한 근대 문화가 가장 먼저 상륙하는 곳이었다. 비록 일본인들이 만들어놓은 것이기는 하지만, 부산의 조선인들은 교통·위생·경관·상품 등에서 근대적 경험을 그 어느 곳보다 빨리 할 수 있었다.

'조국 근대화'의 동력이 되다

해방이 되자 부산항은 기가 죽은 일본인들이 돌아가고 희망을 안고 돌아오는 해외 동포들이 교차하는 공간으로 변했다. 한쪽에서는 실망을, 다른 한쪽에서는 희망과 기쁨을 만끽했다. 하지만 부산항은 그 후에도 여전히 미 군정과 한국 정부가 관리하는 중요한 '시설'에 지나지 않았다. 한국

부산항 제3부두에서는 1964년부터 베트남전 파병 행사가 진행되었다. 사진은 맹호·청룡 교체 부대 환송식 때 모습이다.

전쟁이 일어나자 한국을 돕겠다고 미국 편에 서서 한반도 땅을 밟은 외국 군인들과 이들을 지원할 물자들로 부산항은 또다시 북적거리기 시작했다. 하루 끼니를 찾아 헤매는 피란민들에게 부산항은 생명선과 다를 바 없었다. 좋아하는 막걸리 값이라도 벌려고 부두 노동자가 될 수밖에 없었던 화가 이중섭의 이야기도 이런 분위기 속에서 나왔다.

1960~1970년대에 부산항은 국가의 부름에 따라 '조국의 근대화'를 위해 헌신했다. 달러를 벌어들이기 위해 외국으로 실려 나가는 수출품이 부산항을 통과했다. 국내 공장을 가동시킬 원료도 부산항을 경유했다. 우리나라 최대의 무역항이 된 부산항은 밤낮없이 오르내리는 하역 작업으로

분주했다.

국가에 대한 부산항의 헌신은 여기에서 그치지 않았다. 1964년부터 시작된 '월남 파병'이 장엄한 의례와 함께 제3부두에서 진행되었다. 외화를 벌기 위해 떠나는 마도로스들을 태운 원양 어선도 희망을 품고 오륙도를 지나 대양으로 향했다. 경부선, 경부고속도로와 부산 도시고속도로는 부산항을 부산만의 것이 아니라 대한민국의 항만으로 만들었다.

부산항의 발전이 불러온 역설적 소외와 재개발을 둘러싼 갈등

시골에서 올라온 부산 사람들에게 부산항은 중요한 밥벌이 공간이었다. 밀물처럼 밀려 들어온 이들은 부산항 뒷산 중턱에까지 안식처를 만들어 가며 부두 노동자로 열심히 일했다. 이른바 부산의 '산동네'는 일제강점기부터 만들어지기 시작했다.

부산항의 발달은 역설적이게도 산동네에 뿌리를 내려가던 부두 노동자에게는 또 다른 상실의 과정이 되었다. 어마어마한 기중기가 등장해 물동량을 늘리는 만큼 부두 노동자들은 차츰 일자리를 잃었다. 부산항이 근대 국가에 훌륭한 성장 동력이 되면서 그만큼 부산 사람들의 생활 공간으로서는 의미를 잃어간 것이다.

그러다 1990년대 들어서 국제 물류 유통을 둘러싼 경쟁 체제 속에서 대형화·고속화하는 컨테이너선船과 전용 부두의 대형화 및 현대화가 끊임없이 요구되면서 부산 가덕도 일원에 부산신항을 새로 건설하게 되었으며 지금도 공사가 진행 중이다. 그 결과 부산항은 새로운 역할을 해야 할 운명에 놓였다. 특히 2008년에 본격적으로 시작된 북항 재개발 사업의 방향을 둘러싸고 자본과 시민들 사이의 논쟁이 치열하다. 부산시는 재개발 회사를 만들어 매립 공사를 거의 마무리했고, 연구자들은 라운드테이블에서 재개발 방향을 고민하고 있다. 하지만 북항 재개발의 큰 흐름은 여전히 안개 속에 놓여 있다. 시민들의 휴식 공간으로 돌려주자는 의견이 있는가 하면, 각종 자본을 투입해 경제적 이익을 거두자는 논리가 맞서고 있다. 1902년 북항 매축을 신호로 점차 자본과 국가의 소유물이 된 부산항이 110여 년 만에 부산 사람들에게 되돌아올 기회를 잡았지만, 시민과 자본 모두 쉽게 양보하지 않을 형세다. 지금 진행되고 있는 북항 재개발 사업은 부산항을 또다시 국가와 자본의 바람과 부산 시민들의 권리가 충돌하는 갈등의 공간으로 몰아가고 있다. 북항 재개발 사업은 여전히 진행 중이다.

예술의 무대가 된 부산항

한국의 문화·예술, 그 가운데 특히 영화는 아낌없이 부산항을 활용해왔다. 1965년 김수용 감독이 내놓은 영화 〈갯마을〉은 부산의 바다가 전면에 등장한 최초의 작품이다. 작가 오영수의 소설을 영화화한 이 작품은 기장 앞바다를 배경으로 하는데, 풍랑으로 남편을 잃은 젊은 과부 해순을 주인공으로 내세워 그녀의 파란 많은 갯가 인생을 그려낸 '문예 영화'였다.

매서운 삶의 공간, 질펀하면서도 강인한 무대였던 부산항은 시간이 흐르면서 음습하고 비열한 폭력이 법의 경계를 넘나드는 공간으로 호출되기 시작했다. 2001년에 개봉한 곽경택 감독의 영화 〈친구〉는 자갈치시장을 배경으로 사내들의 의리와 배신, 폭력과 욕망의 흔적을 그려냈다. 그 뒤로 이어진 영화들 역시 폭력, 마약, 밀수, 경찰, 조직 폭력, 매춘 등 비슷한 계보를 형성한다. 부산의 이런 이미지는 2009년 윤제균 감독의 〈해운대〉와 조우하면서 '재난'과 '휴머니즘'의 공간으로 탈바꿈한다. 엄밀히 말하면, 이 영화들은 부산항을 원료로 했다기보다 부산의 바다를 자원으로 삼은 문화적 산물이라고 하겠다.

소설 역시 부산항 또는 부산을 공간 삼아 오랜 진화를 거듭했다. 대표적으로 이인직의 《혈의 누》, 염상섭의 《만세전》, 이태준의 〈석양〉, 황순원의 〈곡예사〉, 김동리의 〈밀다원 시대〉, 이문열의 《젊은 날의 초상》 등을 떠올릴

영화 〈친구〉의 포스터. 부산의 자갈치시장을 배경으로 한 사내들의 의리와 배신을 다루었다.

수 있다.

'최초의 개화기 소설'로 불리는 《혈의 누》(1906)의 주요 무대는 한 공간으로 한정되지 않는다. 주인공의 의식의 성장 과정이 공간의 이동과 밀접한 관련을 맺고 있기 때문이다. 그렇지만 부산(항)이 이 소설의 중요한 무대 노릇을 톡톡히 하는 것은 확실하다. 부산항이 일본으로부터 물밀 듯이 들어오는 '문명 개화'를 상징했기에 그렇다. 서구 열강과 일제가 쇠약한 대한제국에 항구 개방을 그토록 압박했던 것도 바로 항만이 지닌 문명의 창구 역할을 잘 알고 있었기 때문이다.

염상섭의 《만세전》(1922) 역시 도쿄 유학생이 시모노세키에서 부산항을 거쳐 경성으로 귀국하는 과정을 통해 주체의 발견과 각성을 그려낸 작품이다. 작가는 부산항을 부정적인 공간으로 묘사하는데, 이는 주인공의 허약한 인식 수준을 짚어내기 위한 전략이다. 하지만 조선 전체를 '공동묘지'라고 묘사한 점을 보면 부산항만 부정적으로 그려낸 것은 아님을 알 수 있다.

1951년 1·4후퇴 때 부산으로 피란한 한 지식인의 삶을 다룬 단편 소설 〈밀다원 시대〉(1955)는 보수동·광복동·남포동·범일동을 공간적 배경으로 한다. 김동리는 "바로 코끝에서 시퍼런 바닷물이 철썩거리고 있었다"라고 묘사한다. 전쟁을 피해 막다른 곳, 부산으로 내려온 서울 문인들은 '밀다원'이라는 다방에서 다양한 에피소드를 연출한다. 실존 인물을 모델로 한 작중 인물은 이 다방에서 수면제를 삼키고 죽어가면서 시를 쓴다. 평론가 김윤식이 일찍이 이 일을 두고 '땅끝 의식'이라고 불렀던 것도 부산(항)의 이러한 공간적 특성, 곧 막다른 삶의 끝이자 도달할 수 없는 새로운 삶의 신기루를 자아낸 바로 그 특성을 알아챘기 때문일 것이다.

2013년 타계한 사진가 최민식도 부산의 끝자락에서 카메라를 통해 바다 내음 가득한 삶의 바닥을 응시했다. 부산항에서 밀수선을 타고 일본으로 건너간 젊은 청년이 사진에 압도되어 마침내 독학으로 다큐멘터리 사진가의 길을 걷게 된 것도 부산항을 만난 숙명 탓일지도 모른다. 개항과 피란 정부, 전후 미국·일본 문화의 수입 창구, 물신주의가 확산되는 난숙한 자본주의의 어두운 이면 말이다.

가수 조용필은 부산항에서 떠나보낸 형제를 그리워했다. 어디 떠나보낸 이가 형제뿐이었겠는가. '월남'으로 파병 갔던 사나이들의 눈물도, 헤어져 현해탄을 건너야 했던 연인들의 아픔도 모두 근대화의 공간 부산항에 빼곡하게 들어서 있다. 그러나 그런 기억들은 어렴풋이 뱃고동 소리처럼 적막 속으로 사라져가고 있다. 지금 부산항은 어떤 새로운 기억을 만들어내고 있을까.

옛 부산동척빌딩 · 미문화원

시대의 질곡이 주름처럼 새겨진 곳

부산근대역사관 건물은 2001년 부산시 기념물 제49호로 등록되었다. 현재의 건물은 동양척식주식회사 부산 지점이 확대되면서 1929년도에 세워진 것이다. 이 건물에 관심을 두는 이유는 일제강점기의 건축 양식을 이해하는 데 중요한 근대 문화재라는 점도 있지만, 이 건물에 겹겹이 쌓인 역사의 질곡 때문이다.

아시아 지배를 목표로 삼았던 동양척식주식회사

일제강점기 조선에서 조선총독부 다음으로 큰 권력을 가진 기관은 동양척식주식회사(이하 '동척')였다. 동척의 설립은 그 창립 취지에서 밝혔듯이 "일본은 식산 흥업殖産興業의 길을 열어 부의 원천을 개척하고 민력의 함양을 도모함으로써 한국 사람들이 문명의 은택을 입도록 하는 막중한 책임을 띠고 있다. …… 한국의 자원 개발, 식산 진흥을 담당하기 위해 선량하고 근면한 자로 경험이 많은 일본인을 한국으로 이주시켜 선진 농법의 모범을 보인다. 기업에 대해서는 낮은 이자로 자금을 제공하여 척식 사업에 밑거름이 되도록 한다"는 것으로, 지극히 한국, 한국인을 위한 것이었다. 그러나 실상은 일제 식민지 지배의 물적 토대를 마련하는 국책 회사였음은 이미 잘 알려진 바다.

1908년 '동양척식주식회사법'이 공포되고 1909년에 동척은 마산, 영산포, 사리원에 가장 먼저 출장소를 세웠다. 김해평야, 나주평야, 재령평야의 중심지에 출장소를 세운 점만 보더라도 동척의 초기 주력 사업이 농업이었음을 짐작할 수 있다. 평야 지역에 세워진 출장소들은 1919~1920년에 각각 동척 지점으로 승격되었다. 그리고 많은 지점이 인근 큰 도시로 이전했다. 영산포 출장소가 목포 지점으로, 김제 출장소가 이리 지점으로 이전한 것처럼 마산 출장소 역시 마산 지점으로 승격되었고 1921년에는 부산으로 이전하면서 부산 지점으로 개칭되었다. 동척이 도시를 기반으로 하는 금융업에 좀 더 주력하기 위해서였다.

현재의 건물은 미문화원 시절에 개조되어 3층이지만, 신축 당시 부산 동척 건물은 2층 구조였다. 은행 업무를 보는 넓은 객장이 있어서 층고層高가 상대적으로 높아야 했고 천장도 아울러 높아야 했기 때문이다. 이를 통해 동척 건물에서는 신축 당시부터 사채 발행, 자본금 증자와 같은 금융업이 주로 이루어졌음을 다시 확인할 수 있다.

동척의 지배 욕구는 조선 내부에만 머물지 않았다. 회사의 이름에 조선이나 한국이 아닌 '동양'을 내걸었다. 청일전쟁, 러일전쟁에서 승리하면서 동아시아의 패권 도전에 자신감이 붙은 일본은 동양을 여기저기에 갖다 붙였다. 실제로 동척은 한반도에 머물지 않고 간도, 펑톈, 창춘, 하얼빈, 다롄, 톈진, 베이징, 칭다오에까지 지점을 설치해 식민지 경제 수탈 사업을 확대해갔다. 중국 대륙으로 내달았던 동척의 확장은 1592년 도요토미 히데요시가 못다 이룬 꿈의 또 다른 재현으로 보였다.

일제강점기 동양척식주식회사 부산 지점 모습. 은행 업무를 고려해 천장과 층고가 높았다.

한국전쟁 당시 옛 동척빌딩 앞에 도열해 있는 미군들의 모습.

식민지 수탈 자본의 집결지, 대청동 거리

부산으로 이전할 당시 동척은 오늘날의 부산시 중구 대창동(당시는 영정榮町)에 있었으나, 이후 새 사옥을 건립하고 대청동으로 이사했다. 1920년대 중반부터 동척 부산 지점의 사옥을 대청동에 신축할 계획이었지만 실제로는 1929년이 되어서야 완공되었다. 당시 신문 기사는 건평 200평(660제곱미터)에 2층 최신식 건물이며 건축미가 뛰어나, 번화한 대청동 거리에서도 명소 중의 명소가 될 것이라고 대대적으로 선전했다. 완공된 건물에는 당시 잘 사용하지 않던 '빌딩'이라는 명칭을 붙였는데, 1938년에 발행된 〈부산안내도〉에도 '동척빌딩東拓ビル'이라고 적혀 있다.

그런데 동척의 새 사옥이 들어선 거리의 모습은 참으로 절묘했다. 동척 옆에는 조선은행 부산 지점(지금의 한국은행 부산 지점)이 이미 자리하고 있었고, 거리의 끝에는 조선식산은행 부산 지점이 있었다. 동척 건물이 있는 길 건너편에는 조선신탁주식회사 부산 지점과 유사 금융업을 하는 경남무진주식회사가 있었다. 무엇보다 동척 바로 앞에는 일본 헌병대가 자리했고, 그 옆에는 부산미곡취인소가 있었다. 미곡취인소는 전국을 쌀 투기 열풍으로 몰아넣고 수많은 조선인을 알거지로 전락시킨 것으로 유명한데, 그런 곡물 거래소가 동척과 마주하고 있었던 것이다.

대청동 거리와 만나는 동광동 골목에도 일본의 유명 은행들이 속속 들어섰다. 이렇듯 부산 최고의 금융 거리는 일제강점기에 완성되어 현재까지도 유지되고 있다. 1930년대의 부산 대청동 금융가는 부산과 경남 일대의 자본과 부동산을 이곳으로 모조리 흡수할 듯한 위세를 보였다. 그 거리는 그 권력에 반항이라도 하는 날엔 헌병대로 직행할 것 같은 위협의 공간, 절대 권력의 공간이었다.

미문화원 방화 사건 당시 화염에 휩싸인 옛 동척빌딩. 방화를 감행한 신학대 학생들은 1980년 신군부의 광주 시민 학살을 묵인한 미국의 실상을 알리고자 했다.

해방 이후와 미문화원 방화 사건

해방 직후 미소 양군의 한국 분할 점령이 발표되었고 9월 중순에 미군의 선발대가 부산에 도착했다. 동척 부산 지점은 부산에 진주한 미군의 숙소로, 1949년부터는 미공보관으로, 그 후에는 미대사관, 미문화원 등으로 사용되면서 부산 사람들과는 괴리된 타자의 건물이 되었다. 일본에서 미국으로 건물의 주인이 교체되었을 뿐 여전히 외세에 짓눌린 잃어버린 공간이었다.

1982년 3월 18일에는 전국을 떠들썩하게 만든 미문화원 방화 사건까지 일어났다. 방화를 감행한 이들은 자유와 민주주의를 열망하는 신학대 학생들이었다. 이들은 미국이 1980년 신군부의 광주 시민 학살을 묵인한 것에 대해 신군부 타도와 왜곡된 한미 관계를 알리는 공간으로 미문화원을 택했다. 사건 이후 건물에 대한 경계가 더욱 강화되었고, 건물 주위로는 한국 경찰이 배치되었다. 이 건물은 지역 주민들에게는 차단된 공간이자 그 앞을 지나갈 때마다 죄를 짓지 않고도 죄 지은 듯한 두려움을 느끼게 만드는 공간이었다.

수탈과 지배의 공간에서 공생의 공간으로

미문화원 건물은 1999년에 부산시로 완전히 반환되었다. 이때 반환추진위원회는 '시민의 뜻을 충분히 수렴해 건물의 활용 방안을 마련할 것'이라고 밝혔다. 그런데 이 건물에 쌓인 겹겹의 역사 탓에 제자리를 찾기가 쉽지 않았다. 이후 이 공간을 어떻게 사용할 것인가를 두고 열린 공청회장은 고성이 오가는 등 살벌한 분위기였다. 건물 용도에 대해 합의점을 찾지 못하자 2001년 8월, 부산시 중구 주민 300여 명은 미문화원 건물 앞에서 거세게 항의했다. 이 건물의 보존 여부를 두고 지역 주민의 의견을 제대로 수렴하지 않은 데 대한 불만이었다. 옛 동척 건물을 잔존시켜 역사 교육의 자료로 남기자는 주장과 조선총독부 건물도 허물어진 마당에 수탈의 상징인 동척 건물을 굳이 남겨야 하는가 하는 주장이 팽팽히 맞섰다. 주민들은 동척 건물을 그대로 두자는 주장에 거세게 반발했다. 동척 주변에서 나고 자란 주민들에게 동척 건물은 교육 공간이라기보다 그저 지긋지긋한 트라우마의 공간일 뿐이었던 것이다. 주민들은 그곳이 쇠퇴한 상권을 회복시키는 복합 상가가 되길 바랐다.

2000년대에 들어 일제강점기 건축물에 대한 문화재 지정이 잇따랐고, 식민지 역사도 우리 역사라는 인식이 생겨났다. 결국 시민들은 아픔을 기억하고 수탈의 역사를 알려줄 현장을 보존하고 이곳을 교육장으로 활용하는 데 동의했다. 이렇게 해서 탄생한 것이 부산근대역사관이다.

부산근대역사관은 동척을 중점적으로 부각하지 않는다. 수탈과 지배의 공간을 역사·문화 공간으로 재생하면서, 관광과 교육의 공간이 되고 있다. 기억과 삶을 공유하면서 이 장소에 대한 두려움이 치유되고 공생의 공간으로 완성되기를 바랄 뿐이다.

복수의 이름을 가진 곳에서 기억과 치유의 장소로

강요된 개명의 역사

일요일 구도심의 한낮 속에 그곳은 덤덤히, 무료하게 서 있었다. 역사의 굴곡을 온몸으로 돌파해온 장소라기보다 그저 나날의 삶이 시작되고 다시 파하는 일상의 집처럼 범상하게 보였다. 부산광역시 중구 대청로 104번지 부산근대역사관. 매끄럽고 평평해진 그 이름이 적잖이 낯설었다. 내게 익숙한 그곳의 이름은 여전히 '미문화원'이다. 어린 시절, 시내 영어 학원에 다니던 중학생 언니는 가끔 그곳에 들러 미국 영화를 보고 미국 사람 만나고 왔다며 신나게 자랑하기도 했다. 그럴 때면 열다섯 언니의 얼굴에는 미국을 동경하는 소녀의 미소가 번졌다. 부산에 있으나 부산에 속하지 않았고, 한국의 남루가 범접하지 못하는 아름다운 외방外邦. 초콜릿을 나눠 주듯 신대륙에 대한 달콤한 선망을 고루 나눠 주던 그곳은, 한국 속의 미국이었다.

2012년 10월 부산근대역사관으로 명패를 바꾼 익숙하고도 낯선 그곳에 다시 가보았다. 아메리칸 드림에 들뜨지 않을 만큼 시간이 지나 찾은 그곳은 이제 더는 미국이 아니었다. 그 대신 그곳은 일본이고 또한 미국으로 살아야 했던 지난 역사를 부단히 현재로 불러오는, 그래서 부끄러움을 감각하고 심문하고 성찰하는 엄중한 기억의 장소가 되었다. 과거와 현재가 교차하는 그곳에서, 식민의 역사란 어쩌면 개명改名의 역사일지 모른다는 생각이

들었다.

1929년 동양척식주식회사 부산 지점으로 건립되면서 '동척빌딩'으로 불리던 곳은 해방 후 1949년부터 미국 해외공보처 '미문화원(아메리칸 센터)'으로 불리다가, 1999년에 부산시로 반환된 뒤 '부산근대역사관'이라는 오늘의 이름을 얻었다. 서재필/필립 제이슨Philip Jaisohn, 이광수/가야마 미쓰로香山光郞, 혹은 친일파, 친소파, 친미파로 정체성을 수시로 갈아타며 삶을 도모하던 소설 〈꺼삐딴 리〉 속의 이인국처럼, 동척빌딩이었고 미문화원이었으며 부산근대역사관이 된 이 특이한 장소의 복수명複數名이야말로 식민지의 현실을 가장 핍진하고 적나라하게 드러내는 것은 아닐까.

식민의 역사란 다름 아닌 하나의 이름이 또 다른 이름으로 불리거나 점령되는 과정이며, 피식민자란 자신의 이름을 생존이나 안위와 맞바꾸는 임계적 선택에 부단히 내몰리거나 미혹되는 자들일지도 모른다. 이 강요된 개명을 고스란히 체현한 장소가 이제 부산근대역사관이라는 이름으로 남아, 지난 시간의 비참과 오욕을 증언하고 있다.

시인 김수영의 선언처럼 이 땅에 더 깊숙이 뿌리박기 위해서라면, "역사는 아무리 더러운 역사라도 좋"고, "진창은 아무리 더러운 진창이라도 좋"(〈거대한 뿌리〉)은 것이 아닌가. 더러운 역사조차 망각의 구멍 속으로 밀어 넣지 않고, 아니 더러운 역사이므로 더 강렬히 기억하며 결코 삭제될 수 없는 진창 같은 과거의 부름에 응답하는 것. 그것이야말로 상처 난 과거를 헤집어서 치유하는 방법인지도 모른다.

증언의 공간으로 재탄생하다

부산근대역사관은 부산의 근대사 100년을 조명할 수 있는 200여 점의 유물과 각종 영상물, 모형물을 두 개의 전시실에 배치해놓고 있다. 제1전시실에서는 부산의 근대 개항, 일제의 수탈, 근대 도시 부산을 주제로 일제의 침략과 수탈로 형성된 부산의 근대사를 집중 조명한다. 일본과 지리적으로 가까웠던 만큼 부산에는 일찌감치 일본인들의 전관 거류지가 대규모로 조성되었고, 부산근대역사관이 있는 대청동 일대 역시 17세기 이래 초량 왜관에 속하던 타자들의 거처였다. 그래서인지 흥미롭게도 1940년에 발간된 잡지《모던 일본》의 조선판에는 부산을 내지, 곧 일본에서 가장 가까운 조선의 도시로, "초밥도 튀김도 본고장 맛을 내 위화감이 전혀 느껴지지 않"으며, "내지인에게는 추억의 도시"라고 한 표현이 나온다. 식민을 척식拓殖, 곧 개척이라고 강박적으로 개명해 불렀던 그들에게 조선은 식민지가 아니라 단지 문명화의 시혜를 베풀어야 할 '외지'였으며, 개척된 식민 도시 부산은 차라리 낭만적 향수의 대상으로 둔갑했던 셈이다.

제2전시실은 동척과 근현대 한미 관계를 주제로 구성되어 있다. 일제의 국책 회사였던 동척의 농장 경영과 일본인 이주 정책을 통한 경제 수탈 과정을 소개하고, 한미 관계 역시 출발 시점인 19세기부터 부산 미문화원 방화 사건과 반환 운동까지를 상세히 다룬다. 1982년 미문화원 방화 사건에 대해서는 "반미의 무풍지대로 인식되었던 남한에서 일어났다는 점에서 미국은 물론 국민을 충격 속에 몰아넣었다"라는 설명과 함께 이후 부산 지역 시민단체들의 미군 기지 반환 운동을 소개해, 이 사건이 미군 기지나 미문화원 반환 운동의 간접적 계기가 되었음을 시사한다.

방화 사건 이후로 미문화원은 내게 흠도 티도 없는 동경과 선망의 외방이더는 아니었다. 감히 속내를 온전히 들여다볼 수 없어 소문과 이야기만 무성했던 그 비현실적 공간은 그날 이후 맨얼굴이 드러나는 적나라한 현실의 장소가 되었기 때문이다. 그곳은 늘 서너 명의 사복 경찰이 오가며 지나가는 시민들을 감시하는 곳으로 탈바꿈했다. 동경이 모멸과 분노로 바뀌면서, 어린 시절 언니와 나의 아메리칸 드림도 그렇게 종지부를 찍었다.

부산근대역사관에서 가장 인상 깊었던 것은 동척의 만행이나 왜곡된 한미 관계가 아니라, 일본군 '위안부' 할머니들의 육성 증언을 담은 8분짜리 동영상이었다. 일본군 '위안부'로 끌려간 조선인 성노예 여성의 절반 이상이 부산·경남 출신이었다고 한다. 여든이 넘어서야 열일곱 시절에 당한 유린의 기억을 토로하게 된 할머니들의 증언이야말로 이 기념관의 의미가 무엇인지를 말해주는 전언이 아닐까. 죽은 과거를 보존하는 납골묘가 아니라, 잊히고 찢긴 자들의 중얼거림 같은, 절규 같은, 혹은 선언 같은 낮은 목소리를 온 힘을 다해 듣는 장소가 되는 것, 평범하고 일상적으로 그 목소리의 발화자들을 매 순간 치열하게 기억하는 장소가 되는 것 말이다.

상하이 대한민국 임시정부청사

동아시아 혁명의 거점에 자리했던 조선 독립운동의 심장부

20세기 초 동아시아인에게 상하이의 화려한 시가는 런던이 상징하는 서구적 근대를 그대로 보여주는 곳이었다. 이곳은 당시 사람들이 이전에 경험하지 못한 '신천지'였다. 실제로 1920년대 황푸黃浦 항 와이탄外灘의 사진을 보면, 마천루처럼 솟아 있는 빌딩과 잘 정비된 도로망이 오늘날과 비교해도 별반 다르지 않다.

국제 도시 상하이를 탄생시킨 계기는 개항이었다. 이곳은 창장長江을 포괄하는 창장 경제권과 닝보寧波, 푸저우福州를 거쳐 광저우廣州로 이어지는 동부 연해 지역 경제권이 교차하는 자리에 위치해 있다. 상하이는 아편전쟁에서 중국이 패하면서 1842년에 영국과 맺은 난징南京조약으로 개항되면서 창장 유역의 경제력을 기반으로 삼아 국제적 무역 도시로 성장해갔다.

국가 권력으로부터 자유로운 도시

상하이 발전의 또 다른 배경은 바로 조계의 존재다. 조계 설치의 근거는 난징조약의 보충 조약으로, 개항 다음 해인 1843년에 후먼虎門에서 맺어진 조약이다. 황푸 강변에 1845년에 영국 조계가 처음 만들어졌고 그 뒤 미국 조계와 프랑스 조계가 설치되었는데, 1863년에 와서는 영국 조계와 미국 조계가 병합되어 공공 조계가 형성되었다. 이후 조계의 면적이 확대되면서, 상하이에는 중국 최초이자 중국에서 최대 면적을 가진 조계가 형성되었다.

상하이 조계 당국은 행정권·사법권·경찰권·조세징수권을 가진 사실상 독립 정부로, 중국 내에 있지만 또 하나의 국가, 곧 국중지국國中之國의 지위를 얻었다. 1943년 이전까지 상하이는 공공 조계와 프랑스 조계, 중국인 거주지인 화계華界로 삼분되었다. 이런 이유로 어떠한 국가 권력으로부터도 배타적으로 지배되지 않는 도시로서 '자유'를 누릴 수 있었다.

상하이는 중국의 근대를 선도한 도시이기도 하다. 국제적 무역 도시였을 뿐 아니라, 문화적으로 서구적 가치의 전파 창구이자 전통적 가치와 서구적 가치가 충돌하고 혼합되는 공간이었다. 또 정치적으로는, 역설적으로 조계의 존재 덕분에 혁명 운동의 거점이 될 수 있었다. 한국을 비롯해 동남아시아의 애국지사들이 이곳에 모여들었다.

한국인에게 상하이가 항일 투쟁의 공간으로 인식된 것은 청조가 무너지고 중화민국이 탄생한 신해혁명(1911년)이 진행되던 무렵부터다. 신규식申圭植을 비롯한 한국인 망명자들은 중국 신해혁명의 성공에서 한국 독립의 가능성을 찾고자 했다. 이들은 쑨원孫文, 황싱黃興, 천치메이陳其美, 쑹자오런宋教仁 등 중국 혁명파 인사들과의 교류에도 적극적이었다. 중국 내 한인 단체인 동제사同濟社, 최초의 한중 연대 조직인 신아동제사新亞同濟社는 이렇게 해서 탄생했다.

상하이 대한민국 임시정부
청사의 옛 모습.

이승만이 대통령으로, 이동휘가 국무총리로 추대된 대한민국 임시정부 요인들. 첫줄 왼쪽 세 번째가 김구, 둘째 줄 왼쪽에서 여섯 번째가 이동휘, 그 옆이 이승만, 열한 번째가 안창호다.

임시정부의 터전이 된 상하이 프랑스 조계

3·1운동을 계기로 대한민국 임시정부는 1919년 4월 13일 상하이 프랑스 조계에 속하는 진선푸루金神父路(지금의 루이진얼루瑞金二路)에서 공식 출범했다. 프랑스 조계 당국은 임시정부의 온건적 독립운동에 대해서는 불간섭 정책을 표명했다. 그러나 일제가 임시정부의 활동을 삼엄하게 감시했기에, 조계의 질서를 동요시킬 만한 중대한 정치적 사건이 발생할 경우에 프랑스 조계 당국으로선 일본 당국의 협조 요청을 수용할 수밖에 없었다.

따라서 임시정부의 활동에서 중국의 협조는 필수적이었다. 1921년 10월, 임시정부 국무총리 겸 법무총장이던 신규식은 임시정부 대표의 자격으로 광저우의 호법정부護法政府를 이끌고 있던 쑨원을 방문했다. 신규식은 이 자리에서 양 정부 간 상호 승인 사항을 비롯해 5개항의 요청서를 제출하고 독립운동에 적극적으로 지원해줄 것을 요청했다. 쑨원의 호법정부는 임시정부를 '사실상' 승인하고, 이후 비상국회에서 한국 독립 승인안을 통과시켰다.

그러나 1931년 9월 18일에 일본군은 선양瀋陽에서 남만주철도를 폭파하고 중국군을 습격하면서 만주를 점령했고, 다음 해 1월에는 상하이에서 민간인 거주지를 무차별 폭격하여 중국과의 협상을 이끌어냈다. 그리고 같은 해 4월 29일에 훙커우공원虹口公園(지금의 루쉰공원)에서 일본의 상하이 사변 전승 및 국왕 생일 축하 기념식이 열렸을 때, 김구가 이끄는 한인애국단 단원 윤봉길이 식장에 폭탄을 투척하는 의거를 감행했다. 이 사건은 일본의 중국 침략이 노골화하던 시점에 상하이를 점령하고 있던 일본군의 심장부에서 조선인 독립운동가가 주도한 놀라운 사건이었다.

이 일을 계기로 임시정부는 장제스蔣介石를 비롯한 중국 국민당의 지원을 이끌어낼 수 있었으나, 일제의 강압과 조계 당국의 태도 변화로 결국 상하이를 떠나야 했다. 그 뒤로 임시정부는 항저우杭州를 시작으로 8년간의 장정을 거쳐 마침내 1940년에 충칭重慶에서 자리를 잡을 수 있었다.

혁명 유적지와 '올드 상하이'가 공존하는 오늘

상하이 대한민국 임시정부 유적지는 황푸구黃浦區 마당루馬當路에 있는데, 1926년부터 1932년까지 임시정부청사로 사용했던 바로 그곳이다. 가까이에는 중국공산당 창당 대회 유적지가 자리하고 있다. 임시정부가 자리한 블록은 예전 건물 그대로지만, 그 주변은 서울의 청담동에 비견되는 '신톈디新天地'로 알려진 유명한 번화가다. 신톈디는 1920~1930년대 상하이의 황금 시절로 회귀하기를 바라는 '올드 상하이Old Shanghai'를 대표하는 장소다.

상하이의 조계는 제국주의 침략의 상징인 동시에 중국의 근대화를 선도한 곳이었다. 또 역설적으로 조계의 존재 덕분에 중국 혁명뿐 아니라 동아시아 혁명의 거점이 될 수 있었다. 제국주의 타도를 위한 혁명 유적지와 제국주의 시기에 번영했던 상하이를 갈망하면서 조성된 신톈디는 오늘날 탈식민주의 도시 상하이에서 공존하고 있다.

역사에 묻힌 상하이 대한민국 임시정부청사 풍경

상하이 대한민국 임시정부의 탄생에서 빼놓을 수 없는 것이 3·1운동이다. 민중이 주체가 되었던 3·1운동 역시 당시 세계사적 흐름에서 볼 필요가 있다. 제정 러시아의 식민지였던 국가들의 독립을 인정한 레닌의 선언, 민족의 운명은 스스로 개척할 수 있다고 한 미국 윌슨 대통령의 민족자결주의 선포는 조선의 독립운동에도 영향을 끼쳤다.

그러나 3·1운동을 통해 조선은 전 세계에 독립 의지를 알렸지만 불행히도 국제 사회의 지원을 얻지 못했다. 미 국무부는 "윌슨 대통령의 선언은 일본 제국 영토 내에는 적용되지 않는다"라고 발표했다. 당시 열강의 한 축이던 프랑스와 영국 역시 식민지를 포기할 마음이 없었다. 3·1운동의 실패는 일제의 가혹한 탄압 때문이기도 했지만, 평화적인 시위와 독립 선언서를 작성한 33인 지도부의 투항도 문제였다.

3·1운동이 끝난 뒤에 독립운동을 책임 있게 전개할 지도부의 필요성이 높아지면서 설립한 것이 바로 대한민국 임시정부다. 임시정부의 거점을 두고 만주(독립전쟁 주장파)와 상하이(외교독립 주장파)가 맞섰는데, 마침내 상하이로 결정되었고 초대 대통령으로 이승만이 선출되었다. 임시정부는 자금 모금과 연락 업무를 위해 연통제를 실시하고, 《독립신문》도 펴냈다. 외교에 힘을 쏟아 미국에 구미위원부를, 프랑스에는 파리위원부를 두고 활동했다. 그

러나 열강은 이미 일본의 조선 지배에 동의한 상태였기에 외교 독립운동은 이렇다 할 성과를 내지 못했다.

임시정부의 활동이 부진하자, 1923년 국내의 독립운동가들이 상하이에 모여 국민대표회의를 열었다. 이 자리에 모인 이들은 독립운동의 통일과 방향 전환을 놓고 토론을 벌였지만, 결국 결의안을 이끌어내지 못한 채 결렬되고 말았다.

독립운동 방향의 통일을 이루는 데 실패하자, 많은 이가 임시정부를 떠났다. 임시정부의 위기를 수습하고자 국제연맹에 위임 통치를 주장했던 이승만은 탄핵되었다. 그 뒤로 임시정부의 영향력은 급격이 약해졌다. 국민대표회의가 결렬된 뒤 1,000여 명에 달하던 독립운동가들은 몇 십 명밖에 남지 않았다. 김구는 자신의 소원이 '문지기' 노릇을 하는 것이었으나, 임시정부의 인재난과 재정난 때문에 중임을 맡을 수밖에 없었다고 고백한다. 이 대목에서 임시정부가 어떤 한계 상황에 놓여 있었는지 쉽게 짐작할 수 있다.

대한민국 임시정부가 처음으로 둥지를 틀었던 상하이의 오늘은 어떨까? 임시정부청사는 번화한 와이탄 지역과 동방명주탑을 지나, 하루가 다르게 위로 올라가는 마천루들을 거치고서야 만날 수 있다. 주변 건물과 비슷하고 지극히 평범하다 못해 낡은 3층 건물이 대한민국 임시정부의 터전이었음을 알려주는 건 현판뿐이다. 이 건물에는 입구와 출구가 따로 있다. 건물 뒤쪽 허름한 골목으로 들어서면 제복을 입은 매표원이 서 있고, 무표정한 얼굴의 현지인들이 그 앞을 지나다닌다. 상하이는 본래 습한 지역이라 햇볕이 좋은 날이면 빨래를 발코니나 창 밖에 널어두는데, 임시정부청사에도 줄을 연결해 빨래를 널어둔 모습이 보인다.

상하이 대한민국 임시정부청사의 현재 모습. 지극히 평범하다 못해 낡은 3층 건물이 임시정부의 터전이었음을 알려주는 건 현판뿐이다.

입구를 들어서면 1층에는 당시 사용했던 태극기를 비롯해 독립에 공헌한 독립운동투사들의 사진이 전시되어 있다. 임시정부 시절의 이야기를 다룬 짧은 영상물도 상영되고 있다. 작은 응접실을 지나 삐걱대는 비좁은 나무 계단을 올라가면 김구 선생의 집무실이 나온다. 3층에도 문서와 사진이 전시되어 있다.

상하이 대한민국 임시정부청사는 그 규모가 작다. 또 눅눅한 공기를 머금은 어두운 건물 내부와 어색하게 앉아 있는 마네킹들을 바라보노라면 제대로 된 유적지 대접은커녕 빨래 걸이로 사용되는 현실에 안타까워진다. 이 건물의 소유와 관리도 중국인이 한다니, 한결 더 마음이 무겁다. 점점 빠르게 현대식 건물이 들어서고 있는 주변을 보면 이 건물의 미래도 밝아 보이지 않는다.

만주

역사 인식이 충돌하는 항일 무장 투쟁의 무대

항일 운동의 거점이 된 만주

일제강점기에 국외 독립운동과 독립군 기지 건설을 추진하던 여러 세력이 그 적임지로 선택한 곳은 한반도와 인접한 중국의 만주滿洲 지역이었다. 특히 서북간도 일대는 압록강이나 두만강만 건너면 한반도에 쉽게 진입할 수 있다는 지리적 이점이 있었고, 이미 수십만 명에 달하는 한인 사회가 형성되어 있어서 인적·물적 기반을 확보하는 데 수월했다.

정서적 측면에서 볼 때에도 만주는 과거에 고구려, 발해 같은 민족 국가와 민족 문화가 형성되었던 공간으로, 옛 한민족의 활동 지역이기도 했다. 그리고 당시 국제 정세를 보더라도 1905년 전후에 사회민주주의를 표방하며 시베리아 지방에까지 영향을 미친 1차 러시아 혁명의 물결이 닿는 데다, 1911년 신해혁명 전후의 중국 사상의 조류가 한민족의 독립운동에 동조하거나 지원하는 경향을 보였다는 점도 만주 지역에서 국외 독립운동과 독립군 기지 건설을 추진하는 동인이 되었다.

1905년 을사조약과 1910년 한국병합을 전후한 시기에 항일전에서 살아남은 의병과 국내외 민족 운동가 들이 만주로 건너와 독립운동 기지 건설에 주력하면서 만주는 한민족의 부흥 기지로 거듭나게 되었다. 특히 이회영을 비롯한 신민회 인사들이 서간도의 유하현에 세운 신흥무관학교는 청산리대첩과 만주사변 이후의 항일 투쟁을 이끌었고, 나중에 대한민국 임시정부의 광복군으로 활약하는 졸업생들을 배출하는 등 민족 진영이 벌인 항일 무장 투쟁의 근간이 되었다.

확장 또는 축소된 만주의 기억

옌볜延邊 조선족 자치주의 주도州都는 옌지延吉다. 원래 작은 마을에 불과했던 이 도시는 러일전쟁 이후 옌볜 지구를 장악한 일제가 군사 거점 도시로 만들면서 급속도로 성장했다. 옌지에 있는 옌볜열사능원延邊烈士陵園은 조선의 독립을 위해 중국 혁명이라는 우회로를 거쳐야 했던 조선인들의 고충을 웅변하듯 보여준다. 그들은 조선의 해방을 염원하는 조선인이기에 앞서 중국의 해방을 바라는 소수 민족으로서 중국 국민이라는 사실을 죽음으로써 증명해야만 했다. 조선족이 자치권을 향유할 수 있게 된 것은 바로 항일 투쟁과 해방 전쟁에 바친 막대한 희생과 공헌 덕분이다. 이렇듯 엄청나게 많은 열사가 중국 혁명과 조선 해방의 경계에서 희생되었다.

만주는 역사적으로 다층적 의미를 지닌 공간이다. 특히 옌지는 조선과 중국, 일제 사이에 뒤엉켜 있는 복잡한 역사를 상징적으로 보여준다. 만약 한민족 독립 투쟁의 역사를 짙게 기억하고 있는 룽징龍井이 옌볜 자치주의 주도가 되었다면 옌볜 조선족의 정체성은 지금과는 사뭇 달라졌을지도 모른다.

한국 현대사에서 만주에 대한 기억은 백두산정계비와 관련된 간도, 항

일제강점기에 만주로 이주한 조선 농민들이 땅을 일구는 모습.

1908년 만주 북간도 명동촌에 세워진 민족 교육 기관 명동학교의 교사와 학생들(1918년 4월)(위)과 지금의 명동학교 모습(아래).

일 운동의 공간, 이주지, 한민족 탄생의 공간 등으로 확대되거나 축소되면서 복원되어왔다. 게다가 만주와 간도라는 고유 명사는 한국과 중국, 일본에서 동일한 의미로 사용되기도 하고, 그렇지 않기도 한다. 한국과 중국은 항일 운동의 근거지였던 만주, 간도에 대해 각기 다른 인식을 갖고 있다.

중국에서 만주는 17세기부터 20세기 이전까지 만주족 혹은 그들의 거주지를 가리키는 말이었다. 당시 만주는 지리적으로는 지금의 랴오닝 성遼寧省·지린 성吉林省·헤이룽장 성黑龍江省과 네이멍구內蒙古 동북부 지역을 포괄했다. 현재 중국은 이 지역을 '동북3성'이라고 부르며, 만주라는 명칭은 사용하지 않는다. 중국에서 만주라는 단어는 일제의 식민지였던 만주국滿洲國(1932~1945)을 연상시키기 때문이다. 일제가 세운 만주국이 포괄한 지역은 동북3성과 네이멍구 동부, 리허 성熱河省(지금의 허베이 성河北省의 청더承德 지역)이다. 한국, 북한, 일본과 러시아 등 만주 주변 국가들은 만주라는 지리적 명칭을 사용하지만, 각 국가가 사용하는 단어의 내포적 의미에는 다소 차이가 있다.

중국에서는 '間島(간도)' 혹은 '墾島(간도)'라는 고유 명사도 사용하지 않는다. 간도의 원래 명칭은 19세기 후반 조선인들이 두만강을 건너가 새로 개간한 땅이라는 의미에서 '墾島'였다. 그런데 일제가 1909년 간도 지방의 영유권을 청나라에 넘기는 간도협약間島協約을 맺으면서 조선인의 주권을 삭제하고 '間島'라는 명칭을 사용했다. 그리고 일제 치하의 만주국은 간도성間島省을 세우고(1934) 간도시間島市를 성의 중심 도시로 삼았다. 만주국의 간도성은 현재의 지린 성 옌볜 조선족 자치주에 해당하며, 중국과 일본이 인식하는 간도의 범위도 이와 일치한다.

그런데 한국에서는 중국의 동북3성을 간도라고 부른다. 현재 한국에서는 간도라는 명칭보다는 부여와 고구려, 발해를 '만주'라는 용어로 묶어쓰는데, 이 용어가 포괄하는 지역은 중국의 동북3성과 네이멍구 자치구의 동부 지역이다.

이렇듯 고유 명사 '만주'와 '간도'는 사용되는 시기에 따라, 또 각 국가의 입장 차이로 인해 다층적인 단어가 되었다. 중국과 한국이 부여와 고구려, 발해라는 옛 왕조를 자신의 역사에 편입시키려 노력하는 데서 알 수 있듯이, 만주와 간도, 그리고 이 용어를 둘러싸고 한국·중국·일본의 역사 주권이 직간접적으로 충돌하고 있다.

급격히 재편되고 있는 만주 공간

오늘날 만주는 급변의 시대에 들어서 있다. 조선족들이 옌지와 중국 동부 연해 지역, 한국 등지로 밀물처럼 빠져나감에 따라 옌볜의 조선족 농촌 공동체는 급격히 붕괴했다. 옌지의 조선족 비율에는 큰 변화가 없지만, 룽징을 비롯한 농촌의 조선족 인구는 급속히 줄었다. 조선족의 대대적인 이주로 갈수록 만주는 공동화空洞化되어가고 있다. 이렇게 공동화된 공간은 한족이 채워가고 있으며, 중국 중앙 정부와 지방 정부는 각종 계획을 추진하면서 만주 공간 전체를 실질적으로 재편하고 있다. 중국은 옌지·룽징·투먼圖們을 하나의 광역시로 통합하려는 '연용도延龍圖 계획', 창춘長春-지린-투먼을 연계해 '개발개방 선도지구'로 조성하려는 '장길도長吉圖 계획'을 세웠다. 이러한 도시 재편 계획으로 만주에 새겨진 조선인의 항일 운동 기억은 점차 지워질 것이다.

3부

새로운 출발, 그러나 아픈

해방 후부터 1960년대까지

청와대 · 경교장 · 이화장 · 서울대학교 · 제주도 · 지리산 · 거창 · 소록도 · 부산국제시장 · 판문점 · 용산 · 매향리

청와대

권력의 장소에서 열린 소통의 공간으로

청와대는 행정구역상 서울특별시 종로구 세종로 1번지(청와대로 1)에 해당한다. 지리적으로는 북쪽으로 한양의 주산인 백악산白岳山을 두고 있고, 좌우로는 낙산駱山과 인왕산仁王山, 앞쪽으로는 남산과 청계천淸溪川이 자리한 배산임수의 좋은 터다. 세종로 1번지라는 지번이 말해주듯, 대한민국 정부 수립 이후 줄곧 대통령 관저와 집무실이 자리한 핵심 권부權府이기도 하다.

청와대 경내에는 푸른 기와지붕의 본관이 우뚝 자리하고 있다. 1991년 완공된 본관 1층에는 접견실, 연회장 등이 있고, 2층에는 대통령 집무실, 외빈 접견실, 회의실, 만찬장 등이 자리하고 있다. 본관 이외에도 전통 한식 가옥으로 지어진 대통령 관저와 상춘재, 위민관으로 불리는 비서실, 영빈관, 춘추관 등의 부속 건물들과 정원인 녹지원이 조성되어 있다.

대통령 중심제를 채택하고 있는 한국에서 대통령은 최고의 통치권자이며, 대통령이 머무르는 관저는 권력의 심장부이자 최고 권력의 상징이다. 수많은 정당과 정치가가 청와대에 입성하기 위해 치열한 경쟁을 벌이며, 많은 국민은 그곳에 대해 감히 범접하기 힘든 경외감마저 느낀다. 이처럼 최고 권력자가 머무르는 곳이라는 제도적·사회적 관계가 청와대의 장소성 형성에 중요한 역할을 한다.

하지만 한국 사회에서 청와대의 이미지는 그리 긍정적이지만은 않다. 권부權府라는 특성상 이곳을 차지한 개별 권력자의 통치 스타일과 행적에 의해 또 다른 부정적 이미지가 덧칠되어왔기 때문이다.

정치권력의 대표 장소

청와대가 가진 장소 이미지를 생각하고자 한다면 이곳의 역사성을 먼저 간략히 살펴보는 것이 도움이 될 것이다.

청와대가 위치한 세종로 1번지 일대가 정치권력과 관계를 맺은 것은 고려 시대부터다. 고려 11대 왕 문종은 도읍인 개경의 궁궐과 별도로 이곳에 별궁을 지었고 한양을 남경南京으로 불렀다. 이 자리가 별궁을 둘 만큼 풍수지리상 명당이었음을 알 수 있는 대목이다. 그 이후 조선 태조 때 경복궁이 창건되면서 이곳은 궁의 후원이 되었다. 청와대의 이전 명칭인 경무대景武臺는 흥선대원군이 경복궁을 중건한 후 후원에 있던 언덕 형태의 대지를, 무예를 구경하는 자리라고 부른 데서 유래했다. 이후 그 자리에는 융무당隆武堂, 융문당隆文堂, 경무대 등의 건물이 지어졌고, 거기에서 과거 시험을 비롯한 궁중의 여러 행사가 치러지기도 했다.

일제강점기에 이곳의 용도는 바뀐다. 일제는 왕궁의 권위를 깎아내리고자 이곳에서 전국 궁술 대회나 부녀자 단체의 운동회 등 민간인이 참여하는 행사를 수시로 열었다. 청와대 일대가 다시 권력과 관계를 맺은 것은 1927년 제6대 조선 총독인 미나미 지로南次郎가 이곳에 총독 관사를 새로 짓기 시작하면서부터다. 총독 관사는 1926년에 지어진 조선총독부

청사와 함께 경복궁을 앞뒤에서 감싸는 형국이었으며, 위에서 봤을 때 총독 관사는 '대大' 자, 조선총독부 건물은 '일日' 자, 서울시청 건물은 '본本' 자를 형상화해, 전체적으로 대일본 제국을 표상했다. 조선인에게는 조선의 역사와 정기를 차단하기 위해 지어진 비운의 건물이었던 셈이다.

이렇게 시작된 이곳의 권부라는 성격은 역사의 굴곡 속에서도 이어졌다. 1945년 8월, 해방과 함께 이 땅의 최고 권력이 일제에서 미 군정으로 바뀌면서 이곳은 군정장관 존 하지의 관저로 사용되었고, 1948년 대한민국 정부가 수립되면서 초대 대통령 이승만의 관저라는 지위를 승계한다. 이렇듯 관저의 주인이 바뀌면서 이곳의 이미지도 반전을 거듭했다.

그러나 최초에 권력과 맺은 관계는 여전히 떨쳐지지 않았다. 이곳이 지닌 권력적 속성은 계속 이어지면서도 식민 통치자-점령군 사령관-초대 대통령과 같이 권력의 성격이 전혀 다른 이들이 같은 공간에서 연이어 지내는 역사의 아이러니가 연출되었던 것이다.

폭정의 온상이 된 청와대

최고의 권부라는 공통의 성격 이외에 청와대의 구체적인 장소 이미지는 이곳에 머무른 권력자들이 만들어냈다. 초대 대통령 이승만이 관저로 삼고 '경무대'라 칭한 이곳은 대한민국의 정부 수립의 심장부이자 영광의 장소가 되었다. 하지만 이승만 정권 12년이 남긴 부정부패와 폭정 탓에 '부정부패와 폭정의 온상'이라는 이미지를 덮어썼다.

1960년에 내각책임제 아래에서 대통령으로 선출되어 새 주인으로서 이곳에 입성한 윤보선은 '경무대=부정부패와 폭정의 온상'이라는 부정적 이미지를 불식시키고자 이름을 '청와대靑瓦臺'로 바꾸었다. 새 이름을

일제강점기에 세워져 조선 총독 관사로 쓰이던 이 건물은 대통령 집무실 겸 관저로 사용되었다. 노태우 정권 때 본관과 관저, 프레스센터인 춘추관 등을 새로 지은 후 구 본관으로 불리다가, 김영삼 정부 시절인 1993년에 철거되었다.

청와대로 정한 것은 관저의 지붕이 청색 기와로 되어 있었기 때문이기도 하지만, 청기와가 고유의 문화재일 뿐 아니라 청색이 평화를 상징한다는 점에서 새로운 의미를 부여하려는 바람도 있었다. 윤보선 자신은 미국의 화이트하우스(백악관)와 대조되는 '블루하우스'라는 영문 명칭을 마음에 들어 했다고 한다.

이렇듯 최고 권부가 지닌 부정적 이미지를 바꾸려는 시도가 있었음에도 그 후 이어진 박정희 군사 정권 18년은 박정희가 행사한 무소불위의 권력 탓에 '경무대보다 무서운, 서슬 퍼런 청와대'라는 부정적 이미지를 덧칠했다. 서슬 퍼런 권력이 자리한 청와대는 아무나 드나들 수 없는 곳이며, 이곳에 드나든다는 사실만으로, 아니, 드나드는 사람을 잘 안다는 점만으로도 권력이 따라붙을 정도였다. 그래서 민주 국가의 대통령이 거처하는 관저임에도 불구하고 이곳은 감히 국민이 다가갈 수 없고 소통할

지금의 청와대 본관과 좌우 별관. 노태우 정권 때인 1991년에 전통 건축 양식으로 신축되어 지금까지 사용되고 있다.

수도 없는, 이른바 '구중궁궐九重宮闕'의 이미지가 더해졌다.

구중궁궐이 아닌 열린 공간으로

박정희에 이어 최규하, 전두환, 노태우, 김영삼, 김대중, 노무현, 이명박, 그리고 박근혜 정부에 이르기까지 청와대의 주인은 수차례 바뀌었지만, 여전히 청와대에 씌워진 부정적 이미지는 불식되지 않고 있다. 초대 대통령의 관저라는 영광스러운 이미지가 이후에 더해진 부정적 이미지에 압도되는 느낌이다.

그동안 노태우 대통령은 본관을 신축했고, 김영삼 대통령은 이전의 조선 총독 관사를 완전히 철거해 일제와의 연관성을 끊어내고자 했다. 또 구중궁궐의 이미지를 불식시키고자 김영삼 대통령은 청와대 앞길을 개방했고, 김대중 대통령은 본관과 영빈관의 내부까지 일반에게 공개했다. 그리고 노무현 대통령은 후보 시절 청와대를 이전하여 그 일대 3,300여 제곱미터에 달하는 녹지를 시민에게 돌려주겠다고 천명했으나, 이를 실행에 옮기지는 못했다.

민주주의 국가에서 권력은 국민에게서 나오며, 따라서 권력이 자리한 청와대는 국민과 애환을 함께하는 열린 소통의 공간이 되어야 한다. 또한 청와대는 대한민국 권력의 심장부가 된 의미심장한 곳이며, 매일 중요한 국가 사안들이 논의되고 결정되는 중요한 곳으로, 국민이 자랑스럽게 지켜가야 할 자긍의 공간이 되어야 한다. 청와대가 한국 근대사의 기념비적 장소로 기억되고 국민에게 사랑받는 장소가 되기 위해서는 물리적인 문호 개방만이 아니라 그곳에 자리한 권력 자체가 소통하는 투명한 권력으로 바뀌어야 할 것이다.

청와대와 풍수 정치학

역사적으로 권력의 핵심적 상징인 청와대가 경무대 이래로 지금의 자리에 있게 된 것은 이곳이 풍수지리학적으로 길지吉地로 알려졌기 때문이다. 청와대 본관과 관저 등 신축 공사가 한창이던 1990년 2월 20일, 공사장에서 '천하제일복지天下第一福地'라는 명문이 새겨진 옛 표석이 발견되었다. 해석하기 나름이겠지만, 이는 청와대 터가 예부터 풍수지리학적으로 하늘 아래 가장 복 있는 곳이라는 전언을 입증하는 계기가 되었다.

풍수지리학에서 좋은 땅은 배산背山이 필수적인데, 청와대를 다소곳이 품고 있는 산이 바로 백악산白岳山이다. 해발 342미터인 백악산은 남쪽의 남산, 서쪽의 인왕산, 동쪽의 낙산과 함께 북쪽에 자리 잡은 서울의 내사산內四山 가운데 하나다. 그런 이유로 '북악산'이라는 이름으로 더 많이 알려져 있다.

거대한 화강암으로 이루어진 이 산은 흰빛을 띠어서 조선 시대에는 백악산으로 불렸고, 산세가 좋아 면악산面岳山, 공극산拱極山이란 별칭도 갖고 있다. 2007년 문화재청이 이 산을 사적 및 명승 제10호로 지정하면서 공식적으로 백악으로 명명했는데, 이는 조선 시대 이래로 오랫동안 불려온 이름을 되살리기 위함이었다.

백악산에는 '명물'이 하나 있는데, 바로 산 중턱에 자리 잡은 8세기 통일신라 시대에 만들어진 석조여래좌상이다. 석굴암 본존불을 닮은 이 불상은

통일신라 시대에 만들어진 석조여래좌상. 경주 남산에서 발견되었으나, 일제강점기부터 해방을 거쳐 현재 자리에 이르기까지 몇 차례나 옮겨졌다.

그 생김새가 하도 수려하고 좋아서 '미남불美男佛'로 불린다. 그러나 그 별칭과는 달리 그 역정이 기구했다. 불상의 원래 자리는 이곳이 아니라 몇 차례 옮겨져 여기에 이르렀다.

이 불상은 1912년에 경주 남산에서 지금은 사라진 통일신라 시대의 한 절터에서 발견되었다. 1916년까지 조선 총독을 역임한 데라우치 마사타케가 이 불상을 일본으로 가져가려다 여의치 않자 남산 총독 관사가 있는 왜성대로 옮겨놓았는데, 1939년에 총독 관사가 백악산 아래로 이전하면서 제6대 총독인 미나미 지로가 여기에 가져다놓은 것이다. 이후 해방을 거쳐 1989년에 청와대 대통령 관저가 신축되면서 현재의 자리로 다시 옮겨져 오늘에 이르고 있다.

기구한 역정만큼이나 이 불상에 얽힌 이야기도 많다. 1994년 여름, 청와대 출입 기자들은 이색적인 탐방을 했다. 그때까지 비공개 구역이던 백악산이 기자들에게 깜짝 공개되었는데, 청와대가 이 산을 기자들에게 공개한 것은 바로 '미남불' 때문이었다.

1994년은 국가적으로 여러 우환이 겹쳐 민심이 흉흉했다. 바로 전해인 1993년에 구포역 열차 전복 사건과 아시아나 항공기 추락 참사가 일어난 데다가 성수대교 참사, 충주 유람선 화재 사고 등 대형 참사가 연이어 터지면서 이상한 유언비어가 나돌았다. 기독교 신자인 김영삼 대통령이 관저 경내에 있던 '미남불'을 백악산 기슭으로 내쳐 옮겼기 때문이라는 풍문이었다. 그러자 청와대 측은 기자들에게 이 불상을 공개하면서 불상이 그 즈음에 옮겨진 것이 아니라, 노태우 전 대통령 재임 시절 청와대 본관 신축 공사 때 옮겨졌다는 사실을 확인시켜주었다. 이 일을 계기로 이 불상은 반세기 만에 민간에게 첫 공개되었다.

백악산은 노무현 대통령 재임 시기인 2007년 4월에 민간에게 공개되기 시작해 주말은 물론이고 주중에도 많은 사람이 찾고 있는 명소다. 하지만 완전히 개방된 것은 아니다. 이보다 한 해 전 개방된 숙정문을 비롯해 백악산 성곽을 둘러볼 수는 있지만, '미남불'은 청와대 보안 구역 내에 있어서 일반인은 아직 볼 수가 없다.

경교장

거듭된 반전의 역사, 박제된 장소성

친일 갑부의 저택이 임시정부의 마지막 청사가 되다

서울시 종로구 평동(새문안로)에 위치한 '경교장京橋莊'의 원래 이름은 '죽첨장竹添莊'이었다. 이 지역은 일제강점기 시절 갑신정변 당시 일본 공사였던 다케조에 신이치로竹添進一郎의 성을 따서 '죽첨정竹添町(다케조에마치)'이라 불렀는데, 금광업으로 부를 축적한 친일 거부 최창학이 자신의 집에 그 이름을 갖다 붙인 것이다. 후에 일본식 이름이 마음에 들지 않았던 백범 김구는 그 근처에 있던 다리의 이름을 따서 경교장으로 바꾸었다.

이 저택은 건축가 김세연의 설계로 일본 건설 회사가 시공을 맡아 1936년에 착공해서 1938년에 완공했다. 구조는 지상 2층, 지하 1층에 철근 콘크리트 골조의 슬래브 주택이다. 전체 면적은 5,267.44제곱미터(1,593.40평)이고, 건평은 874.05제곱미터(264.4평)이다. 뒤편에 한옥이 따로 있었으며, 남쪽에는 한식으로 높게 지은 정문이 있었고, 동쪽으로 부출입문이 별도로 있었다. 집 주변에는 울창한 나무숲과 잔디밭도 있고 연못과 다리로 꾸며진 정원이 있었으며, 차고 같은 부대시설도 있었다.

경교장의 옛 모습. 일제 강점기 '죽첨정'이라 불리던 이곳은, 해방 후 백범 김구가 거처하게 되면서 '경교장'이라 이름을 바꾸었다.

1945년에 일본이 항복 선언을 한 후에도 충칭의 대한민국 임시정부 요인들은 곧바로 환국하지 못했다. 김구를 비롯한 임정 요원들은 그해 11월이 되어서야 개인 자격으로 귀국했다. 그들은 여의도 비행장에 도착해 곧바로 미 군정의 차량에 태워져 죽첨장으로 안내되었다. 해방이 되자 살 길을 마련하려던 최창학이 대한민국 임시정부에 사용하라고 내놓았던 것인데, 임시정부 환국환영준비위원회의 김석황金錫璜이 이곳과 한미호텔을 미리 준비해둔 것으로 보인다. 환국한 임시정부 요인들이 친일 갑부의 집에 머물게 된 것은 역사의 아이러니가 아닐 수 없다.

경교장은 단순히 김구가 서거하기 전까지 거처했던 사저私邸가 아니다. 이곳은 엄연히 대한민국 임시정부의 국내 청사이자 마지막 청사였으며, 김구의 집무 공간이었다. 이곳은 백범과 그 가족, 비서진뿐만 아니라 일부 국무위원들의 거처이기도 했지만, 해방 정국의 혼란 속에서도 임시정부의 국무위원회가 여덟 차례 개최되고 포고령이 선포된 공적 공간이기도 했다. 임시정부 국무위원 1진과 2진이 모두 귀국한 뒤, 경교장에서 1945년 12월 3일에 첫 국무회의가 열렸다. 하지만 해방 정국의 정치적 혼란 속에서 서로의 정치적 입장이 갈리면서 임시정부의 동지들도 하나둘 경교장을 떠났고, 임시정부의 역할은 급격히 빛을 잃으며 실질적으로 해체의 수순을 밟게 된다.

김구 암살, 그 비극의 현장

그러나 경교장에서 대한민국의 첫 정부를 세우는 작업이 시작되었다는 것은 부인할 수 없는 사실이다. 모스크바 삼상회의의 결과로 불어닥친 신탁통치라는 풍파 속에서 나라가 찬탁과 반탁 양 진영으로 나뉘어 대립할 때, 경교장은 반탁 운동과 남북 정치 지도자 회담을 추진하는 중심 역할을 했다. 1946년 1월 《라이프》지에 실린 사진을 보면, 반탁 구호를 적은 플래카드와 태극기를 들고 경교장에 모인 시위대와 2층 베란다 중앙에 선 김구를 비롯한 요인들이 함께 만세를 부르고 있다.

비록 백범의 뜻과 달리 남한에서의 총선거와 단독정부 수립으로 정국의 방향이 흘러갔지만, 김구는 단정 반대라는 자신의 주장을 굽히지 않았으며 한반도 통일의 꿈도 버리지 않았다. 1948년 4월, 전조선 정당사회단체대표자 연석회의에 참석해달라는 요청이 왔을 때 주변 사람들은 신변 안전 문제와 정치적 위험성을 우려하여 그의 북행에 반대했다. 연석회의를 나흘 앞둔 4월 15일, 그는 마침내 북행을 결심하고 이를 발표한다. "오직 우리 통일과 독립과 활로를 찾기 위하여 피와 피를 같이한 동족끼리 마주 앉아 최후의 결정을 보려고 결연히 가련다"라는 백범의 말에는 당시의 심정이 고스란히 드러나 있다. 그 발표 후 많은 사람이 경교장으로 몰려와 시위를 벌이며 그의 북행에 반대했다.

4월 19일 당일에도 그의 북행을 저지하는 청년들에게 백범은 경교장 2층 베란다에서 일장 연설을 하고 어렵게 길을 떠난다. 그러나 백범의 북행은 아무런 소득 없이 끝나고 조국의 독립과 통일정부 수립을 위한 그의 의지와 행동은 조국의 분단이라는 현실 앞에서 크나큰 좌절을 겪는다. 김구에게 경교장 시절은 조국이 해방되었는데도 고뇌와 갈등과 좌절을 곱씹는 시간이었다. 결국 그는 1949년 6월 26일 일요일 12시 36분, 경교장 2층에서 육군 소위 안두희에 의해 암살당한다. 이 사건으로 경교장은 현대사에서 가장 비극적인 장소로 남고 말았다.

김구가 암살당하자, 경교장을 비워주고 한옥 별채에 살면서 혹여 자신의 집이 훼손될까 전전긍긍하던 최창학은 김구의 장례식이 끝나고 얼마 지나지 않아 유족에게 집을 비워달라고 요구한다. 같은 해 8월 말경에 백범의 가족들은 타이완 대사가 유엔 대표로 가면서 비워준 충정로 2가의 금화장金華莊으로 이사한다. 그 후 경교장은 중화민국(타이완) 대사관저, 미 특수부대 주둔지, 월남 대사관으로 사용되었다. 그러다 1968년에 삼성재단에 매각되어 '고려병원'으로 사용되다가 1995년에 '강북삼성병원'으로 이름이 바뀌었다. 이 과정에서 경교장의 내부 구조가 변경되었고, 백범이 서거한 집무실을 포함한 모든 공간이 병원 용도로 사용되었다.

한국 현대사의 굴곡을 상징하는 공간

김구에 대한 역사적 재평가가 이루어졌는데도 경교장은 무관심 속에서 방치되었고 역사적 장소로서의 흔적들은 서서히 지워졌다. 앞마당과 정원에 신축 건물과 주차장이 들어서면서 경교장 주변의 모습도 완전히 바뀌었고, 시간이 흐르면서 사람들은 자신이 드나드는 건물이 경교장이라는 사실조차 알지 못하게 되었다.

경교장의 보존 문제는 1970년대 말부터 신문 기사로 몇 차례 다루어졌을 뿐이고 1990년대에 들어와서야 시민 단체와 지식인들이 중심이 되어 여러 차례 서울시·정부·국회에 경교장의 매입과 완전 복원을 요청했다. 1999년에는 효창공원 안에 건립하고 있던 백범기념관 옆으로 경교장을 이전하려는 움직임이 있었으나, 시민 단체의 노력으로 반대 여론을 조성하여 제자리를 지킬 수 있었다. 그 결과 2001년에 서울시 유형문화재 제129호로 지정되었다가 2005년에 국가사적 제465호로 승격되었으나, 경교장의 2층 집무실 공간만 '백범기념실'로 조성되었다. 그러다 2009년이 되어서야 소유주가 경교장을 서울시에 무상 임대하기로 결정함으로써 마침내 양측이 건물 전체를 복원하는 데 합의했다. 2013년 3월 1일, 삼일절 94주년을 맞아 경교장은 복원 공사를 마치고 임시정부와 백범의 활동상을 보여주는 전시와 기념 공간으로 개관했다. 그러나 복원을 위해 많은 노력을 기울였는데도 졸속 복원과 누수에 따른 부실 공사 논란이 이어졌다.

물리적 공간만으로 장소성과 토폴로지적 의미가 생성되지는 않는다. 공간이 역사적 장소성을 획득하기 위해서는 장소의 공간성에 시간성을 함축하는 기억으로서의 의미 좌표가 더해져야 한다. 역사적 공간이 사라

2013년에 건물 전체를 복원한 경교장은 대한민국 임시정부와 백범 김구의 활동을 보여주는 전시기념공간으로 탈바꿈했다. 김구의 친필 서명이 있는 태극기(위)와 피살 당시 입고 있던 옷, 데스 마스크(아래)가 전시되어 있다.

지면 그 장소성도 함께 소멸하고 만다. 역설적으로 경교장이 그나마 현재의 모습이라도 유지한 것을 다행으로 여겨야 할까. 친일 갑부의 저택으로 지어졌으나 임시정부 청사가 되었고, 또다시 외국 대사관, 재벌의 병원으로 사용되면서 익명의 공간으로 변하고 지금은 높은 건물들에 둘러싸여 어색하게 서 있는 경교장의 토포모르포시스topomorphosis(공간의 변화상)는 한국 현대사의 굴곡을 여실히 보여주는 듯하다.

이화장

서로 다른 기억이 충돌하는 공간

이승만의 '이화장'

서울 종로구 이화동에 있는 이화장梨花莊은 해방 후 대한민국 정부 수립 과정을 증언하는 건물 가운데 하나다.

이승만은 1945년 해방된 조국으로 돌아왔지만 마땅한 거처를 구하지 못한 채 마포장과 돈암장을 전전했다. 이를 보다 못한 지인 30여 명이 돈을 각출해서 신식 한옥인 이화장을 매입해 이승만에게 거처로 제공했다. 이승만은 1947년 10월 18일에 입주해서 경무대로 이사하기 전까지 약 8개월 동안 이곳에서 생활했다. 그는 이 짧은 기간에 대한민국 초대 대통령에 당선되었고, 이화장의 조각당組閣堂에서 초대 내각을 구상하여 조각을 발표했다. 이승만은 대통령 재임 기간에도 이곳에 가끔 들러 정원과 뒷산을 산책하곤 했다. 그에게 이 집은 사저 이상의 남다른 의미가 있는 장소였다.

현재 이화장은 '이승만 기념관'으로 이용되고 있지만, 번거로운 절차 탓에 방문자는 그다지 많지 않다. 기념관 안에는 그가 사용했던 개인 유품이 다수 전시되어 있다. 이 가운데는 이곳으로 이사 와서 얼마 안 된 시점인 1947년 겨울에 쓴 한시와 이를 번역한 족자가 있다.

> 이화장에 이사 와서
>
> 동대문 북쪽 낙산駱山 앞에
> 이화동 옛 골짝에 새로 집터 잡아 오니
> 보신각 종소리는 잔비 속에 들려오고
> 종남산終南山 그림자는 구름가에 보인다네
> 아이는 눈을 쓸어 소나무 밑 길 트이고
> 아낙내 어름 깨어 바위 사이 물 긷는다
> 집 안이 작다 한들 그 어찌 마달손가
> 숲속과 계곡에는 풍연風煙이 가득하니

이화장은 대지 약 5,500제곱미터에 지어진 건평 230제곱미터의 건물이다. 정문을 들어서면 널찍한 마당이 나오는데, 왼편에는 '우남 리승만 박사상'이 우뚝 서 있다. 두벌장대 화강암 기단 위에 정면 7칸, 측면 6칸에 굴도리·겹처마·팔작지붕을 가진 'ㄷ'자형 본채가 있으며, 오른편에는 'ㄱ'자형의 조각당이 있다.

이화장은 1920년대에 건축된 것으로 추정되는데, 건축 당시에는 비교적 큰 신식 한옥이었다. 이 건물은 일제강점기에 한옥이 일본 건축 기술과 접목되면서 어떻게 변화했는지를 알려주는 귀중한 문화유산이기도 하다. 그러나 당시 정치적 경쟁자였던 김구의 사저이기도 했던 경교장에 비하면 4분의 1 정도밖에 안 되는 크기다. 게다가 경교장이 시내의 중심과 가까운 위치에 있었다면, 이화장은 '풍연'이 가득한 숲과 계곡에 있었다. 당시 한국에서 전개된 정치적 상황은 이승만이 주관적으로 생각한 자신의 정치적 능력 및 야망과 서로 달랐는데, 당시 그가 중앙에서 변방으로 밀려난 데서 느끼는 소외감과 답답함이 앞의 시에서 묻어난다.

열려있지만 교묘하게 은폐된 장소

이승만은 대통령이 된 후에도 자신의 야욕을 제대로 조절하여 공적으로 승화하지 못함으로써 한국 현대사에 커다란 정치적·사회적 균열을 만들어냈다. 1960년 4월 27일, 대통령직에서 쫓겨난 이승만은 엄중한 호위를 받으며 다시 이화장으로 돌아오지만 약 한 달 후에 하와이로 망명을 떠나, 살아서 더는 이 집을 보지 못했다. 하와이에서 운구된 그의 시신은 나흘 동안 이화장에 안치되었다가 국립묘지에 안장되었다. 그 이후 이화장은 1970년부터 1992년까지 영부인이었던 프란체스카 여사의 거처로 사용되다가, 전두환 정권 때인 1982년에 서울특별시기념물 제6호로 지정되었고, 이명박 정부 때인 2009년에 국가지정문화재 사적 제497호로 승격되었다.

이화장이 일반에 개방된 때는 1988년부터인데, 많은 이가 프란체스카 여사를 만나기 위해 이곳을 찾았다. 이승만 정권에 향수를 가진 사람들은 여사의 검소한 생활 태도와 방문객을 따뜻하게 맞이하는 모습에서 위안을 받았다.

현재 대학로에서 낙산공원으로 가는 길목에는 1960~1970년대에 지어진 건물과 골목이 다수 남아 있어 과거의 흔적을 보고 싶어 하는 사람들이 많이 찾고 있다. 그 길목 중간에 이화장이 있다. 많은 이들이 이 길을 지나가지만, 대부분은 호기심 가득한 눈으로 이제는 희귀한 한옥을 담장 너머로 바라보는 데 만족한다. 이 기념관을 방문하려면 사전 예약을 해야 하는데, 이 사실을 아는 사람도 드물고 그 절차도 번거롭다. 평소에 이화장의 대문은 굳게 닫혀 있다. 방문을 원한다면 며칠 전에 담당자에게 전화 예약을 해야만 내부를 관람할 수 있다. 비교적 최근에 정부에 의해 국가지정문화재로 승격되었는데도 이화장은 교묘한 방식으로 은폐되고 있는 셈이다.

기억의 충돌과 틈새를 좁히는 장소로

대한민국 초대 대통령 이승만에 대한 평가는 극단적으로 나뉜다. 비판적 공식 기억에 따르면 그는 극단적인 친미·반공 정책으로 남북 통일을 가로막고 갈등을 조장했을 뿐 아니라 권력에 대한 무한한 탐욕으로 헌법 질서와 인권과 민주주의를 유린했다. 또 친일 잔재를 청산하는 데도 실패했을 뿐 아니라 오히려 친일파와 결탁해서 부패의 고리를 만들어낸 장본인이기도 하다. 한마디로, 이승만은 현재 한국이 겪고 있는 정치적 갈등과 부패, 권력 사유화의 실마리를 제공한 실패한 지도자일 뿐이다.

하지만 모든 개인의 기억이 이런 평가에 동의하는 것은 아니다. 이승만은 일찍이 서구식 교육을 받은 덕분에 국제 관계와 민주주의에 대해 남다른 지식과 혜안을 가지고 있었고, 자신의 지식과 네트워크를 활용해 외국에서 독립운동을 적극적으로 전개했을 뿐 아니라, 공산화를 막아 대한민국을 자유민주 국가로 건립하는 데 절대적 역할을 했다는 평가도 받는다.

이화장은 현재 이승만에 대한 비판적 공식 기억이 억제되는 대신, 국부國父로서 우호적인 개인적 기억을 연상케 하거나 제시하는 장소인 '이승만 기념관'으로서 존재한다. 기념관 안에서는 이승만과 관련된 다양한 개인 유품들이 그의 검소하고 영웅적인 업적을 대변하고 있지만 그 전시 방식은 그다지 인상적이지 않다. 이런 시각과 평가에 균형추 또는 조정자 역할을 담당해야 할 비판적 공식 기억의 흔적은 전시물 중 그 어느 것에서도 찾을 수가 없다.

현재 한국에서는 이승만에 대한 서로 다른 기억과 평가가 충돌하면서 적지 않은 갈등이 벌어지고 있다. 이런 현상은 다양한 개인 기억과 비판적 공식 기억의 조정과 타협을 통해 극복해야 할 텐데, 아직 주목할 만한 성과가 보이지는 않는다. 이화장이야말로 이 틈새를 좁히는 데 중요한 역할을 할 수 있는 곳이다. 하지만 그저 볼품없이 전시된 개인 유품들은 전시실에 갇혀 있고, 기념관의 대문은 굳게 닫혀 있을 뿐이다. 불행했던 역사를 용감하게 직시하고 인권과 자유를 바탕으로 성찰할 수 있을 때, 이화장의 대문은 누구에게나 늘 개방될 수 있을 것이다.

서울대학교

지워진 시간의 흔적과 공간의 정치학

경성제국대학의 부정에서 출발하다

젊은이의 거리, 문화의 거리인 대학로에는 시민들의 휴식 공간인 '마로니에 공원'이 있다. 공원의 광장 중앙에 자리한 '서울대학교 유지기념비遺趾記念碑'는 그곳이 과거 서울대 본부와 문리과대학, 법과대학이 있었던 자리임을 알려준다. 공원의 오른편에는 고색창연한 벽돌 건물 하나가 눈에 띄는데, 1931년 10월에 준공되어 경성제국대학의 본관으로 사용되다가 1945년 해방 이후 서울대 본관으로 사용되었던 건물이다. 1972년 서울대가 관악 캠퍼스로 옮겨 가면서 한국문화예술진흥원 청사로 사용되었고 현재는 '예술가의 집'으로 활용되고 있다. 1981년에 사적 제278호로 지정된 이 건물은 서울대 동숭동 캠퍼스 건물 가운데 유일하게 남아 있는 건물이며, '대학로'라는 이름이 생겨난 배경을 증언해주는 곳이기도 하다.

이제 이름만 남아 있는 서울대 동숭동 캠퍼스는 이른바 '센 강'으로 불리던 학교 앞 대학천과 '미라보 다리'로 불리던 다리, 그리고 누가 심었는지 명확하지 않지만 캠퍼스의 명물이 된 마로니에 나무로 상징되고 기억될 뿐이다.

1945년 8·15 해방과 더불어 교육 주권도 우리에게 돌아오는 것이 마땅했지만, 실질적 권한은 남한에 진주한 미 군정으로 넘어갔다. 미 군정은 경성제국대학의 행정 사무를 접수하고 교명을 '경성대학'으로 개칭했다. 그리고 1946년 7월에 미 군정청 문교부는 경성대학과 아홉 군데 관립 전문학교, 사립 경성치과의학전문학교를 통합해 종합대학교를 설립하는 '국립서울대학교설립안'(이하 '국대안')을 발표한다. 이 안을 추진하기 위해 서울대학교 초대 총장으로 법학 박사였던 해리 앤스테드 대위가 임명되었다.

그 후 일방적이고 성급한 국대안에 반대하는 운동이 맹렬하게 전개되었다. 교수들의 사직, 학생들의 동맹휴학 등 혼란스러운 상황이 전개되다가 제적 학생들의 조건부 복교와 2대 총장으로 이춘호가 선임됨으로써 국대안 파동도 서서히 막을 내린다. 그런데 여러 학교를 통합해 종합대학교를 발족했지만 단과대학들은 기존의 건물과 캠퍼스를 그대로 사용하다 보니 학교가 여러 군데로 나뉘게 되었다. 대학본부와 문리과대학, 법과대학은 경성제국대학의 법문학부가 있던 동숭동 캠퍼스를 그대로 사용했다.

해방 후 행정 조치로 일제강점기에 세워진 경성제국대학을 소멸시켰지만, 새 종합대학교의 중심은 그 자리에 그대로 머무르며 예전 시설을 그대로 사용할 수밖에 없었다는 점은 역설적이다. 해방 후 우리 사회는 식민 잔재를 청산해야 했기에 경성제국대학도 그 흔적을 지우고 잔재를 청산해야 할 대상이었으며, 서울대학교(1949년에 공식 명칭으로 공표됨)가 경성제국대학의 부정에서 출발하는 것은 당연한 일이었다.

그러나 우리나라의 근대 학문 수용과 발전 과정에서 일제강점기에 유

경성제국대학으로 불리던 시기의 서울대 교문. 일제는 민립 대학 설립을 막고 조선인을 회유하기 위해 1926년 서울에 경성제국대학을 설립했다. 그러나 학생 수는 일본인이 조선인보다 훨씬 많았으며, 자연계열은 1938년까지 설치되지 않았다.

서울대는 1975년부터 관악 캠퍼스로 이전하기 시작했다. 사진은 1975년 당시 관악산 아래 자리 잡은 서울대 캠퍼스 전경이다.

일한 근대적 종합대학이었던 경성제국대학이 차지했던 지위와 영향력을 부인하기는 힘들 것이다. 최근 일제의 식민 권력과 근대 지식이 어떻게 상호 결합하여 제도적으로 지식 권력을 창출했는지에 주목하는 연구들도 이와 동일한 맥락에서 진행되고 있다.

'미네소타 프로젝트'가 남긴 명암

1950년 한국전쟁의 발발은 개교한 지 4년이 지나 이제 겨우 뿌리를 내리려 하던 서울대에 심각한 피해를 입혔다. 피란을 떠난 학생들은 각 지역에 설치된 '전시연합대학'에서 교육을 받긴 했으나, 매우 열악한 환경이어서 제대로 된 수업을 받기는 힘들었을 것이다. 기록에 따르면 그런 상황에서도 학생들의 배움에 대한 의지와 교수들의 열정은 더 뜨거웠다고 한다.

종전 이후 학교의 시설 복구와 교육 환경 개선에 많은 재원이 필요했으나, 정부 재정으로는 턱없이 부족했다. 다행히 미국 원조 기관으로부터 30만 달러를 지원받았다. 특히 미국 미네소타 대학교가 주관한 서울대 재건과 부흥 계획인 '미네소타 프로젝트'는 1954년부터 1962년 사이에 1000만 달러에 가까운 금액을 지원했다. 이 프로젝트는 교수진의 재교육, 인재 양성을 위한 장·단기 연수와 유학 프로그램을 비롯해, 학교 건물과 시설의 복구, 수업과 연구 기자재 도입 등을 통해 학교 발전에 매우 중요한 역할을 했다. 특히 공과·농과·의과 같은 이공 계통에 집중적인 지원이 이루어져 이들 분야의 학문 수준을 빠른 시일 내에 끌어올리는 계기가 되었을 뿐 아니라, 과학 기술을 발전시켜 1960년대 한국 공업화의 기틀을 마련하기도 했다. 이렇듯 이 프로젝트가 한국을 대표하는 학문

연구와 인재 양성에서 서울대가 중추적 역할을 하는 데 큰 도움을 준 것은 분명하지만, 인문학과 사회과학의 상대적 소외와 미국 일변도의 학문 경향이 고착된 점은 문제였다.

관악 캠퍼스 시대와 공간의 정치학

4·19혁명, 5·16군사쿠데타 등의 정치적·사회적 격변을 겪은 1960년대에 서울대는 '종합발전계획'을 수립한다. 우선 캠퍼스 통합 계획이 여러 차례 발표되었다. 여러 곳에 흩어져 있던 단과대학들을 동숭동과 연건동, 수원으로 모으려는 종합계획이 수립되었으나 시행되지는 못했다. 또 태릉이나 신갈로의 이전도 검토되었으나 여러 가지 난점으로 백지화되고 말았다. 결국 1970년에 관악골프장이 있던 곳에 종합캠퍼스를 건설하기로 결정이 났다.

그 후 신속하게 종합캠퍼스 마스터플랜이 완성되었고 1971년에 기공식이 열렸다. 원래는 1973년 9월부터 이전하려고 했으나 공사가 지연되어 1975년 1월부터 이전이 시작되었다. 연건 캠퍼스와 수원 캠퍼스를 제외하고, 1980년에 공과대학을 끝으로 이전이 마무리되었다. 서울대의 관악 캠퍼스 시대는 연구, 교육, 행정 등 여러 방면에서 새로운 변화와 도약의 계기가 되었다. 문리과대학이 인문대학, 사회과학대학, 자연과학대학으로 분리되는 등 전체적으로 교육 단위가 개편되었고 입시 제도의 변화도 있었다.

그런데 이러한 공간의 변화를 다르게 보는 시각도 있었다. 끊임없는 시위의 온상인 문리대와 법대를 관악산 골짜기로 몰아넣고서, '아시아 최대 규모의 관악파출소'가 상징하듯, 독재 정권에 저항하는 젊은 지성인들의 목소리를 잠재우려는 시도라는 비판도 만만치 않았다.

서울대를 관악 캠퍼스로 이전한 뒤에 남겨진 동숭동 캠퍼스 건물 가운데 일부는 매각하여 종합 캠퍼스 건설 자금으로 충당했으나, 문리과대학을 비롯한 다른 공간을 어떻게 활용할지가 불분명했다. 당시 대한주택공사가 아파트를 건설하기 위하여 문리과대학과 사범대학 부지를 매입하려 했으나 비판 여론이 상당했다. 결국 동숭동 캠퍼스의 땅은 일반에 매각되었고, 그 결과 문예진흥원이 매입한 본관 건물만 보존되었으며 1,200여 평(3,960제곱미터)의 부지에는 마로니에 공원이 조성되었다. 샘터사의 신사옥과 화랑, 도서관 등이 세워지면서 이곳은 문화의 중심지로 자리를 잡았다.

이러한 과정에서 공간의 활용을 두고 다양한 의견이 충돌하기도 했다. 일부에서는 대학 교육의 발상지로서 동숭동 캠퍼스가 지닌 역사적 가치와 장소성을 보존해야 한다고 주장했다. 그러나 일제강점기 경성제국대학의 흔적을 지워버림으로써 일제의 잔재를 청산하는 것이 옳다는 주장도 있었다.

서울대 동숭동 캠퍼스의 매각과 관악의 새 캠퍼스 건설은 다양한 주체들의 상이한 기억 방식과 영토화, 탈영토화와 재영토화 과정에서 발생하는 문제들에 주목하게 한다. 이러한 문제는 다른 공간에서도 '보존과 개발' 또는 '자본과 기억'의 충돌과 갈등이라는 형태로 우리에게 다가올 것이다. 여기서 우리가 주목할 점은 한번 지워진 시간의 흔적과 파괴된 공간은 다시 복구하기 힘들다는 사실일 것이다.

역대 서울대학교 총장의 계보

1946년 개교한 국립 서울대는 현재의 성낙인 총장을 포함해 이제껏 26명의 총장을 거쳤다. 초대 총장은 한국인이 아닌 미국인이었다. 해방과 함께 진주한 미군의 군정으로 통치되던 시기였기 때문이다. '국립 서울대 설립에 관한 법령'에는 이사회에서 자격 있는 한국인을 천거해 당사자의 수락을 받아 총장으로 임명하게 되어 있었지만, 군정 기간에는 군정장관이 임명하도록 하는 규정이 있어서 당시 미군 대위로 군정청에 근무하던 법학 박사 출신의 해리 앤스테드 대위가 군정장관의 임명에 의해 첫 총장이 된 것이다.

한국인 첫 총장은 앤스테드 대위에 이어 취임한 이춘호 박사다. 앤스테드 총장은 미국인이라는 이유로 서울대 안팎에서 반발을 사자, 선임 1년 2개월 만인 1947년 10월에 이 박사에게 총장 자리를 넘겼다. 1947년부터 1948년까지 재직한 이 총장은 1950년 한국전쟁 당시 납북되었다. 1949년에 4대 총장을 지낸 최규동 총장 역시 1950년 전쟁의 와중에 납북되었다.

역대 서울대 총장들 가운데 화제를 남긴 총장도 많다. 그 가운데 '쌍권총 총장'이라는 별명으로 불린 9대(1965~1966) 유기천 총장에겐 일화가 많다. '쌍권총 총장'이란 별명을 얻게 된 것은, 한일 회담 반대가 지식인들과 대학가를 뒤흔들던 당시 '어용 총장' 소리를 들으면서도 대학의 자유를 수호하려 분투했던 과정에서 얻은 것이다. 시위에 참가한 학생을 엄하게 처벌하면서 그 명분으로 학내 군대 투입을 저지하려던 유 총장의 노력은 당시 박정희 대통령의 약속 위반으로 좌절되고 이내 사임하게 된다. 이때 신변 위협을 느낀 그가 동대문경찰서에 권총 소지 허가 신청을 낸 일을 두고 언론에서 그런 별명을 붙인 것이다. 총장직에서 사임한 유기천은 1971년 봄, 강의실에서 박정희 대통령이 총통제를 획책하고 있다는 발언을 했다는 이유로 중앙정보부가 체포에 나서자, 1972년 1월에 미국으로 망명했다.

13대(1975~1979) 윤천주 총장은 대표적인 친親 박정희 노선으로 학생들에게 손가락질을 받았다. 그는 5·16군사쿠데타의 이론적 토대를 제공하고 1963년 민주공화당 창당 때 사무총장을 지냈으며, 1964년 문교부 장관, 1973년 부산대 총장을 거쳐, 1975년에 서울대 총장에 임명되었다. 1975년 11월에는 사회대 학도호국단 사열식에서 총장에게 향하는 '받들어총' 구호가 아홉 번이나 반복되었으나, 아무도 움직이지 않는 수모를 겪기도 했다.

17대(1985~1987) 박봉식 총장도 친정부 성향이라는 이유로 졸업식에서 그가 축사를 읽기 시작한 순간, 2,000여 명의 졸업생이 퇴장하는 노골적인 야유를 받았다. 박 총장은 5공화국의 산실인 '국가보위비상대책위원회' 입법위원을 역임한 경력이 총장으로 재임하는 동안 낙인으로 따라다녔다.

이에 비해 14대(1979~1980) 고병익 총장은 학생들의 4·19혁명 기념식에 참가해 연설을 할 정도로 학내에서 인기가 높았지만, 1980년 '서울의 봄' 집회를 막지 못했다는 이유로 신군부에 의해 강제로 총장직에서 물러났다.

21대(1996~1998) 선우중호 총장은 서울대 역대 총장 가운데 유일하게 불명예 퇴진을 당한 인물이다. 딸이 고액 과외를 받은 사실이 드러났기 때문이다. 선우 총장은 '레드 콤플렉스'를 조장해 학생들에게 비난받기도 했다. 1986년 '북한이 금강산 댐을 무너뜨리면 서울이 물바다가 된다'는 발언이 그 단초였다. 당시 전두환 정권은 선우 총장의 이 발언을 받아들여 '평화의 댐'을 지었다. 선우 총장과 달리 24대 이장무 총장은 '이완용의 후손'이라는 비난을 받으면서도 끝까지 총장 임무를 수행했다.

20대 이수성 총장은 정치적 경력이 가장 많고 화려했다. 하지만 낙선의 연속이었다. 이 총장은 1995년 12월 당시 김영삼 대통령에 의해 국무총리에 발탁되면서 정계에 발을 디뎠다. 하지만 1997년에 총리직에서 퇴임한 후 당시 여당이던 신한국당 대통령 후보 경선에 출마했으나 낙선했다. 이어서 2000년 김윤환, 이기택 등과 함께 민주국민당을 창당, 제16대 대통령선거에 출마했으나 또 낙선했다. 또다시 2007년 17대 대선에 출마했다가 중도에 후보직을 사퇴하고 정동영 후보 지지 선언을 했지만, 정동영 후보가 낙선하면서 그의 정치 인생도 내리막으로 치달았다.

이수성 총장 외에 16대 이현재 총장이 1988년 노태우 정부에서, 그리고 23대 정운찬 총장이 이명박 정부에서 각각 국무총리로 발탁되었다. 정 총장은 총장으로 재임할 당시 '고교 평준화 재고'와 '대학 자율화를 위한 본고사 시행'을 주장해 교육부와 대립하기도 했다. 그는 직선제 총장으로는 처음으로 임기를 채운 총장으로 기록되었다.

서울대 총장은 현재 직선제로 선출된다. 총장 직선제는 1991년 민주화 추세에 의해 도입되었다. 그 전까지 서울대를 포함해 전국의 모든 국립대학의 총장은 문교부(지금의 교육부)가 추천하고 대통령이 임명하는 임명직이었다. 서울대 첫 직선제 총장은 19대 김종운 총장이다. 김 총장은 1991년 처음 치러진 총장 직선제 선거에서 과반수 이상을 득표해 초대 직선제 총장이 되었다. 당시 선거에는 서울대 전 교수의 90.7퍼센트가 투표에 참가함으로써 직선제 총장 선출에 높은 관심을 보였다.

제주도

치유되기 힘든 푸른 평화의 섬

육지에서 격리된 트라우마의 공간

2000년을 전후로 4·3사건에 대한 국가 차원의 공동체적 보상의 일환으로 '제주4·3평화공원'이 조성되기 시작했다. 공원 조성 과정에서 제기된 비판 가운데 하나는 부지 위치가 적절한가 하는 것이었다. 대량의 피해가 발생한 지역이 제주 곳곳에 산재해 있는데도 4·3사건과 특별히 관련이 없는 무장소성의 공간이 부지로 선정되었다는 비판이었다. 공원 인근에서 이유 없이 학살된 모녀의 사례를 발굴해 〈비설飛雪〉이라는 조각상으로 재현함으로써 이 부지에 어느 정도 상징성을 부여했지만, 이와는 무관하게 제주 사회는 제주 전체가 4·3사건의 공간이었다는 데 이견이 없었다.

'4·3사건'이라는 명칭은, 남조선노동당 제주도당이 경찰의 탄압 중지, 남한의 단독선거와 단독정부 수립 반대 및 통일정부 수립을 촉구하면서 서북청년단을 비롯한 우익 단체와 경찰서 등을 공격한 1948년 4월 3일을 부각한다. 그러나 사실 이 사건은 1947년 3월 1일에 관덕정 앞에서 일어난 발포 사건을 시작으로, 1954년 9월 21일 한라산의 금족禁足 지역이 전면 개방될 때까지, 혹은 1957년 4월 최후의 무장 대원이 생포될 때까지

4·3사건에 가담한 혐의로 체포된 제주도 주민들의 모습.

근 7여 년(혹은 10여 년)에 걸쳐 제주 전역에서 발생한 각종 사건을 가리킨다. 또한 당시 제주 인구의 10분의 1에 해당하는 2만 5,000~3만 명의 인명 피해를 불러왔지만, 50년이 지난 21세기에 들어서야 비로소 공식적으로 인정되었거나 아직도 묻혀 있는 크고 작은 사건들 전체를 가리킨다.

미국 역사학자 브루스 커밍스는 해방된 한국에서 제주만큼 정치적 갈등으로 고통을 심하게 겪은 장소는 없으며, 4·3사건이 일어난 제주는 한국전쟁 이후 전개될 한국 정치의 돋보기이자 현미경이라고 평가한 바 있다. 4·3사건은 세계 냉전 체제하에서의 국가 만들기와 관련이 있었다. 확고하게 구축된 국가가 4·3사건과 관련되었다기보다, 4·3사건을 통해 확고한 형태의 국가의 모습을 갖추어갔다고 할 수 있다. 육지에서 격절된 섬, 제주는 한마디로 국가 형태에 대한 상상을 극도로 제한하는 트라우마의 공간이었다. 따라서 커밍스의 진단은 비단 4·3사건 자체에만 한정되지 않는다.

침묵을 강요받는 관광지

그런데 4·3사건에 대한 지배적 담론은 남한을 거부하고 북한을 지지한 좌파의 반란으로 설명하는 폭동론이었다. 이 담론의 절대적 위세 때문에 4·3사건을 재론하는 것은 금기가 되었다. 그러다가 1980년대 들어 민주화 운동으로 고무되어, 4·3사건은 북한을 지지한 좌파의 폭동이 아니라 한반도의 통일을 추구하고 남한 단독의 국회의원 총선거에 반대한 운동이라고 주장하는 항쟁론이 제기되었다.

그러나 육지 사람 혹은 지배층에게 이 담론은 제주어만큼이나 이질적이고 생경해서 소통도 공감도 할 수 없는 언어, 따라서 삭제되어야 할 언어였다. 매끈하고 투명한 단성적 언어는 국가의 전 지역을 체계적인 유기체로 재구성했고, 제주는 소통 가능한 언어를 학습해 '조국 근대화의 역군'들에게 휴식과 위안을 제공할 뿐만 아니라 외화를 획득하기 위한 관광의 공간으로 지정되었다. 감귤 산업과 더불어 관광 산업은 제주 경제를 지탱하는 두 주축이었지만, 관광이라는 소비 형태에 내재된 근원적 폭력성 탓에 제주 특유의 자연·언어·풍속은 관광을 위한 경관, 즉 소비에 적합한 상품의 형태로 가공되었다. '낭만과 사랑의 섬'이 관광지 제주의 이미지로 채택되었고, 이 이미지에 걸맞게 육지와의 차별성과 접근성을 겸비한 공간이 부각되었으며, 관광객의 언어인 표준어가 강조되었다. 이렇듯 제주어는 이국성과 신비로움을 충족시키기 위한 장치 정도로 활용될 뿐, 관광객과의 소통을 위한 언어가 되지 못했다.

관광객과 '육지 것들'에게 4·3사건은 제주어만큼이나 이해할 수 없는 역사, 소비에 부적합한 불편한 역사였다. 조선 시대의 대표적 귀양지 가운데 하나였고 일제강점기에는 중요한 병참 기지였던 섬, 제주가 대한민국의 대표적인 관광지로 변모하는 과정은 제주어와 4·3사건의 침묵이라는 고통스러운 과정을 동반했다.

뒤바뀐 용서와 화해의 제안자

4·3사건은 2000년대 중반 이후부터 제주 관광의 경로에 포함되기 시작했다. '세월호 사고'의 영향으로 2014년엔 14만여 명으로 줄어들긴 했지만, 2011년에 22만여 명, 2013년에 19만여 명이 4·3평화공원을 찾았다고 한다. 원래는 '현기영문학관'으로 기획되었으나 작가가 사양하여 조천읍 북촌리의 민간 희생자를 기리는 시설물로 재조성된 '너븐숭이4·3기념관'의 경우도 2011년에 1만 5,000여 명이, 2014년에는 이보다 많은 2만 3,000명가량이 다녀갔다고 한다.

4·3사건에 대한 국가의 사과와 '다크투어리즘'의 부상은 '양민학살론'에서 비롯되었다. 양민학살론은 기존 담론의 토대였던 정치성을 배제하면서 윤리성을 강조한 주장으로, 4·3사건을 가해자인 국가가 불법적 폭력으로 선량한 국민을 대량 학살한 사건이라고 본다. 제주 사회는 2000년을 전후해 4·3사건 진상 규명을 본격적으로 요구하고 나섰는데, 20세기에 일어난 사건을 21세기로 넘길 수 없다는 절박함과 양민학살론의 부상이 그 배경으로 작용했다. 제주 시민들은 화해와 상생의 가치를 제기하면서 진상 규명을 촉구하는 한편, 치유의 차원에서 '평화의 섬' 구상을 논의하기 시작했다.

한편 2003년 정부는 "과거 국가 권력의 잘못에 대해 유족과 제주도민에게 사과"를 했고 이어 2005년에는 제주를 '세계 평화의 섬'으로 지정했다. 지방자치단체 차원이 아니라 국가 차원에서 평화 도시를 지정한 것은 세계 초유의 일이었다. 그런데 국가가 평화 담론을 주도하는 위치에 서면서 용서와 화해의 제안자, 평화의 발신지였던 제주도가 평화 의식을 학습해야 하는 수동적 존재, "평화를 추구하는 보편적인 세계 시민으로서의 덕성"을 구비해야 할 결핍된 존재로 간주되는 결과가 나타났다.

그러는 한편, 2002년에 '제주국제자유도시특별법'이 공포되었고, 2006년에는 '제주특별자치도 설치 및 국제자유도시 조성을 위한 특별법'이 공포되었다. 국가 연구 기관에서 만든 신조어인 '국제자유도시'는 "사람, 상품, 자본 이동이 자유롭고 기업 활동의 편의가 최대한 보장되는 동북아 중심도시"로 정의되었고, "한국 경제의 보다 광범위한 개방 및 국제화·자유화의 교두보"라고 규정되었다. 제주도를 둘러싼 평화 담론은 경제 개방과 긴밀하게 묶였고 평화 산업이라는 경제적 측면의 논의가 중심을 차지하기에 이르렀다. 그러면서 제주 지방정부 주도로 세계화·지방화 전략이 수립되었으며, 지역은 중앙정부의 말단이 아니라 국제 교류의 최일선에 선 전위적 존재로 간주되었다. 특히 '제주국제자유도시' 지정은 외환 위기라는 충격적인 방식으로 경험했던 신자유주의적 세계화에 대응하기 위한 일련의 정책에서도 맨 앞자리를 차지했다.

낯선 환경에 대응해야 했던 국가가 시험장으로 선택한 곳은 또다시 섬 제주였다. 그 결과 지금의 제주도는 '괸당'이라는 제주 특유의 사회적 관계망이 파괴되고 지역성이 소비재로 박제화되고 자연 공간이 도시적인 편의성에 의해 무비판적으로 도구화될 뿐만 아니라, 강압적 국가 기구에 의해 평화 의식이 무력해진 곳이 되고 있다.

제주도는 자연이 아름다운 만큼 그 삶은 팍팍했다. 그래서 오히려 제주 사회는 육지에 비해 상대적으로 빈부 격차가 작았으며 지역 사회 특유의 네트워크가 형성되어 있었다. 4·3사건은 국가가 이 모든 것을 파괴하며 제주도를 어떻게 활용했는지를 보여준 사건이다. 다시 말해 국가 수립과 변화를 증명하고 시험하기 위해 치유가 불가능할 정도로 충격을 가한 사건이었다. 이 사건 위로 국가 및 글로벌 차원의 정치적·경제적 지층들이 켜켜이 덮여 있다.

조작된 평화와 가상현실의 세트장

제주의 역사, 유도된 망각

조선 개국 후 태종의 처남인 민무구, 민무질 형제는 외척이라는 죄명(?)으로 제주도 바닷가로 귀양 보내졌고, 곧이어 사약을 받아야 했다. 네덜란드인 하멜은 1653년 제주에 표착해 한양으로 압송된 후 13년을 지내다가 탈출해 《난선蘭船 제주도 난파기》(이른바 《하멜 표류기》)를 지었다. 개혁 군주였던 광해군도 바다를 쳐다보며 운명의 잔인함을 한탄하다가 섬에서 생을 마쳤다. 추사 김정희는 '언젠가는 고향으로 돌아가야지' 하면서 무려 9년간 한을 쏟고 나서야 소원을 풀 수 있었다. 노론의 거두 송시열, 조선 말기 유림의 거물이자 의병장이었던 최익현도 제주에서 유배 생활을 했다. 구한말 근대화 혁명의 스타인 김옥균을 암살해, 위의 인물들과는 다른 이미지를 남긴 홍종우는 '역적'을 제거한 공으로 중앙 관직을 전전하다 말년에는 제주 목사로 좌천되어 봉직했다.

이들 외에도 우리가 잊지 말아야 할 제주인이 한 명 있다. 소설가 이광수의 와세다 대학교 유학 동기인 김명식金明植(1890~1943)이 바로 그다. 빈한한 집안 출신으로 비루한 조선을 비판하고 일본 문화를 흠모하며 영달의 길을 간 이광수와는 달리, 명문가 출신인 김명식은 《동아일보》 논설을 통해 제국주의와 양반 엘리트주의, 민중 차별을 비판했다. 김명식은 말년에 일제의 고문 후유증 때문에 낙향해서 지내다가 "나라를 찾기 전에는 사망 신고도 하지 말고, 무덤에 비석도 세우지 말라"라는 유언을 남기고 세상을 떠났다고 한다. 이 두 사람의 대조적 운명은 왜곡된 한반도 인간사의 자화상이라 할 만하다. 이렇듯 제주도와 더불어 부침했던 인물들을 추적해보면 세상의 흥망성쇠와 인생의 무상함이 절로 느껴진다.

그러나 역사는 멈추지 않는 것이기에 소외의 땅에도 씁쓸하지만 반전은 있는 법. 일제강점기 제주는 인구 비례로 치면 재일 교포를 가장 많이 배출한 영예(?)를 맛본다. 소외와 박탈의 세월이 너무나 가혹해서 악랄한 일본이 차라리 기회의 땅으로 다가왔던 것일까.

복잡한 상념이 채 가시기도 전에 온통 피에 젖은 제주의 모습이 떠오른다. 대국과 국가주의가 벌인 과잉 진압이 야기한 동족 간의 폭력은 고려 시대 중앙 군대와 삼별초 간의 격렬한 전투 이래 두 번째로 제주도를 강타했다. 4·3사건은, 평화롭게 끝날 수도 있었던 소수의 시위에 불과한 일이 초토화 작전 때문에 이념이 무엇인지조차 모르던 3만 명의 무고한 양민이 희생된 참극이었다. 슬픈 것은 오늘날까지도 국가 건설이라는 대의를 위해서는 못난 자들의 희생이 불가피했다는 엘리트주의 역사관이 망각을 유도하고 있다는 점이다.

허울 좋은 한반도의 모델하우스

한스러운 기억이 체념으로 접어들 무렵, 역사는 또다시 반전했다. 군사 정권의 어느 권력자(박정희 전 대통령)가 그 옛날 과일이 귀한 겨울에 임금에게만 진상했다는 밀감이 꽤나 먹고 싶었나 보다. 그 양반이 직접 밀감 농장을 소유하자, 갑자기 제주도에 농장 붐이 일었다. 이것은 결코 민초를 위해 계

제주 강정마을에서는 해군 기지를 건설하려는 시도에 맞서 주민들과 시민들의 장기간 시위가 이어지고 있다. 해군 기지를 반대하는 사람들은 반전과 평화를 염원하는 벽화와 상징물을 강정마을 곳곳에 세워놓았다.

획된 일이 아니었고, 그저 역사의 우연일 뿐이었다. 권력의 호사와 뜻하지 않은 시혜가 백성들에게는 박해에 대한 보상인 양 감지덕지 부풀려졌다.

그러나 물질적 혜택은 역사의 기억에 환각제를 주사해 굴종과 분열된 자아를 내면화한다. 역사 청산과 맞바꾼 밀감의 번영 신화는 세계무역기구WTO의 출범으로 농산물 시장이 개방되면서 종언을 고했다. 그러자 국가는 재빠르게 세계화-평화를 판돈으로 바꾸어 내밀었다. 2003년 노무현 대통령은 4·3사건 당시 자행된 국가 폭력으로 발생한 희생에 대해 사죄했고, 이어서 2005년에 정부는 한반도의 번영과 평화를 위해 제주도를 '세계 평화의 섬'으로 지정했다. 2006년에는 국제자유도시로 육성하기 위해 '특별자치도'로 지정했고, 2007년부터는 '영어교육도시' 계획이 확정되었고 그 일환으로 국제학교가 개교했다. 이렇듯 제주는 4·3사건 이래로 반세기가 지나면서 21세기 세계화-평화의 구상을 선도하는 한반도의 모델하우스로 떠올랐다.

그러나 이 모든 허울 좋은 구호들이 만든 제주는 권력-자본이 지향하는 이런저런 미래의 허상을 전시한 세트장에 불과할 뿐이다. 구체적 조치 없는 '립서비스'식 사과는 금세 진면목을 드러내면서 '빨갱이 도민'이라는, 이따금 터지는 남남南南 갈등의 구실만 제공하고 있다. 국제자유도시 계획에는 예산 한 푼 들이지 않으면서, 서민들과는 아무런 상관없는 영어교육도시, 권력가와 부유층 자제들이 다니는 국제학교에는 담장 밖 촌스러운 사투리를 비웃듯 영어 소리 낭랑하다. 이제 갈등의 역사는 잊어버리고 전 도민이 관광 가이드로서 외국인을 맞아 제주의 자연과 역사, 평화 없는 평화의 섬을 영어로 소개해야 할 판이다.

근래에는 해군 기지 건설이 추진되면서 4·3사건 이래 처음으로 전투경찰 병력이 시위 진압을 하기 위해 바다를 건너 파견되는 초유의 상황이 연출되었다. 대국과 국가주의의 결합이 4·3사건으로 냉전의 신호탄을 올리더니, 대통령의 사과로 탈냉전의 쇼를 벌이다가, 제주에서 다시 합심해 21세기 동아시아 신냉전의 축포를 쏘아 올린 것이다.

허구의 번영 신화가 판치는 제주의 현주소

이제 제주도는 주변 4대 강국의 인공위성들이 밤낮으로 내려다보는 국제 무대의 주연 배우로 성장했다. 생각해보면, 예전 권력과 중심 지향의 문화 탓에 직접적으로 소외를 겪으며 살 때에는 저항의 주체도 그 대상도 가시적이었으며 한편으로는 소박하기까지 했다. 그런데 21세기 권력과 자본은 세련되고 교묘한 언설로 역사를 망각으로, 자연을 개발주의로 황폐화시키고 있다. 민초들은 권력과 자본 사이를 넘나드는 순종적인 기회주의자로 점점 변하고 있다. 그리고 역사 청산과 자연 보호를 외치는 자들은 어리석은 반문명주의자로 낙인찍히고 있다.

강요된 망각과 조작된 동의의 내피 위에 덧칠된 '허구의 번영 신화'와 '국제자유도시-평화의 섬'이라는 권력-자본이 공동으로 연출한 가상현실의 드라마 세트장에서 살게 된 제주인은 어느새 자신이 '푸들'이 된 것을 의식하지도 못하는 '푸들'이 되고 만 것이다. 역사의 진실은 바다에 빠져 허우적대는데, 허울 좋은 국제자유도시, 조작된 평화의 섬에는 무심한 관광객들만 북적거리고 있다.

지리산

산화한 넋들의 이야기를 품다

반역의 거점 또는 유토피아

지리산은 고대부터 내려온 성모 신앙이나 신비한 기운을 안고 있는 유람의 성지, 혹은 이상향의 은둔처였다. 그뿐만 아니라 백두대간이 흘러나왔다고 해서 두류산頭流山, 옛 삼신산三神山의 하나인 방장산方丈山, 조선 태조의 왕위 찬탈에 불복하고 고려조에 대한 의리를 밝혔다는 불복산不伏山의 전설도 깔려 있다.

조선 시대에는 여러 유학자들이 심성을 수양하는 수신처가 되기도 했다. 지리산을 중심으로 영남 학맥을 이어갔던 남명南冥 조식曺植은 지리산을 열두 번 오르면서 무슨 생각을 했을까. 깊은 속뜻이야 "뱀 비늘을 숨긴 지리산의 검푸른 내"처럼 그 깊이를 알 수 없으나, 실천적 성향이 강한 학풍과 마지막 은둔지로 삼았던 지리산의 연관성을 찾기는 그리 어렵지 않아 보인다. '안으로는 마음을 밝게 하고 밖으로는 의로써 실천한다'는 남명의 경의敬義 사상의 원천은 바로 지리산이었다. 한 시대를 대표했던 유학자가 '절대 복종하지 말라'며 처사를 자청하며 품고자 하고 닮고자 했던 지리산의 기상. 임진왜란 때 남명 문하에서 제일 먼저 의병장이 나온 것은 우연이 아니다. 그 이후 일제강점기 말에 학도병 징집을 거부하고 지리산으로 들어간 식민지 청년들에게도 지리산은 반역의 거점이자 유토피아의 공간이었다.

신선이 드나들었다는 곳, 그래서 지상과 천상의 경계로 여겨졌던 지리산 청학동의 석문石門이, (산에서) 내려오면 안락한 생활이 보장된다며 빨치산의 하산을 권유하는 '안락문安樂門' 표식이 되기까지, 지리산은 그저 너머 무릉도원이 아니라, 비경秘境과 비경悲境을 동시에 간직한 채 우리 곁에 있었다.

빨치산의 기억을 지운 최초의 국립공원

소설가 조정래는 대하소설 《태백산맥》에서 피아골 단풍이 이리도 고운 것은 먼 옛날부터 이 골짜기에서 수없이 죽어간 사람들의 원혼이 단풍으로 피어났기 때문이라고 썼다. 백제와 신라의 싸움터, 임진왜란, 빨치산 토벌에 이르기까지 지리산은 골골이 계곡마다 피의 역사를 품고 있다. 피아골 붉은 단풍은, 그러니까 골골이 산화한 붉은 피의 처연한 서사시다.

특히 지리산이 처절한 피의 현장으로 부각된 것은 한국전쟁을 전후하여 결성된 조선인민유격대에서 비롯된다. 사실 지리산의 파르티잔, 곧 빨치산의 역사는 이보다 앞선다. 1946년 대구 10월인민항쟁•으로 유혈 사태가 발생하면서 남조선노동당이 불법화되는 과정에서, 산으로 들어간 좌파들을 중심으로 꾸려진 야산대가 대한민국 빨치산의 전

• **10월인민항쟁** 해방 이후 기아가 극심했고 민심은 매우 흉흉했다. 1946년 10월 1일 대구 노동 단체들이 주도한 총파업은 기아 데모로 이어졌고, 이는 미군정에 대한 항거로 바뀌었다. 경찰의 발포로 민간인이 사망하고 이에 시위는 더욱 확산되었다. 이후 대구뿐만 아니라 경북, 남한 전역으로 확산되었다.

신이다. 이 시기에 빨치산 대장 하준수가 역사의 무대 전면에 등장한다.

야산대의 일부는 1948년 여수·순천(여순)사건• 이후 정규군 부대에서 전환한 유격대에 흡수되어 본격적으로 파르티잔 활동을 시작했다. 지리산을 중심으로 덕유산, 백운산을 넘나들며 경남, 전남, 전북을 연결하며 활약한 '지리산 유격지구'는 이들 가운데에서 탄생했다. 그 뒤 이들은 1949년에 창설된 조선인민유격대와 합류한다. 조선인민유격대는 제주 4·3사건과 여순사건을 한국전쟁과 잇는 징검다리 역할을 했다. 또 토벌대와 벌인 전투는 일종의 작은 전쟁으로, 한국전쟁의 전초전이 되었다.

한국전쟁 이전부터 이현상(1905~1953)••이 지리산에서 지휘하던 부대는 인천 상륙 작전 이후 강원도로 후퇴했다가, 다시 전선을 재정비해 1951년에 '남조선인민유격대', 이른바 '남부군南部軍'이라는 이름으로 다시 지리산으로 들어갔다. "지리산 첩첩산중 손아귀에 거머잡고/ 험악한 태산준령 평지같이 넘나드네"라는 소설 속 묘사와 달리, 지리산 계곡과 골짜기에서 수많은 목숨이 산화했다.

그러다 1963년 11월 12일, 경남 산청군의 지리산 기슭에서 최후의 빨치산 정순덕이 생포됨으로써 지리산과 빨치산은 그 질긴 연줄을 놓았다. 1967년에 지리산은 우리나라 최초의 국립공원으로 재탄생했고, 빨치산의 기억은 '지리산 빨치산토벌전시관'의 유물로 전시되었으며, 이 전시의 기억들이 산 아래로, 아래로 전달되었다.

• **여수·순천 사건** 1948년 10월 19일 여수에 주둔한 국군 제14연대 병사들이 제주 4·3사건 진압 명령을 거부하고 단독정부 수립 반대, 미군 철수를 주장하며 여수, 순천 등 전라남도 동부 지역을 점령한 사건. 이를 계기로 이승만 정부는 국가보안법을 제정하고 강력한 반공 체제를 구축했다.

•• **이현상** 한국 공산주의 계열 독립운동가, 사회주의자이자 노동운동가다. 해방 후 남조선노동당의 간부로서 지리산 일대를 중심으로 빨치산 활동을 주도했다.

역사의 제장, 지리산

한쪽의 기억이 스러질수록 한쪽의 기억은 점점 더 강력한 신화가 되었다. 일제강점기부터 지리산에서 모의되었던 탈식민화의 동력이나 근대 국민국가에 대한 이상적 기획은 깡그리 탈취당한 채, 만들어진 공포의 적색병기 빨치산이라는 기표는 대한민국, 특히 이승만 정권의 동일성을 위해 배제되고 절멸되어야 했다. 피아골에서 숨어 지내는 빨치산 '아가리 부대'의 극악무도한 야만성을 최대한 강력하게 묘사한 영화 〈피아골〉(1955)의 '악마'들이 '인간'으로 복권되기까지는 30년이 더 걸렸다. 1990년대 들어서 나온 영화 〈남부군〉(1990), 〈태백산맥〉(1994)에 이르러서야 빨치산들 역시 인간적 고뇌에 빠진, 산 아래 사람들과 같은 인간이라는 점이 증명되었다.

《남부군》의 저자 이태는 남부군에 관한 기록을 남긴 이유를 다음과 같이 말한다.

> 기록들에 의하면 49년 이래 5년여에 걸친 소백·지리 지구 공비 토벌전에서 교전 횟수 1만 717회, 전몰 군경의 수 6,333명, 빨치산 측 사망자의 수는 믿을 만한 근거가 없지만 줄잡아 1만 수천은 넘을 것으로 추정된다. 피아 2만의 생명이 희생된 그 처절함이 세계 유격전사상 유례가 드문 이 엄청난 사건에 실록 하나쯤은 남겨야 하지 않을까 생각한 것이다.
> 그렇게 죽어간 그 많은 젊은 넋들에게 이 기록이 조그만 공양이 됐으면 하는 마음이었다.

굽이굽이 펼쳐진 지리산 산자락에 널브러진 주검들은 죽어서야 가해

한국군에게 붙잡힌 지리산 빨치산 대원들.

자/피해자, 적군/아군, 산 위/산 아래의 구분 없는 대동세상에서 만났을까. 시인 최두석은 이렇게 노래한다.

지리산 등성이 여기저기 누운
산사람 혹은 국방군
그들이 뒤엉켜 함께 피우는
찔레꽃
지리산의 찔레꽃

—〈지리산 찔레꽃〉 중에서

예부터 민중들이 기복을 비손했던 지리산은 이제 역사의 제장祭場이 되었다. 이쪽과 저쪽의 죽음과 한을 해원解冤하는. 그러나 해원 한번 제대로 하지 못한 무수한 영혼들의 기억은 점점 사라지고 반세기가 지난 지금, 지리산 빨치산은 노고단 드라이브 길의 환상적인 풍경과 함께 달리거나 '힐링 안보 관광' 속에서 반달가슴곰의 이야기와 함께 조우한다.

정전 60주년 되던 해인 2013년 미국 현직 대통령으로서는 처음으로 버락 오바마 대통령이 한국전쟁 정전협정 기념식에 참석했다고 세계의 언론은 앞 다투어 보도하고, 대한민국 곳곳에서 정전 기념행사로 떠들썩했다. 이 요란스러움 사이를 비집고 선혈처럼 붉은 지리산의 꽃잎들은 미세하게 떨고 있었다. 60여 년 전 지리산 칼바위골 깊은 아지트에 숨어들었던 잔비殘匪들이 협상 방송을 들으며 숨죽여 기대했던 것은 무엇이었을까. 그들은 정전협정 63항이 낭송되는 그 어디에도 자신들의 흔적을 발견할 수 없었다. 이들이야말로 조르조 아감벤이 말하는 '호모 사케르'조차 될 수 없는 존재가 아니었던가. 절단과 분리의 상처가 너무도 깊이 새겨진 예외적 존재들의 목소리, 너무도 오랫동안 이념 안에서 박제화된 소리들을 어떻게 복원할 것인가 하는 문제는 여전히 살아남은 자들의 몫으로 남는다.

영원한 '소수의 화원'

일찍이 지리산은 조선 왕조의 창건 과정에서 민중의 편에 섰던 것으로 신화화되었듯이, 늘 그 넓은 자락을 펴서 민중을 안아주는 어머니 산이었다. 특히 근현대사의 전개 과정에서 보여준 어머니 산의 모습은 한국을 대표하는 대하 장편소설에 반복적으로 재현되었다. 박경리의 《토지》는 지리산을 병풍처럼 두른 하동 평사리를 배경으로 갑오년 동학혁명이 일어나던 무렵부터 서사가 시작된다. 조정래의 《태백산맥》에서는 반제·반봉건을 몸으로 실천했던 민중의 투쟁 공간으로서 벌교와 지리산이 제시된다. 이태의 《남부군》, 정지아의 《빨치산의 딸》은 지리산에서 불패자의 열정과 의지로써 삶과 죽음의 고비를 수없이 넘나든 이들의 삶을 전한다.

그중에서 이병주의 《지리산》은 식민지 시기부터 한국전쟁 종전까지 지리산을 거점으로 살아가야 했던 이들을 형상화한 대하 장편소설이다. 이병주는 이 작품에서 "智異山이라고 쓰고 지리산이라고 읽는다"라고 서술한다. 지리산이 가진 양면성, 시대와 역사로부터 맥락화된 역설적 의미망에 대한 작가의 날카로운 직관이 드러난 구절이다. 한자 그대로 아는 것과는 다른 산, 쓰는 것과는 다르게 읽히는 산, 풍성하게 흐르는 계곡과 부드러운 능선을 품은 어머니 산이면서 굽이굽이마다 권력자들의 폭력으로 생긴 민중의 생채기를 안고 있는 산이 지리산인 것이다. 이처럼 대상이 지닌 잠재성과 양가성을 알아본 것은 뛰어난 작가들이 가지게 마련인 날카로운 직관의 소산일 것이다. 어쩌면 지리산 자락 언저리인 하동에서 태어나고 자란 이병주에게 지리산은 고향, 친구, 추억, 국토, 역사의 비극적 현장이 복합적으로 중첩된 공간이었는지도 모른다.

이병주가 직관적으로 포획했듯이, 지리산은 시대와 역사에 대한 역설과 비극을 함의한 양가성이 잠재된 공간이었다. 지배 권력을 향해서는 저항과 비타협의 자세를, 핍박받는 민중에게는 포용과 모성의 태도를 보여준 공간이 바로 지리산이다. 지리산은 겉으로는 따뜻하고 부드러운 선을 가지고 있지만, 안으로는 고결한 열정만큼이나 둔중한 무게를 가지고 있다. 하여 지리산은 소통과 상생의 산이면서 비판과 저항의 거점이었다. 그래서 지리산은 기나긴 세월 동안 한국사의 무수한 간난의 과정을 그대로 간직한 역사의 산이 된 것이다.

그런데 《지리산》에서 이병주는 지리산을 '소수素數의 화원花園'에 비유한다. 지리산은 꽃밭 혹은 아름다운 정원이며, 그 공간은 소수에 의해 공유되고 지켜나가야 한다는 함의를 가지고 있다는 것이다. 이 작품의 주인공 박태영은 식민지 시기 말 일제의 학도병 징집에 반발해 하준규를 비롯한 10여 명의 일본 유학생과 더불어 지리산으로 숨어든다. 이들은 '보광당普光黨'을 조직하고 민족국가 건설을 위한 초석을 다지자고 결의한다. 말하자면 작가는 지리산을 근대 국가의 기원으로서 제시하고, 이를 '소수의 화원'으로 상정한 것이다.

19세기 독일 수학자 게오르크 리만에 따르면, 1과 자기 자신만으로 나누어 떨어지는 1보다 큰 정수인 소수는 "자연수의 세계에서 원자와 같고, 가장 아름다운 조화를 유지한다." 이런 점에서 보면 소수와 같은 존재란 자신의 본질적 특질을 잃지 않는 존재, 고결하고 순결한 자질을 지켜내는 존재일 터이다. 이병주는 아름다운 화원과 같은 지리산에 모여든 박태영과 같은 젊은이들을 민족의 순수를 담보한 존재, 순결하고 고결한 존재로 표상한다. 그들은 빨치산으로 명명되어 남에서도 북에서도 인정받지 못한 채 민중의 기억 속에서만 남아 역사 투쟁의 뒤안길로 쓸쓸히 사라져갔다.

그런데 이병주는 그들을 우리 모두의 정체성의 근원으로서 소수라 이름하고, 그들이 고결하게 지켜낸 것을 화원의 사상이라 추앙한다. 그들은 스페인 내전에 참가했던 인민전선의 전사들, 혹은 쿠바 혁명에 참여했던 체 게바라처럼 온몸을 던져 자신의 철학과 의지를 관철하고자 했던 아름다운 존재라는 것이다. 그들이야말로 상처로 각인된 과거의 시간이나 영광으로 다가올 미래의 시간보다 생사의 갈림길에 서 있는 현재의 시간에 자신의 모든 것을 기투했던 용기 있는 존재들이었던 셈이다.

지리산은 한국 근현대사의 전개 과정에서 반제·반봉건의 거점이었으며, 소수처럼 고결한 존재들의 투쟁 공간이자 영원한 안식처가 되었다. 그래서 물질과 권력과 성을 평등하게 공유하는 세상을 만들고자 하는 사람들의 아름다운 꽃밭, 곧 소수의 화원이 바로 지리산이라고 이병주는 《지리산》에서 상찬한 것이다. 이처럼 지리산은 불패자의 고결한 열정과 의지를 가진 이들에게 소수의 화원으로 영원히 함께할 것이다. 또한 아름다웠던 소수의 존재들은 역사 속으로 사라지지 않고 현재의 우리들과 하나가 되어 여전히 유효한 현존재로 지속될 것이다. 지리산과 어깨동무한 채로.

거창

산 자와 죽은 자의 공명이라는 숙제

거창 양민 학살 사건의 특수성

독립영화 〈청야〉(2013)는 거창 양민 학살 사건(이하, '거창사건')을 소재로 한 영화다. 사건 60주기를 계기로 2011년부터 준비해오다가 '거창사건희생자유족회'가 주축이 되어 본격적으로 제작을 추진하여 완성했다. 영화 제목 '청야'는 사건 당시 작전명 '견벽청야堅壁清野'에서 유래한 것으로, 빨치산의 보급원을 차단하도록 산골 마을을 초토화한다는 의미를 담고 있다.

한국전쟁 기간에 한반도 전역에 걸쳐 일어난 국군에 의한 민간인 학살자 수는 적어도 100만 명이 넘는데도 국가가 인정하는 민간인 학살 사건은 제주 4·3사건, 노근리사건, 거창사건으로 극히 소수다.

거창사건은 1951년 2월, 사단장 최덕신이 지휘하는 국군 제11사단 9연대에 의해 일어난 사건으로, 총 719명이 목숨을 잃었다. 다른 민간인 학살 사건과 달리 가해자들이 곧 그 지역을 떠났고, 그해 3월 29일에 거창 출신 국회의원인 신중목이 사건을 폭로함으로써 어느 정도 진상이 규명되었으며 관련자 처벌도 이루어졌다. 그러나 이 사건은 조사 당시 국군이 진상 규명을 저지한 데다가 처벌된 관련자가 이승만 정권기에 정부의 주요 요직에 다시 기용되는 등 적절한 처벌이 행해졌다고 보기는 어렵다.

대학살이 일어난 경상남도 거창군 신원면은 해발고도 700~900미터에 달하는 산들로 둘러싸여 있어서 외부와 차단되고 고립된 지리산 자락의 한 농촌 마을이다. 피학살 유족들은 이승만 정권을 무너뜨린 1960년 4·19혁명을 통해 새로이 진상 규명의 빛을 보는 듯하다가, 1961년 5·16군사쿠데타로 혁명재판에 소환되는 등 좌경 세력으로 몰렸다. 그 후로 줄곧 불온 세력으로 낙인찍히다가 1990년대를 기점으로 탈냉전과 민주화의 시대를 맞아 민간인 학살에 이목이 집중되면서 재조명을 받았다. 그 결과 1996년에 '거창사건 등 관련자의 명예회복에 관한 특별조치법'이 만들어졌고, 이 법에 의거해 '거창사건추모공원'이 2004년에 준공되었다. 피학살자와 그 유족들이 50년간이나 불온 세력으로 낙인찍혀 시달려온 뒤의 일이었다.

내부 갈등이 점철된 공존 지역

당시 거창에서 살던 사람들 모두가 학살의 대상이 된 것은 아니다. 경찰 가족과 관련 종사자들의 가족, 지역 유지들은 학살을 모면했기 때문이다. 사건 당시 면장이었던 박영보는 1960년 4·19혁명 이후인 5월 11일에 학살 피해자 유족들에 의해 처참하게 살해되었다. 이것은 원한 보복으로, 범죄자를 처단하지 않으면 또다시 보복당할까 두려워한 유족들이 행한 일이었다. 한 마을에 사는 사람들끼리 겪은 내부 갈등이 어떠했을지 짐작이 가는 대목이다.

그렇다면 내부 갈등만 있었을까? 거창에서 학살 사건이 일어난 지 이

거창사건을 다룬 영화 〈청야〉 포스터. 이 영화는 (사)거창사건희생자유족회가 주축이 되어 제작했다.

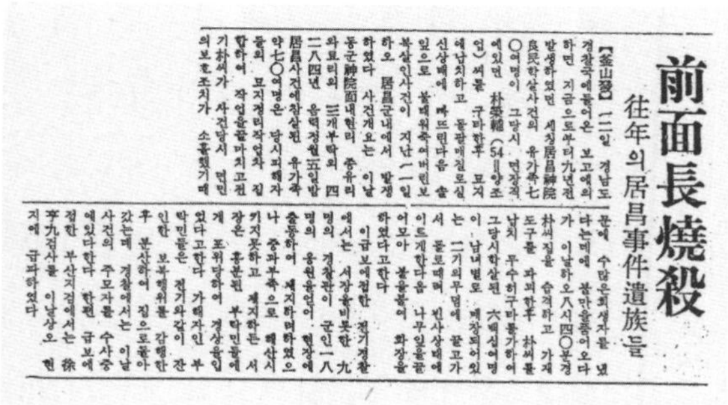

前面長燒殺

往年의 居昌事件遺族들

잊히랴! 어찌 그날이

감투에만 홀렸던 朴榮輔

뉘우침 커녕 人事도 없어

遺族들의 自然發生的 분풀이

第二居昌事件發生經緯

1960년 5월 11일, 거창 지역 주민 70여 명이 사건 발발 당시 주민의 생사여탈을 방관한 면장 박영보를 살해하는 일이 발생했다. 이로 인해 거창사건에 세인의 관심이 집중되면서 진상 조사가 이루어지고 박산합동묘역에 위령비가 세워졌으나 1961년에 들어선 박정희 군사 독재 정권은 유족회를 반국가 단체 혐의를 씌워 관련자를 구속했다. 사진은 박영보 살인 사건을 다룬 1960년 5월 12일자 《동아일보》 기사(위)와 후속 내용을 실은 5월 16일자 《경향신문》 기사(아래).

틀 후, 그러니까 같은 시기에 같은 부대에 의해 자행된 민간인 학살 사건이 또 있다. 산청·함양 양민 학살 사건이 그것이다. 이 사건은 초기에 문제 제기가 되지 못한 탓에 진상 규명조차 이루어지지 않았으며, 1990년에 와서야 겨우 유족회를 구성해 탄원서를 낼 정도였다. 거창사건과 산청·함양사건은 인접한 지역에서 일어난 같은 양민 학살이라 할 수 있지만, 진장조사와 위령사업에 대한 정부 지원을 둘러싸고 유족회 간의 갈등이 계속되고 있다.

산 자와 죽은 자의 단절이 아닌 공명의 장으로

2004년에 5만 평(16만 5,000제곱미터)이나 되는 넓은 부지에 준공된 거창사건추모공원은 찾아오는 이 드문 황량한 벌판처럼 펼쳐져 있는데, 이름 그대로 '거창'만을 대상으로 삼고 있다. 50년에 걸친 억울한 세월 탓에 거창이 스스로를 거두기에도 벅찼다고 이해할 수도 있으나, 이 공간을 거창뿐만 아니라 여타 지역을 아우르는 곳으로 규정했더라면, 거창은 한반도 전역의 제2, 제3의 거창의 모태로서 자리매김될 수 있었을 터다.

어쨌든 추모공원을 추모 공간과 역사교육관을 중심으로 살펴보자. 추모 공간은 위패 봉안각과 참배단으로 구성되어 있다. 특히 참배단은 죽은 자의 넋을 기리기 위해 하늘을 찌를 듯이 높이 솟은 위령탑, 위령탑 좌우로는 무릎을 꿇어 용서를 구하는 군인들과 구천을 떠돌아다니던 죽은 자들의 영혼이 하늘로 올라가는 모습을 각각 상징하는 〈참회〉와 〈환희〉라는 군상이 있으며, 사건 발생 전 신원면의 평화로운 모습이 묘사된 부조벽으로 이루어져 있다. 그리고 추모 공간은 이 세상의 원한을 털고 하늘로 승천하길 바라는 천유문과 천유교를 지나 이르게 된다. 역사교육관의 내부에는 한국 현대사에 대한 일반적인 설명, 빨치산 토벌 작전, 반공 교육을 설파하는 글이 전시되어 있다.

추모 공간과 역사교육관의 의미를 토대로 생각해보면 이곳은 죽은 자를, 반공 정신에 입각한 평화 의식을 가진 양민으로 상정한다. 또 군인들이 거창사건의 살육 행위를 참회했으니, 죽은 자들은 더는 이승에서 떠돌지 말고 환희하며 승천하기를 기원하는 장으로 해석된다.

따라서 이 추모공원이 가진 위령의 기능은 죽은 자와 산 자의 관계 단절을 도모하는 것이라고 볼 수 있다. 이곳은 죽은 자의 슬픔과 고통을 위로하여 아무쪼록 저세상으로 잘 떠나기를 기원하는 공간이지, 죽은 자의 아픈 마음을 진정시켜 주는 일 등은 포함되어 있지 않다. 다시 말해 죽은 자와 산 자 사이의 접합을 통해 죽은 자의 유지遺志를 계승하겠다는 의지는 드러나지 않는다는 말이다. 그 결과, 이 공간은 죽은 자와 산 자가 교류하는 공간으로 거듭나지 못했고, 죽은 자가 생전에 지닌 문제를 파악해서 해결하는 행위를 촉구하는 연결성도 갖지 못하고 말았다.

그렇다면 우리는 이 공간에서 단지 너무나 덧없는 죽음이었기에 죽은 자의 한과 산 자의 억울함만을 가늠하고 공감해야 하는가. 죽은 자와 산 자가 서로 공명하는 수행성을 이끄는 장으로 이 공간을 부활시키는 것이 우리의 숙제일 것이다.

소록도

회고적 다크투어의 대상이 된 추방의 땅

폐쇄적이고 고립된 공간의 문을 열다

소록도 가는 길은 한센병에서 시작해서 한센병으로 끝난다. '소록도 자혜의원'이 개원한 1916년부터 100년 가까운 시간이 흐르는 동안 소록도라는 섬을 메운 건 한센병과 관련된 정책·제도, 인식, 건축물 같은 것들뿐이다. 동시에 이 100년은 '호모 사케르'의 추방지라는 부정적 이미지에서 탈피해 투명한 질서의 공간으로 재사회화하려는 시간이기도 했다. 이 병의 기의에 내재된 부정적 이미지를 탈각시키고자 그동안 이 병의 이름은 '문둥병'에서 '나병'으로, 다시 '한센병'으로 바뀌었다. 이에 걸맞게 병원의 명칭 역시 소록도 자혜의원에서 '소록도 갱생원'으로, 다시 '중앙나요양소'로, 그리고 '국립나병원'과 '국립소록도병원' 등으로 일곱 차례 바뀌었다. 이러한 변화는 소록도와 한센병을 분리하려는 의도와 병명 대신 공간명을 선호하는 경향을 보여준다.

소록도의 공간성 변화에서 가장 중요한 점은 폐쇄적이고 고립되어 있던 섬이 개방적 공간으로 변모했다는 것이다. 소록도가 외부인에게 개방된 1996년 이후, 특히 '인도人道가 없는' 소록대교가 개통된 2009년 이후 소록도에 발을 들여놓는 사람의 대다수는 관광객이다.

현재 소록도에 거주하는 보호 인원은 600명가량 되지만, 한 해 관광객은 50만 명이 넘는다. 유독 지대(병사 지대)와 무독 지대(직원 지대)로 엄격히 구분되던 소록도는 이제 관광객 출입 가능 지역과 제한 지역으로 나뉘어 있고, 주민들이 살고 있는 마을과 학교 등은 '외부인 출입 금지' 팻말로 둘러싸여 있다. 따라서 종교 단체를 통하지 않고 소록도를 방문한 관광객이 접근할 수 있는 곳은 소록도 해수욕장과 중앙공원으로 한정되어 있다.

현대식 건물인 국립소록도병원 옆을 지나 검시실, 감금실, 한센병자료관 등을 거쳐 구라탑 일대로 이어지는 중앙공원 관광 경로는 이곳 방문객들이 주로 일제강점기 식민지 조국의 한을 상상하도록 인도한다. 특히 단종 수술과 시체 해부를 실시했던 검시실, 저항하는 한센병 환자를 가두었던 감금실은 문화재로 등록되어, 일제강점기 인권 탄압의 상징물 역할을 하면서 한센병 환자의 고통을 한민족 전체의 고통으로 확대하는 데 분명한 역사적 근거를 제공한다.

격리와 배제, 멸시와 배척

소록도의 탄생은 일제가 질병 관리를 통해 제국의 실체와 위엄을 과시하려 한 데서 비롯되었다. 일제는 한센병 환자의 엄격한 격리를 최선의 대책으로 삼은 유럽 제국들을 모방하여 일본의 한센병을 관리하기 시작했고, 그 정책을 식민지 조선에 그대로 적용했다.

조선에서는 육지에서 적당히 거리가 떨어진 따뜻한 섬 소록도가 한센병 환자의 격리와 통제, 운영비 절감, 환자의 노동 생산성 향상, 국제 사

1950~1960년대 소록도에서 행해진 월례 정기 면회 모습(위). 한센병 환자는 병사 지대와 직원 지대 사이에 있는 도로에서 한 달에 한 번씩 가족을 만날 수 있었다. 1996년 외부인에게 개방된 소록도 경내에는 곧게 뚫린 길 옆으로 한센병 환자들이 주거하는 건물이 산뜻하게 서 있다(아래).

회에서 일제의 위상 정립 등에 유리한 공간으로 선택되었다. 한센병의 관리 주체는 부산 등지에서 이미 나요양 시설을 운영하고 있던 외국인 기독교 선교사에서, 소록도 자혜의원을 설립한 일제로 옮겨갔다. 전국에 설치된 자혜의원 가운데 하나인 소록도 자혜의원은 조선이 질병에 감염되지 않은 청결한 몸으로 일제에 포섭되게 하는 데 중요한 기반을 제공했다. 조선의 정화란 각종 외세를 차단함으로써 일제가 조선의 위생을 독점적으로 관장할 수 있는 권리를 확보했음을 의미한다. 또한 근대적 의료 시설과 무료 진료를 통해 식민 상태에 대한 피식민자들의 동의를 확보하고자 했음을 의미한다.

한센병은 그 자체로도 고통스러운 병이지만 사회적 멸시와 배척이라는 더 큰 고통을 동반했다. 당시 언론은 전염의 공포를 배경으로 한센병 환자의 변형된 외모와 범죄를 연결함으로써 신체적 질병과 사회적 질병의 연계를 부추겼다. 희생 제물로도 바칠 수 없는 존재, 죽여도 처벌을 두려워할 필요가 없는 존재가 되어 공동체 주변을 배회하는 한센병 환자들을 일제는 예외 상태의 소록도에 격리 수용함으로써 조선 육지의 위생 혹은 정화에 대한 환상을 도모했다. 소록도 자혜의원의 '자비로운 은혜'를 입은 쪽은 소록도와 한센병 환자들이라기보다 식민지 조선의 육지였던 셈이다.

이와 동시에 소록도는 질병체를 황국 신민으로 탄생시키기 위한 재사회화 교육의 장이기도 했다. 일본식 생활 습속을 학습하는 일부터 수용 시설 확장, 전쟁 물자 조달을 위한 강제 노역에 이르기까지, 소록도 수용자들은 제국의 유지와 확장에 봉사하는 존재가 되어야 했다. 동남아시아 국가들을 침략한 일제는 새로운 식민지에서 동일한 한센병 관리 체계를 구축하기 위해 소록도 수용자들을 강제로 징용하기까지 했다.

제유적 상상에 편승한 망각

일제강점기의 소록도는 끊임없이 기억의 체계 속으로 편입되었지만, 이보다 가까운 시기인 해방 후의 소록도는 조용히 망각되기를 요구받고 있다. 소록도와 한반도의 친연 관계를 상상할 수 있는 시기가 1945년까지이기 때문이다. 한반도는 일제강점기를 벗어났지만, 소록도는 거의 그대로였다는 것이 문제였다. 병원장은 여전히 군의관이 맡았으며 소록도 관리 체계 역시 변화가 없었고 단종 수술도 계속되었다.

현재 소록도에서 진행되는 제한적인 다크투어는 소록도와 피식민지 조선 전체의 친연성을 강조한다. 하지만 이 정당한 제유적 상상은, 배제에 동의했던 육지와 산업화·근대화에 매진했던 한국 사회가 자기반성이라는 불편한 작업을 굳이 하지 않아도 되는 알리바이를 제공하고 있는지도 모른다. 왜냐하면 다크투어가 여행의 대상으로 삼는 것은 현재가 아니라 기억해야 할 아픈 과거인데, 이때 현재는 과거의 잘못을 반성하고 성찰하는 위치를 이미 점유하고 있는 것으로 간주되기 때문이다. 그래서 제유적 상상력이 가미된 소록도 다크투어는, 소록도의 고통을 대한민국 수립 이후의 현재와는 무관한 것, 과거 일제강점기라는 특정 시기의 전유물로 고착화하는 데 기여하기도 한다. 구라탑 부근에 자리한 정원은, 역경과 편견은 이미 과거형이 되었고 지금은 관광객과 주민이 이 공간에서 자유로이 공감하고 있다는 환상마저 제공한다.

소록도는 유기체로서의 국가에서 배제된 공간이면서도 국가의 의지가 절대적으로 작용하는 공간, 국가를 위해 봉사해야 하는 공간이었다. '경제개발 5개년계획'이라는 이름으로 육지를 휩쓸기 시작한 근대화 담론이 소록도에서는 '나병관리 5개년계획'으로 실행되었다. 이 계획은 한센병 환자의 사회 복귀를 최종 목표로 삼았는데, 이때 사회 복귀란 '조국 근대화의 기술을 습득한 산업역군으로의 전환'을 의미했다.

특히 소록도 맞은편의 바다를 서울 여의도 세 배 규모의 육지로 만들려고 한 '오마도 간척 사업'은 국가가 소록도와 그곳 주민들을 어떻게 여겼는지를 여실히 증명하는 사건이다. 소록도는 1960년대 초반 한센병 치료제의 보급으로 급격히 늘어난 치유 환자를 수용하기 위해 이 간척 사업을 추진했는데, 국가는 이를 농토 확장의 기회로 여긴 것이다. 결국 국가의 지원도 없고 한센병에 대한 인식의 전환이 전혀 이루어지지 않은 상태에서 소록도 주민들은 1962년부터 공사에 착수했다. 그러나 2년 후 사업 주체가 '오마도 개척단'에서 사단법인 한국정착사업개발흥업회로 바뀌면서 토지 분배권도 전라남도 당국이 갖게 되었고, 소록도 주민들은 오마도 간척과 관련된 모든 권리를 상실했다. 그들은 새 땅에 정착할 수 없었으며 육지의 인적 드문 곳에 정착촌을 만들어 흩어졌다. 그리고 2011년 오마도 한센인 추모공원의 동상이 그들을 대신해 간척지 인근에 세워졌다.

과거의 소록도는 살아 있는 한센병 환자를 격리하고 배제하기 위한 공간이었고, 지금의 소록도는 이미 죽어서 두려움을 주지 않게 된 한센병 환자를 추상적인 표상체로 대체한 후 회고적인 다크투어가 이루어지는 공간이다. 소록도는 언제나 그곳을 뺀 나머지 공간의 안전을 보장하고 증명해왔다. 이 역할의 수행은 늘 추방과 관련되어 있었다.

시와 소설에 그려진 '작은 사슴의 섬'

천형이라는 낙인과 완전한 격리

하늘에서 내려다본 모습이 작은 사슴을 닮았다고 해서 이름 붙여진 소록도 小鹿島. 그러나 섬에 서린 오랜 원망과 한의 역사는 그 아름다운 이름을 낯선 것으로 만들었다. 한센병 환자의 격리 수용을 위해 일제강점기인 1916년에 개원한 자혜의원을 비롯해 단종대와 감금실 곳곳에는 아름다운 소록도 풍광과는 어울리지 않는 슬픈 역사가 켜켜이 묻어 있다.

천형의 낙인이 찍힌 이들. '문둥이'를 일컫는 표현이다. 예수가 각별히 대했던 그들은 한국 땅에서 일제강점기부터 해방된 이후까지도 철저한 통제 속에서 살았다. 일제는 전염을 막는다는 명목으로 한센병 환자들에게 소록도를 거주지로 마련해주었지만, 그곳은 문자 그대로의 의미로서만 삶의 터였을 뿐 유배지나 진배 없었다. 뭍까지 배로 10분이면 닿을 수 있는 섬이어서 완치되면 섬을 나갈 수 있다는 희망을 안고 들어오지만, 주검이 되지 않고는 나갈 수 없는 그곳. 1945년 해방을 맞은 원생들이 자치권을 요구했지만, 해방 일주일 후 원생 84명이 처참하게 학살당하기도 했다.

1935년에 건립된 검시실은 2004년 문화재청에 의해 등록문화재로 선정되었다. 이곳에서 사망한 한센병 환자의 시신은 유족의 의사와는 상관없이 해부되어 화장되었다. 당시 소록도 환자들은 세 번 죽는다는 이야기가 회자

단종 수술과 시체 해부를 실시했던 소록도 내 검시실.

되었는데, 첫째는 한센병 발병으로 소록도에 격리되는 것, 둘째는 죽음 이후의 시신 해부, 셋째는 장례 이후의 화장이 그것이다.

일반인과 격리된 그들만의 세상에서조차 일제는 강제로 단종斷種 수술을 시행함으로써 그들의 인권을 유린했다. 제4대 수호(스오 마사히데周防正秀) 원장 시절, 그의 명을 거역한 벌로 감금실에 갇혔다가 풀려나면서 단종 수술을 받은 이동李東은 〈단종대〉라는 시에서 자신의 슬픔을 이렇게 표현했다(이 시는 오늘날 소록도 정관정제실 앞 벽면에 걸려 있다).

그 옛날 나의 사춘기에 꿈꾸던
사랑의 꿈은 깨어지고
여기 나의 25세 젊음을

파멸해가는 수술대 위에서
내 청춘을 통곡하며 누워 있노라
장래 손자를 보겠다던 어머니의 모습
내 수술대 위에서 가물거린다
정관을 차단하는 차가운 메스가
내 국부에 닿을 때

모래알처럼 번성하라던
신의 섭리를 역행하는 메스를 보고
지하의 히포크라테스는
오늘도 통곡한다

단종 수술은 남성 한센병 환자가 겪은 네 번째 죽음이라고 할 수 있지 않을까.

한센병 환자는 병사 지대와 직원 지대 사이에 있는 도로에서 한 달에 한 번씩 가족을 만날 수 있었다고 한다. 전염될까봐 손도 못 잡게 해서 눈물만 흘리며 서로를 마주보았을 그들의 모습은 소록도의 아름다운 자연 경관과 묘한 대조를 이룬다.

주인의 손으로 세워야 할 천국

소록도를 이야기할 때 빼놓을 수 없는 작품은 아마도 소설가 이청준의 《당신들의 천국》일 것이다. 소설에서 조백헌 대령은 새로운 병원장으로 부임하면서 소록도를 나환자들의 천국으로 만들겠다고 주민들에게 약속하지만,

전임 원장들의 관리 방식을 익히 경험한 주민들은 그를 쉽게 받아들이지 못한다. 나환자 축구팀 결성으로 섬에 활력을 불어넣은 조 대령은 전임자들처럼 자신의 동상을 만들지 않겠다고 주민들을 설득하고, 간척지를 개발해 그들만의 거주 공간을 만들자며 독려한다. 《성경》의 '출애굽'에 비견될 만한 '출소록' 프로젝트. 조 대령은 주민들에게 현현한 예수의 모습 그 자체였다.

이 소설을 개발 신화의 신호탄을 쏘아올린 1970년대 한국 사회의 알레고리로만 읽는 것은 지나치게 단순한 독법이다. 작가는 이 소설에서 주인이 될 이들의 손으로 세워지지 않는 낙원은 '그들만의 천국'이 될 수밖에 없음을 경고했던 것이다. 그런 점에서 소설의 대미를 장식하는, 나환자 윤해원과 정상인 서미연의 결혼식은 상징적으로 읽힌다. 병사 지대와 직원 지대 사이에 마련된 그들의 신접살림은 같은 공간 속에서도 이질성을 느껴야 했던 이들에게 두 세상을 이어주는 희망이 되기 때문이다.

아름다운 이름과는 상반되게 무거운 공기가 감도는 이곳에 많은 사회사업가들이 다녀갔다. 이들은 한센병 환자들의 아픔에 공감하며 그들에게 일반인의 삶에 대한 희망을 심어주려 했다. 그러나 《당신들의 천국》에서처럼 그들은 자의적이었건 타의적이었건 우상일 뿐이었다. 처음부터 명성을 얻고자 왔던 사람들이나, 시간이 지나면서 스스로가 우상이 된 사람들이나…….

100년의 역사를 껴안고 있는 소록도에는 아직도 600여 명의 한센병 환자들이 살고 있다. 2009년 소록대교의 개통으로 육로로 접근할 수 있게 된 이 섬에는 한 해 관광객이 50만 명이 넘는다. 이제는 전염으로부터 안전한 그곳에 오염되지 않은 자연을 관광하러 가는 것은 그들의 아픔의 크기를 망각한 기만이 아닐는지……. 더는 우상이 필요하지 않은 그들을 환우患友라 부르는 것 또한 그들의 기억의 나이테에 각인된 한을 외면한 성급한 손내밈일 지도 모른다.

소설 속 윤해원과 서미연의 아이는 어떻게 살았을까. 그들은 소록도 주민과 육지 사람들을 이어주는 다리가 되었을까. 천형의 낙인이 지워진, 인형人刑의 기억이 망각되어가는 오늘날, 소록도의 희망의 씨앗은 어디서 어떻게 찾을 수 있을까.

부산국제시장

삶의 애환과 생존 경쟁이 끓어오르던 용광로

해방 후 공터에 생겨난 '도떼기 시장'

미군 헌병과 한미 합동 수색대의 불법 유통 물품 단속, 박정희 정권 때 치안 유지를 목적으로 한 대대적인 노점상 철거 정책, 크고 작은 화재로 인해 잿더미가 되었던 곳. 그러나 칠전팔기의 굳센 의지로 오뚝이처럼 다시 일어나는 '억척 아낙네들'의 국제시장은 피란민의 치열했던 생애사가 고스란히 녹아 있는 곳이다. 또한 일제강점기와 한국전쟁을 거치며 생긴 생채기를 통해 역사적 성장을 이룬 대표적인 도시로 부산을 꼽는다면, 그 부산의 일면을 날것 그대로 가장 잘 보여주는 곳이 바로 이곳 부산국제시장이다.

'도떼기 시장'이라는 별명으로도 불리던 이곳은 1948년에 1층의 목조건물 열두 동을 세우고, 해방의 영향 때문이었던지 '자유시장'이라는 이름으로 개장했다. 그러다가 미군이 진주하면서 이곳에 미국산 물품이 나돌자 미국산, 일본산, 국내산 물품들이 한데 집결되고 규모도 커져, '국제'라는 이름이 더 적합하다 해서 '국제시장'으로 바뀌었다. 1950년에는 한국전쟁으로 인해 전국에서 몰려든 피란민들이 이곳에서 장사를 하면서 숱한 사연을 품은 상징적인 공간이 된다. 피란민들은 가족의 생계를 위해, 일본에서 돌아온 '귀환 동포'뿐 아니라 기존의 부산 상인들과도 경쟁해야 했다. 또 이른바 '도떼기 어깨'라고 불린 불량배들과 단속 나온 관官의 시선을 피해 다니며 생존 경쟁에 뛰어들어야 했다.

원래 이곳은 일제가 미군의 폭격에 대비해서 만든 공터인 소개지疏開地였다. 해방이 되자 일본인들이 남기고 간 짐 꾸러미들을 경매에 부치면서 즉석으로 도깨비시장(도떼기시장)이 생성되었다. 일본인들이 돌아가고 인적이 뜸해지자, 이번에는 귀환 동포들이 고향 갈 노자를 마련하고자 일본 물품을 판매하면서 시장의 형태가 유지되었다. 그렇지만 이곳이 급격하게 활기를 띠게 된 결정적 계기는 전쟁으로 전국에서 몰려든 피란민들이었다. 각종 유엔 군용 물자와 구호 물자, 미군 부대에서 나온 통조림·의류·청과·양곡과 일본 대마도(쓰시마 섬), 홍콩, 마카오 등지에서 들여온 각종 밀수품으로 이곳은 이름 그대로 국제적인 전시장의 모습을 갖추게 되었다.

삶의 고단함과 억척스러움이 서린 생존을 위한 전쟁터

밀수품의 거점지 역할을 했던 이곳에서 구하지 못할 품목은 없었다. 카탈로그에 있는 물품을 주문하면 사흘 후에는 반드시 구해놓을 만큼 밀수 조직이 탄탄했다. 암암리에 거래된 밀수품은 서울을 비롯해 전국으로 팔려나갔다. 특히 군용 물자 가운데 미군 부대에서 나오는 군화와 군복은 불티나게 팔려 나가는 품목이었다. 군복은 검정색으로 염색을 하거나 수선을 거친 후 시장에 나왔다. 여인들은 단속을 피하려고 미군 부대에서 나온 물품들을 한복 허리춤에다 감추고 임신부 행세를 하며 시장에 내

1950년대에 북적이는 부산국제시장. 당시 국제시장은 전국에서 몰려든 피란민들로 활기를 띠게 되었고 각종 군용 물자와 구호 물자, 밀수품 등이 집합하는 곳이었다.

1953년 1월 30일 국제시장에서 대형 화재가 발생했다. 이 화재는 어마어마한 피해를 입힌 재앙이었지만, 시장 상인들은 곧 복구에 나섰고, 같은 해 7월부터는 다시 영업을 재개했다.

다 팔았다.

그나마 점포라도 있는 상점은 단속을 피해 문을 닫아버리면 그만이었지만, 노점 상인들은 벌금에 물건까지 빼앗기는 어려움을 당했다. 하지만 생계를 위해서는 다음 날 어쩔 수 없이 노점을 펼칠 수밖에 없었다. 노점상 대다수가 널빤지 하나 없이 광목으로 만든 전대에 물건을 넣고 돌아다니면서 장사를 했다.

이곳은 불법과 부정 상거래 속에서 활개를 치는 불량배, 소매치기, 야바위꾼 들의 범죄와 사기, 상인들 간의 싸움 속에서 어떻게든 살아남아 생계를 책임져야 하는 삶의 고단함과 억척스러움이 배어 있는 생존을 위한 전쟁터였다. 〈굳세어라 금순아〉와 같은 노래가 그 시절에 나온 것은 결코 우연이 아니다. 아마도 배고프고 힘든 나날을 희망이 담긴 가사와 경쾌한 곡조를 흥얼거리며 이겨내고 싶었으리라.

미군 부대에서 나오는 음식물 찌꺼기를 모아서 끓인 이른바 '꿀꿀이죽'으로 불린 '유엔탕' 장사도 이 무렵에 등장했다. 꿀꿀이죽은 돼지 먹이로 사용하기 위해 받아온 것이라고 해서 붙여진 이름이지만, 거기엔 소시지, 햄, 콩 등이 들어 있어 그 시절에 영양 보충을 하기엔 훌륭한 음식이었다. 가끔 이쑤시개 같은 이물질이 나왔는데도 없어서 못 팔 지경이었고 가격도 비싼 편이었다.

어려울 때마다 모습을 바꿔가며 이겨냈던 국제시장이 겪은 가장 큰 시련은 화재였다. 1952년 한 해 동안 부산에 490건의 화재가 났고 그 피해액이 355억 원에 이르러, 부산은 '불산'이라고 불리는 불명예까지 안을 정도였다. 국제시장도 화마를 비켜 갈 수 없었다. 1953년 1월 30일에 일어난 '국제시장 대화재'는 가옥과 점포 등 1,600동을 전소시키면서 많은 이

재민과 피해를 낳은 어마어마한 사건이었다. 널빤지로 만든 가게들로 빼곡하게 들어차 있던 터라 불길이 순식간에 번져서 손쓸 틈도 없이 타버리고 말았다.

그러나 이런 대형 참사도 우리 어머니, 아버지 들의 끈질긴 생명력을 억누르진 못했다. 아무것도 남지 않은 잿더미 속에서도 이곳 상인들은 '국제시장 복구대책위원회'를 조직하고 공사비를 부담했다. 그리고 같은 해 7월 17일에 낙성식을 거행해, 2층으로 건축된 새 건물에서 다시 영업을 시작했다. 이곳은 참으로 거래할 수 없는 물품들이 거래되는 곳이고, 먹을 수 없는 음식이 만들어지는 곳이며, 잿더미에서 다시 일어서는 불굴의 의지를 가진 곳, 애환의 역사가 고스란히 담긴 장소였다.

전성기로의 회귀를 꿈꾸다

이곳에서 오랜 기간 장사한 사람들이 기억하는 첫 번째 전성기는 자유당이 집권했던 1950년대다. 전쟁 이후 만연한 허무주의로 사치품의 수요가 늘면서 큰 이문을 남길 수 있는 밀수품의 거래가 왕성한 시절이었다. 이때 억척스러운 피란민들이 부산의 기존 상인들을 밀어내고 이 시장의 절반 이상을 차지했다. 한일합섬, 동양시멘트, 고려해운 등을 세운 창업자들도 바로 이곳에서 기반을 마련한 거상이었다.

1960~1970년대에도 명절 때가 되면 남해, 거제의 도매상들이 배를 대절해 와서 사나흘씩 묵으며 물건을 장만해 갔다. 부산 인근의 마산·창원·울산·포항·대구에서도 물건을 떼러 오는 상인들로 발 디딜 틈 없이 복잡하고 활기찬 모습이었다.

그러나 1980년대에 해외여행이 자유화되면서 이곳에서만 구할 수 있

한국전쟁 이후 군용물자와 밀수품을 주로 판매했던 깡통시장의 현재 모습. 1980년대 해외여행 자유화 이후 차츰 내리막길을 걸었던 국제시장은 최근 국내외 여행객들이 즐겨 찾는 새로운 관광지로 변모하고 있다.

던 카세트나 카메라 같은 전자 제품이나 화장품 등은 희소성이 사라지면서 국제시장은 차츰 내리막길을 걷기 시작했다. 이런 역경 속에서도 시장 상인들은 삶의 방편을 찾아냈다. 이른바 '짝퉁'이라고 불리는 모조품을 끌어들이고, 구제舊製와 안경, 한복, 그릇, 혼수품 등 다양한 물품의 도·소매로 소비자들의 발길을 붙잡았다.

지금은 대중 매체의 보도로 국내외 여행객들에게 새롭게 소비되는 관광의 장소로 변모하고 있다. '먹자골목'에서는 '씨앗호떡', '비빔당면' 같은 길거리 음식을 아무 데서나 걸터앉아 먹는 관광객의 모습을 쉽게 볼 수 있다. 그 옛날 피란민들이 생활을 꾸리기 위해 팔기도 하고 사 먹기도 했던, 애환이 담긴 음식들이 이제는 관광 상품이 되어 그때와 비슷한 모습이 재현되는 아이러니한 광경이 등장한 것이다.

"어서어서 오십시오/ 마음대로 골라보세요/ 나이롱 양단 호박단/ 신무늬 들어왔어요 …… 어서어서 오십시오/ 마음대로 골라보세요/ 비로도 양단 나이롱/ 신무늬 들어왔어요"(1960년 발매, 황정자 노래, 〈저무는 국제시장〉에서). 흥겨운 가락과 어울려 외치는 이 소리들이 아직도 구석구석에서 들려오는 듯하건만, 그날의 '억척 아낙네'들은 모두 어디로 갔을까.

판문점

장벽이자 통로라는 이중성을 내포한 장소

한국은 지구상에 현존하는 유일한 분단 국가다. 암울했던 일제 식민 지배에서 해방되자마자 이념의 갈등으로 남북으로 분단되고, 곧이어 서로 죽이고 죽는 참혹한 전쟁까지 치렀다. 그 전쟁은 아직 끝나지 않았고 다만 멈춘 상태이며, 언제 재발할지 모를 군사적 충돌을 막고자 남북 사이에는 약 248킬로미터의 군사분계선, 이른바 '휴전선'이 그어져 있다. 그 선을 중심으로 남북 2킬로미터 폭의 비무장지대를 두어 휴전 상태를 관리하겠다는 것이다.

동서로 길게 이어진 비무장지대는 사람들의 출입을 엄격하게 통제하고 있어 일반인은 가고 싶어도 못 가는 곳이 되었고, 북에 고향을 둔 실향민들의 망향가望鄕歌는 그칠 날이 없다. 이렇듯 같은 민족끼리 총구를 맞대고 있는 휴전선은 한반도의 그 어느 곳보다도 아픈 곳이다. 분단이 한 민족에게 가장 큰 아픔이라면, 휴전선과 거기에 남북으로 걸터앉은 판문점은 그러한 아픔을 도드라지게 드러내는 상처이기 때문이다. 사진가 이시우의 말대로 '아픈 곳이 중심'이라면, 판문점은 우리 현대사의 가장 중심이 되는 장소다.

한적한 주막거리가 분단의 상징이 되다

지금의 판문점 일대는 역사적으로는 몇몇 단편적인 기록만 남아 있는 그리 잘 알려지지 않은 장소다. 《고려사》에는 이곳의 옛 지명이 개성부 판문평板門平이라고 기록이 있고, 개성부의 동쪽 경계에 인접한 장단도호부長湍都護府로 가는 길에 판문교板門橋라는 다리가 있었다고 전한다. 이 다리가 현재의 판문점과 인접한 곳에 있는 이른바 '돌아오지 않는 다리'다. 조선 시대에는 한양에서 의주를 거쳐 중국으로 가는 사신들이 들러 술 한 잔 하던 곳이며, 임진왜란 때는 피란길에 나선 선조가 대문짝을 뜯어서 만든 다리를 이용해 강을 건넜다는 일화도 전한다. 판문점 일대가 '널문리'로 불린 것은 이 일화와 관련이 있는 것 같다. 그 이후에도 서울과 개성을 오가던 많은 길손이 이곳에 들러 잠시 숨을 고르곤 했다고 한다. 예나 지금이나 판문점이 소통의 길목에 자리하고 있다는 점은 맥이 통한다.

주막과 초가집 몇 채만 있던 한적한 길목에 불과하던 판문점이 그 이름을 세상에 널리 알리게 된 것은 분단과 전쟁이라는 비극적 역사와 관련되면서부터다. 판문점은 교착 상태에 놓인 한국전쟁을 끝내기 위해 열린 정전 회담의 역사적 현장이 되면서 비로소 집중적으로 언론의 조명을 받았다. 사실 1951년 7월, 정전을 위한 예비 회담이 처음으로 열린 곳은 개성의 고려동에 위치한 내봉장來鳳莊이다. 하지만 개성은 북의 관할하에 있었기에 정전 협상에 걸맞은 중립적인 장소를 새로 물색했는데 그곳이 바로 현재의 판문점 일원이다. 당시 회담장이 지어진 곳은 콩 밭이었고 그 옆에는 '널문리 가게'라는 주막과 세 채의 초가만 있었다고 한다. 이때 회담에 참가한 중국 측이 장소 식별에 용이한 널문리 가게를 '판문점板門店'이라는 한자어로 표기하면서, 회담 장소가 판문점으로 불리게 되었다.

정전협정 초기 판문점 일대의 모습. 판문점이 있던 곳은 원래 주막거리였는데, 정전협정이 열리면서 남북간의 유일한 접촉 장소가 되었다.

1953년 7월 27일 미국과 북한-중국 대표가 판문점에서 정전협정에 조인하고 있다.

현재의 판문점은 회담이 열린 곳에서 500미터가량 동쪽으로 옮겨 새로 지은 것이다. 휴전선을 정확하게 반분하는 곳에 판문점을 두기 위해서였다. 판문점이 자리한 동서 800미터, 남북 400미터의 장방형 공간은 정전협정에 근거하여 군사정전위원회와 중립국 감시단의 공동경비구역JSA으로 설정된 곳이다. 군사정전위원회는 정전협정의 실행을 관리·감독하기 위한 최고 기구로, 유엔군과 북한군·중국군 사령관이 각각 다섯 명씩 지명한 열 명의 위원으로 구성된다. 위원회가 관할하는 판문점은 분단의 당사자인 남북한 어느 쪽도 실효적 지배를 미치지 못하는 곳이다. 특히 한국은 정전협정 조인에 참여하지 못한 터라, 군사분계선 남쪽인 판문점 지역도 공식적으로는 유엔군이 관할하는 구역이다.

이처럼 판문점은 분단이 남북한만의 문제가 아니라 세계적 냉전 체제의 산물임을 여실히 드러낸다. 이곳에서 분단은 국제적으로 관리되고 있다. 또한 판문점은 세계 역사상 가장 긴 기간 휴전이 관리되는 곳이기도 하다. 정전협정이 아직 평화조약 체결로 이어지지 않고 있기 때문이다.

장벽이자 소통의 통로라는 이중성

오래갈 것 같지 않던 휴전이 반세기를 훌쩍 넘어 지속되면서 판문점과 휴전선은 많은 기억들을 만들어냈다. 무엇보다 휴전선은 남북을 가로막는 경계다. 경계는 양측의 충돌을 막기 위한 장벽 역할을 주로 하지만, 소통이 필요할 경우에는 통로가 되기도 한다. 그러니까 이곳은 남북한이 가장 근접한 채 대치하는 현장인 동시에, 끊어진 남북을 잇는 소통의 길목이기도 하다. 이런 점이 바로 경계 지역이 가진 특성이다. 판문점 일원에서 발생한 일련의 역사적 사건들은 이 점을 잘 드러낸다.

돌이켜보면, 판문점에서는 정전협정 직후의 전쟁 포로 교환(1953년), 납북되었던 푸에블로호 승무원의 송환(1968년), 도끼 살해 사건(1976년), 전대협 대표 임수경의 귀환(1989년), 정주영 회장의 소 떼 방북(1998년), 비전향 장기수의 북송(2000년), 남북 적십자 회담 대표들의 왕래 등 다양한 일들이 이루어졌다. 이 가운데는 도끼 살해 사건처럼 남북한의 군사적 적대 관계를 고스란히 드러낸 사건이 있는가 하면, 소 떼 방북처럼 통일의 희망을 품게 한 기억도 있다. 장벽이자 통로라는 이중의 성격 탓에 남북한 관계가 좋을 때에는 통일의 기대로 가득 찬 희망의 공간이 되기도 하고, 불미스러운 사건이 발생하거나 군사적 긴장이 고조될 때에는 반공의식 강화를 위한 안보 관광의 메카가 되기도 한다.

이처럼 전쟁과 분단이라는 아픈 역사에 의해 고유의 장소 이미지를 획득한 판문점과 휴전선은 그 아픔을 치유해야 할 근원적인 숙제를 안고 있다. 아픈 상처를 치유하는 최선의 길은 평화조약이 체결되어 분단의 상징이라는 이미지가 폐기되고 새로운 상징성을 얻는 것이다. 판문점은 이제 분단의 상징에서 통일의 상징으로 거듭나야 한다. 그러기 위해서는 통일을 향한 새로운 기억들을 하나씩 쌓아가야 한다.

군사분계선에 걸터앉은 판문점은 지금도 남북한의 대화와 소통이 이루어지는 중요한 장소다. 대화와 소통은 분단을 관리하기 위해서만이 아니라 통일을 준비하기 위해서도 꼭 필요하다. 대화를 통해 신뢰가 쌓이고, 그 신뢰가 정전협정을 평화조약으로 바꾸고, 더 나아가 통일로 이어진다면, 대화의 장인 판문점은 통일의 상징으로서 새롭게 기억될 것이다. 공동경비구역이 필요 없게 되는 날, 그날이 분단의 상징이 아닌 통일의 상징으로서 판문점이 새롭게 탄생하는 날일 것이다.

용산

100여 년간 이어진 외국군 주둔의 현장

경제적·군사적 요충지

서울 한복판에 자리한 남산에 올라 용산 쪽을 바라보면 하늘 높이 솟은 마천루들 사이로 널따란 초록색 숲이 보인다. 용산에서 상당한 부분을 차지하고 있는 이곳은 바로 주한 미8군 기지다. 용산에는 임진왜란 때는 일본군이, 임오군란 때는 청군이, 청일전쟁에서 일본이 승리한 후에는 다시 일본군이 주둔했다. 러일전쟁 때는 조선주차군 사령부가 들어서면서 용산 일대는 군사 도시로 급속히 변모했다. 조선주차군 사령부는 1918년에 조선군 사령부로 편제를 바꿨는데, 그 사령부는 이전처럼 용산 기지에 있었다. 그리고 해방 이후 용산 기지의 시설과 부지가 미군에 그대로 넘어가면서 이곳은 100년 넘게 우리의 땅이 된 적 없는 비극의 땅이 되었다.

조선 시대에 용산은 유수의 강항江港이었다. 전국 물자의 대부분이 배편으로 한강변에 자리한 용산·마포·서강 포구로 들어왔는데, 그중에서 용산에는 경상도, 강원도, 충청도 및 경기도 상류의 세곡稅穀이 집하되었다. 이곳은 경제적으로 중요한 위치였을 뿐 아니라 군사적으로도 도성 방위에 중요한 장소였다. 임진왜란 때 일본군은 한양을 점령하고서 용산 등지를 본거지로 삼았으며, 평양전투와 함경도 방면에서 패전하자 이곳에 주둔했다. 명나라 군대와 화전和戰 교섭을 벌인 장소도 여기였다.

1884년 용산은 개시장開市場이 되었는데, 용산 개시장에 최초로 입주한 외국인은 프랑스인 신부였다. 조불수호통상조약(1886년 체결)에 의해 선교의 자유가 인정되자, 프랑스는 용산에 신학교를 세웠다(현 성심수녀원, 성심여고). 또 인천-마포 간 증기선의 왕래가 활발해지자, 화상華商 동순태同順泰 등이 증기선을 구입해서 용산-인천 간을 왕복 취항하고 용산에 전용 부두까지 설치했다. 이어서 일본 측도 여기에 가담함으로써, 인천에서 주로 행해지던 경기도 양곡 거래가 용산, 마포, 서강에서도 활발히 이루어지기 시작했다.

러일전쟁 이후 일제의 군사 기지로

청일전쟁이 일어나자 현 효창공원 일대의 숲은 한 때 일본군 여단 주력의 숙영지가 되고 여단의 북진 후에는 후속 부대의 중계 숙영지가 되었다. 또한 러일전쟁은 철도 및 군사 기지로서 용산의 성격을 분명히 하는 계기가 되었다.

그런데 조선 시대의 용산은 이른바 '옛 용산'으로, 지금의 원효로를 중심으로 한 지역이었다. 현재 서울역에서 한강철교에 이르는 지역 일대는 원래 모래벌판이어서 인가가 들어서지 않았던 곳이다. 그런데 경인선 철도 공사의 일환으로 한강철교가 가설되면서 수많은 노동자가 이곳에 모여들었다. 1899년에 용산역이 세워지고 그다음 해에 경인선 철도가 완공되어 인천에서 용산까지 기차로 화물 수송이 가능해지자 용산역 주변 지역, 곧 신용산이 활성화되었다.

1894년 7월 29일 천안 인근 성환에서 청군에게 승리를 거둔 일본은 이를 기념하여 용산에 개선문을 세우고 성대한 열병식을 치렀다.

용산역은 원래 경인선(1900년), 경부선(1905년), 경의선(1906년), 경원선(1914년)의 출발역이었다. 용산 근처 일본군 주둔지가 있어 통행 수요가 많았는데, 이를 해소하기 위해 1923년 경성역을 신축하면서부터 용산역의 이용자 수는 급격히 줄어들었다.

러일전쟁이 발발하자 일제는 경의선 철도 부설을 서두르기 위해 임시 군용철도감부를 설치하고 용산역 동편 광장에 거의 4,000평(1만 3,200제곱미터)에 달하는 청사 건물을 한 달 만에 급조했다. 철도 건설을 위해 파견된 여섯 개 대대 병력과 다수의 노동자로 신용산은 흡사 골드러시 때의 미국 서부를 방불케 했다. 이후 철도 관련 건축물들이 세워지면서 신용산은 철도 경영의 중심지로 변모했다.

1904년 일제는 한일의정서 제4조에 근거해 조선주차군 사령부를 설치하고, 용산, 평양, 의주 등지에서 1,000만 평에 가까운 토지를 군용지로 수용하겠다는 뜻을 대한제국에 통보했다. 실제로 일제가 남대문에서 한강변에 이르는 300만 평의 땅을 군용지로 수용하고 실제 건축에 들어간 시점은 러일전쟁이 끝나고 통감부가 설치된 지 얼마 안 된 1906년의 일이었다. 일제는 이태원 일대 등지의 주민을 강제로 이주시키고 대대적인 토목 공사를 벌여 도로와 병영을 건설했다. 그 결과 신용산에는 115만 평이 넘는 광대한 규모의 군사 시설이 들어섰으며 그곳은 일제 식민 통치의 본거지가 되고 말았다. 현재의 전쟁기념관과 국방부는 일제의 병기창, 작업장, 기병 중대, 야포 중대 등이 들어섰던 자리에 세워졌다.

주한 미군 주둔과 기지촌의 형성

해방이 된 뒤에도 용산은 외국 군대가 계속 주둔하는 곳으로 남았다. 미국과 소련이 한반도를 38선을 기준으로 분할하여 신탁통치하기로 결정되면서 1945년 9월에 미군이 한국에 첫발을 들여놓았다. 그 뒤 미군은 군정기가 끝난 뒤 잠시 철수했다가 한국전쟁이 발발하자 다시 진주했다.

주한 미군의 심장부에 해당하는 용산의 미군 기지는 일본의 조선주차군 사령부, 이후 조선군 사령부가 있었던 바로 그 자리에 들어섰다. 수도 서울 한복판에 조선군 사령부가 있던 자리를 주한 미군이 한국전쟁 이후 그대로 차지한 것이다.

용산의 미군 기지 주변에는 미군을 상대로 상업 활동이 이루어지는 기지촌이 형성되기 시작했다. 이태원 일대는 미군에게 위락을 제공하는 성매매 산업, 미군과 기지촌 여성을 고객으로 하는 상업이 이루어지는 공간으로서 1950년대 후반 이후 급속히 번창했다. 기지촌은 이른바 '피엑스PX 경제'라고 불리는 지하 경제의 원천이었으며, 미군의 폭력과 대중문화를 받아내는 역할을 동시에 수행했다. 그리고 그것이 다시 한국의 도시문화에 여과되는 방식으로 이른바 '미국 문화'가 한국 사회 전체에 확산되었다.

이러한 배경 속에서 이태원은 본격적인 기지촌 문화, 혹은 미군 문화의 산실이 되었다. '미8군 쇼' 등을 통해 대거 유입된 서구의 대중문화는 한국의 대중문화에도 크게 영향을 끼쳤다. 1950~1960년대 한국 대중문화는 투자와 생산뿐만 아니라 유통과 소비 부문에서도 미군의 영향력에서 자유로울 수 없었다. 이처럼 이태원은 일제 식민지의 사회적·문화적 잔재가 완전히 해소되지 않은 채 중층적으로 재식민화된 한국의 전반적 상황을 압축적으로 보여주는 독특한 공간이었다.

미군 기지 이전과 남은 과제

최근 문화재청과 신문의 보도에 따르면 용산 기지 안에 있는 1,245동의 건물 중에서 132동이 일본군 병영 건물인데, 보존 상태가 양호한 것으로 알려졌다. 만주사변, 중일전쟁 등에서 전사한 일본 군인을 기리기 위해 세워진 일본군 충혼탑은 미군이 비문만 바꾸어 한국전쟁 전몰 희생자 충혼탑으로 만들었다. 또 일본군 장교 숙소는 미소공동위원회 당시 소련군 대표의 숙소로 사용되었고, 현재는 주한 미합동군사업무단의 사무실로 쓰이고 있다. 출입문 2층 박공에 별이 새겨져 있는 일본군 막사 건물도 원형이 거의 유지된 채 현재 미군 사무동으로 사용되고 있다. 그 외에도 조선군 사령부의 벙커, 20사단 사단장 관저뿐 아니라 일본군이 사용했던 위수감옥 터도 확인할 수 있다. 용산 기지는 그야말로 100년 전 일본의 한반도 및 대륙 침략의 실체를 보여주는 세계적인 역사문화유산인 셈이다.

주한 미군의 역사는 우리 민족의 분단사나 마찬가지다. 그리고 그 기지는 원래 일본 식민 통치의 상징이었다. 용산기지이전계획(YRP)과 연합토지관리계획(LPP)에 따라 한미 양국 정부는 2016년까지 용산 기지를 경기도 평택으로 이전하기로 합의했다. 그러나 박근혜 정부가 북핵 위협을 이유로 전시작전권(전작권) 환수를 재차 연기할 것을 타진하고, 미국이 전작권 이전까지 한미연합사령부를 용산 기지에 잔류시키기를 희망하면서, 용산 기지를 공원화하기로 한 원래의 계획은 반쪽짜리로 전락할 가능성이 높아졌다. 국민과의 약속인 용산 기지 이전과 공원화가 제대로 진행되고 있는지, 또 전쟁과 아픔의 공간이 회복과 치유, 평화의 공간으로 거듭날 수 있을지 모두의 관심이 필요한 시점이다.

용산과 삼각지는 어디에?

브레히트는 기념탑 아래에는 무수히 많은 희생자의 이름이 새겨져 있다고 노래한 바 있다. 용산도 바로 그런 곳이다. 미군 기지가 있던 곳에는 용산가족공원과 함께 국립중앙박물관이 들어섰고, 그 근처에는 전쟁기념관이 위치해 있다. 배호의 절창 〈돌아가는 삼각지〉의 삼각지는 사라지고 없다. 그곳을 중심으로 마천루처럼 우뚝 솟은 최신식 아파트들만이 즐비하다. 퀴퀴하고 음습한 냄새가 나던 용산역은 휘황찬란한 백화점과 동거하면서 새 단장을 했다.

용산은 한자로 '龍山'이라고 쓴다. 그렇다면 이 산은 어디에 있는 것일까? 옛 지도나 구지區誌 등을 참조하면 답을 얻을 수 있다. 용산은 지금의 중구-마포구-용산구의 경계에 있는 만리재(보통 '만리동 고개'로 불린다)에서 효창공원-용마루고개-새창고개-용산성당-용산구 청암동으로 이어지는 긴 산줄기를 가리킨다. 이는 《용산구지》에서도 쉽게 확인할 수 있는 내용이다. 따라서 원래의 용산은 외국 군대가 오랫동안 주둔해온 '용산 기지'와는 거리가 멀다는 것을 알 수 있다. 서울의 도심 재개발 과정에서 아파트, 공원, 도로 등이 새로 놓이고 닦이면서 과거의 이름이 완전히 지워져버린 것이다. 고지도 〈경조오부도京兆五部圖〉(1856)를 보면, 목멱산(지금의 남산)에서 이어져 내려오는 산줄기가 보이고 '둔지산'이라는 이름이 쓰여 있는데, 둔지산이 바로

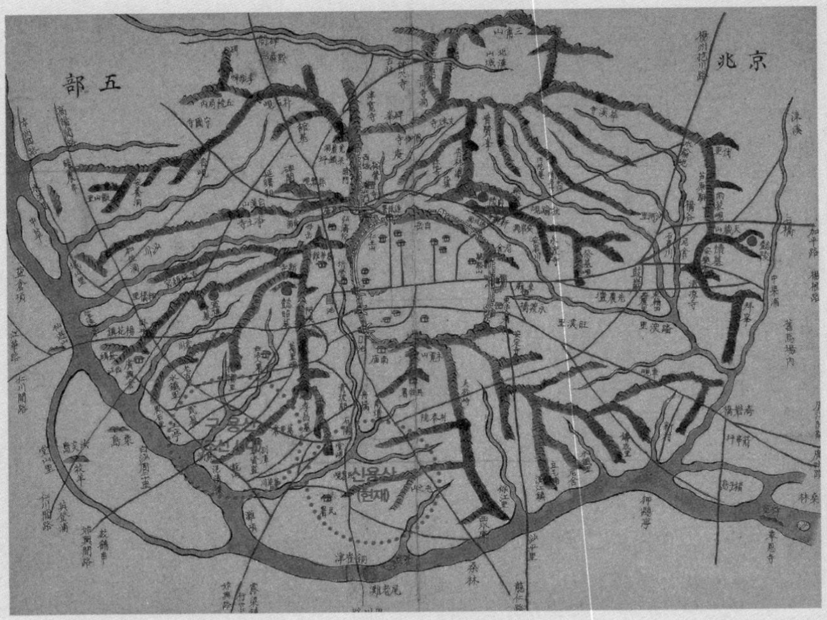

조선 말기 고지도인 〈경조오부도〉를 보면 실제 용산은 용산 기지와는 멀리 떨어져 있음을 알 수 있다. 시대의 변화는 이렇게 용산을 달리 구획한다.

용산이다.

용산 미군 기지 이전에 따른 용산 개발 계획이 2000년부터 시장에 떠돌았다. 미군 기지를 개발하는 용산공원 사업과, 용산역 뒤편 철도 정비창 부지를 개발하는 국제업무지구 개발 사업 등이 거론되었으나 지금도 여전히 표류 중이다. 어떤 모습의 개발이 되든 용산은 〈경조오부도〉의 용산의 모습으로 되돌아가지는 못할 것이다.

스물아홉 나이에 신장병으로 삶을 마감한 대중가수 배호의 〈돌아가는 삼각지〉는 한때 국민가요였다. 이 노래의 핵심은 제목에도 나오듯 '돌아가는'이라는 수식어다. 사랑을 잃은 '사나이'는 옛사랑의 흔적을 찾아왔지만, 도리 없이 서글피 울고 갈 수밖에 없다. 그는 그냥 돌아간다.

이제는 사랑을 잃어버리면 아예 찾아갈 곳조차 없다. 그 '삼각지'는 좌우 곳곳에 들어선 최첨단 아파트 숲 사이 어디쯤에 옛 자취만 남긴 채 사라졌다. 삼각지 가까이에 한 시절 세태를 풍자하던 '탁 치니 억하고 죽었다'라는 말이 흘러나온 바로 그곳이 있었다.

100년이라는 긴 세월, 외국 군대가 주둔하면서 가져온 낯선 문명의 옷들은 사라진 옛 삼각지 근처와 녹사평, 이태원 쪽에 아직 남아 우리 몸에 그대로 걸쳐져 있다. 그것들은 그것대로 한 시대의 얼룩이 될 테지만, '서글피 찾아왔다 울고 가는', 그래서 무력하게 '돌아가는' 그런 정신의 내파內波가 문제다. 모든 역사 사건은 더 깊은 응시를 요청한다. 현상만이 아니라, 원인과 과정, 결과 모두에 주목해달라는 요청 말이다. 요절한 배호는 그곳에서 돌아섰지만, 지금 이곳을 살아가는 사람들은 돌아설 곳조차 없다. 한국 근현대사를 만든 역사적 장소로서 용산을 기억해야 하는 이들에게는 그저 서글피 찾아갔다 도리 없이 돌아가는 '그곳'이 아니다. 어떤 기억을 가져갈 것인가 하는 문제는 새로운 길을 찾는 질문이다.

매향리

죽음 같은 폭음이 멎은 땅

폭음으로 고통받은 생활 터전

매향리梅香理는 봄이면 매화 향기 가득한 바닷가라 해서 이름 붙여진 경기도 화성시 우정읍의 작은 갯벌 마을이다. 마을에 이웃한 농섬은 마을 주민들이 조상의 묘자리로 여길 정도로 녹음이 짙은 아름다운 섬이다. 매향리가 미군의 육지 사격장과 해상 표적물로 둔갑하기 시작한 때는 한국전쟁 시기로 거슬러 올라간다. 한국전쟁 중이던 1951년, 매향리 앞바다에서 미 공군의 해상 폭격 훈련이 시작되었고, 1955년에는 해상사격장이 들어섰다. 1967년 한미주둔군지위협정Status of Forces Agreement, SOFA이 발효되면서, 1968년에는 대규모의 육상사격장이 들어섰다.

매향리는 지리적으로 높은 산이 없는 구릉 지대로 안개가 끼는 날이 거의 없어, 해상과 지상 모두에서 폭격이 가능했기에 최적의 공군 사격장으로 꼽혔다. 게다가 주민들이 살고 있는 곳이어서 담력까지 키울 수 있는 실전 장소 같은 훈련장이었기에 미군으로서는 더할 나위 없이 매력적인 장소였다. 사격장 안에는 300여 가구가 일구는 농토가 포함되는 등 마을 주민에게는 생활 터전이 사격 연습장으로 변한 셈이었다. 실제로 미군의 오폭이나 불발탄으로 사상자가 다수 나왔다.

이처럼 사망자가 발생하는 것도 문제였지만 폭격 소음 문제도 심각했다. "자다가도 폭격 소리가 나면 놀라서 깬다. 우리 집이 폭격 맞은 것은 아닌가 하고……." 아침 일곱 시부터 저녁 일곱 시까지 계속되는 일상적 스트레스의 누적은 다른 농어촌 지역에 비해 높은 자살률, 잦은 싸움과 같은 형태로 나타났다. 이러한 문제에 대한 각성은 1988년을 기해 주민 운동으로 발전하여, 그 결과 2005년에 사격장이 폐쇄되었다.

사격장이 폐쇄되기 전까지 젖 먹던 아기들은 폭음에 자지러지게 울었다. 30년 전 '내'가 그러했듯이 자식들도 울었다. 고통의 대물림이었다. 고통의 연쇄는 아래로만 흐르는 것이 아니었다. '아버지'가 이유 없이 목을 매고, 이웃들도 그렇게 죽었다.

시민 연대로 이루어낸 결실

그러나 주민들은 다시 의지하고 공감할 수 있는 계기를 발견함으로써 서로를 위로하고 앞으로 나아갈 힘을 새로 얻었다. 그것은 바로 1980년대 후반부터 시작된 주민 운동과 시민 연대의 힘이었다. 나아가 이 연대는 2005년 사격장이 폐쇄되는 결실을 얻은 후에도 지속되었고 그 힘을 사회에 되돌려주고 있다. 군사 기지로 인한 피해의 실상을 인식하고 있는 대추리-매향리-오키나와-강정마을 주민들이 보인 2011년의 연대가 대표적인 예다. 특히 강정마을의 경우 2012년 18대 대통령 선거 직전에야 겨우 언론에서 보도가 되기 시작했는데, 그러기 전부터 이미 매향리와 강정의 주민들은 연대를 맺고 고통을 나누었던 것이다.

1988년에 주민들의 불만이 외부로 표출되기까지는 40여 년에 이르는 긴 세월이 있었는데, 이는 반공 이데올로기에 둘러싸인 1950~1980년대의 사회 분위기 탓이었다. 사격장에 불만을 품는 것은 공동체 외부로부터는 물론이고 내부에서도 '빨갱이'라는 비난 때문에 그 정당성을 인정받을 수가 없었다. 게다가 SOFA는 미군의 안하무인식 행위들을 용인하게 만들었다. 국제화, 평화주의, 탈냉전을 시대적 특징으로 하면서 주둔군의 주권과 관할권을 무시한 파견국 우위의 불평등한 관계를 구축한 것이다. 그런 불평등한 관계의 대표적 예는 주권의 상징성을 갖는, 미군 범죄자에 대한 형사재판 관할권이 있으며, 그 외에도 환경을 비롯한 노동, 통관 등의 민사소송 절차에서도 그런 관계는 여실히 나타난다.

그러다가 사격장이 생긴 지 거의 반세기 만인 2005년에 기지 반환으로 폭격 개시를 명령하던 붉은 깃발이 사라지자, 마을 주민들은 매향리에 매화 향기가 다시 돌아왔다고 만세 삼창을 하며 기뻐했다. 마을에는 평온함이 찾아왔고, 이제 주민들은 편히 잠잘 수 있게 되었다.

상처 입은 땅, 다시 시민의 품으로

그러나 문제는 여전히 남아 있다. 주한 미군은 철수했으나 그 땅에 새겨진 상흔은 그대로 남아 있다. 반환된 갯벌에는 조개, 바지락, 낙지와 함께 불발탄, 탄피가 섞여 있다. 미군과 정부의 말대로 아무리 갯벌이 자정 능력이 있다 하더라도 애벌레같이 생긴 수많은 탄피와 중금속을 거두어들이는 데에는 한계가 있다. 풍랑이 일면 다시 갯벌 아래에 있던 것들이 스멀스멀 올라온다. 마을 주민은 삶의 터전이자 생계의 근거지인 갯벌을 정화하기 위해 자신들이 받은 배상금을 모아 직접 탄피 수거에 나섰다.

2012년에는 마을 주민들과 시민들의 연대에 힘입어 화성시가 국방부로부터 반환 기지를 매입했다. 파주의 반환 기지 터가 상업화로 몸살을 겪은 반면에, 매향리는 기지 터를 6 대 4 비율로 공원과 레저 시설로 계획했던 것을 완전히 공원화함으로써 정부에서 원래 받기로 한 보상금 400억 원에서 300억 원이 더 늘어난 700억 원을 지원받게 되었다. 이곳에 생태평화공원을 건립하기 위해 화성시 부시장과 주민대책위원장이 공동 회장을 맡은 협의회도 마련되었다. 공원은 매향리 역사는 물론, 환경과 평화의 중요성을 알리는 전시 진행하는 것은 기본이고, 주민들의 일자리 창출을 모색하고, 나아가 전쟁 피해자에게는 안식처로, 시민에게는 쉼터로 꾸며질 예정이다.

공원 한편에는 매향리에서 일어난 이유를 알 수 없는 자살로 숨진 이들을 기리는 공간도 마련될 예정이다. 미군의 탱크에 짓밟힌 '효순이와 미선이 들'도 이곳에 초대받을 수 있을지, 또 어떤 형식으로 이들을 불러내고 그들의 희생을 기억할지 궁금하다. 죽은 자와 산 자 들이 함께 어우러지는 공간으로 꾸며지길 기대한다.

4부

영광의 길목

1970년대부터 오늘날까지

마산 앞바다 · 국립4·19민주묘지 · 울산공업지구 · 포항제철 · 여의도광장 · 경부고속도로 · 서울역 · 구로공단 · 청계천 평화시장 · 금남로와 옛 전남도청 · 명동성당

마산 앞바다

그 바다에서 역사가 솟구쳐 올랐다

민주·민권의 첫 승리를 알리다

1960년 4월 11일, 눈에 최루탄이 박힌 시신 한 구가 마산 앞바다에 떠올랐다. 이승만 자유당 정권의 3·15부정선거에 반발해 일어난 3·15의거에 참가했다가 행방불명된 마산상업고등학교 입학 예정자 김주열이 실종 27일 만에 마산 중앙부두 앞바다에서 변사체로 발견된 것이다. 참혹한 어린 주검은 시민들을 분노로 들끓게 했고, 마산 2차 의거를 촉발했다. 시민에게 발포한 정권의 만행에 분노한 마산 시민들과 학생들의 시위는 격화되었으며 그 파도는 전국으로 퍼져 나갔다.

타오르는 민주의 열망은 북으로 북으로 올라가 4월 19일, 경무대 앞을 숱한 민주 열사들의 피로 물들였고, 마침내 4월 26일에 이승만 대통령은 하야했다. 영원히 수장되어 버릴 것 같던 음험한 비밀도 민주의 열망을 외면할 수 없었던지 어린 주검을 역사의 푯대로 세웠다. 이렇게 마산 앞바다는 4·19혁명의 출발점이자 민주·민권의 첫 승리의 역사를 기록하는 장소가 되었다.

공통의 역사적 경험과 기억은 집단의식 형성에 커다란 영향을 끼친다고 했던가. 3·15의거에서 4·11항쟁, 4·19혁명으로 이어지는 역사적 경험과 기억의 공유는 자연스럽게 3·15의거를 마산의 정신, 상징으로 자리매김하게 만들었다. 그 이후 3·15의거는 기념이라는 명목으로 끊임없이 호출되면서 시대적 맥락에 따라 다르게 의미화되었다.

초기 3·15의거 기념사업은 순수하게 시민들과 학생들의 힘으로 계획되었기에 민주라는 3·15의거 정신의 진정성을 잃지 않았다. 하지만 1961년 3·15의거 기념행사를 마산 시장이 주도하면서 3·15의거탑을 세울 장소를 놓고 '추산공원'을 주장하는 시민들과 현재의 위치를 주장하는 시가 대립하면서부터, 3·15의거의 주체인 시민들은 기념의 주체 자리에서 밀려났다.

그 이후 마산시는 시민의 성금과 시비 그리고 5·16 군사 정권에서 당시 화폐 단위로 1억 환의 보조금을 받아 기념탑과 기념회관 건립을 추진한다. 쿠데타의 명분을 민주당의 부패에서 찾았던 5·16 군사 정권은 국민적 명분을 얻은 3·15의거가 이승만 정권의 부정부패에 대한 항거라는 점에서 3·15의거와 5·16군사쿠데타를 일치시키려 했고, 이를 통해 정권의 정통성을 확보하고자 했다. 그리하여 '불의와 부정에 대한 저항'으로 의미화되었던 3·15의거는 1970년대에 접어들어서 근대화 담론 속에서 새로운 시대정신으로 전유된다. 마산 역시 근대 도시화를 3·15 정신과 결합시키고, 마산수출자유지역을 내세워 수출 전진 기지라는 새로운 이미지를 만들어나간다.

부마항쟁으로 부활한 3·15 정신

1979년 10월, 3·15의거의 정신은 '부마항쟁'이라는 이름으로 부활한다.

실종된 김주열이 마산 앞바다에서 변사체로 떠오른 이후 마산 시민의 시위는 더욱 격화되었다. "죽은 학생 책임지고 리대통령(이승만 대통령) 물러가라"라고 쓴 플래카드의 구호가 선명하다.

마산의 김주열 열사 기념 동판. 당시 17세였던 김주열의 참혹한 죽음은 4·19혁명의 기폭제가 된 3·15의거의 도화선이 되었다. 김 열사의 기념 동판은 마산 앞바다를 바라보는 위치에 서 있다.

유신 정권의 인권 탄압과 철권 정치에 반대하여 부산·마산 시민들이 대대적으로 가두시위를 벌였고, 두 지역에 계엄령과 위수령이 발동되었다. 당시 마산에서 부마항쟁에 참가한 시민들은 항쟁의 당위성을 3·15의거에서 찾았다. 부마항쟁 당시 3·15의거탑이 저항의 상징 공간이자 중심 공간이 된 이유도 여기에 있다. 이 시점에서는 3·15의거탑을 세운 주체나 5·16군사쿠데타와의 관련성은 의미가 없었다. 다만 부마항쟁의 주체들에게 이 탑은 민주 정신이라는 3·15의 의미를 일깨우는 상징이었을 뿐이다. 부마항쟁의 슬로건은 '유신 독재 타도'였고 3·15는 이승만 정권의 장기 집권과 독재 권력을 시민의 힘으로 무장 해제한 역사였기 때문이다. 부산·마산에서의 시위가 격화되는 가운데 박정희 대통령 피살 사건이 발생했고 유신 체제는 종식된다. 정통성을 확보하기 위해 3·15 정신을 호출했던 정권이 3·15 정신을 통해 그 종말을 고한 셈이다.

마산 앞바다의 민주 정신을 흐리는 〈가고파〉의 서정

제작 주체와 상관없이 3·15의거탑이 민주 정신의 상징으로 자리를 잡아가는 동안, 민주 역사의 기록지인 마산 앞바다는 기억 저편으로 밀려났다. 수십 년의 세월이 흐르는 동안, 건설 자재와 시멘트·모래·골재를 쌓아놓은 야적장, 선박 회사의 탱크, 택배 회사의 물류 창고가 각 시대를 대표하는 마산 앞바다의 얼굴로 자리하면서, 민주화의 성지라는 표상은 수면 아래로 가라앉는 듯했다. 그 후로도 오랫동안 그 바다에는 아무 일도 일어나지 않았다.

하지만 50여 년의 세월이 흐른 지금, 역사의 아이러니는 마산 앞바다의 또 다른 이름을 〈가고파〉로 쓰고 있다. "내 고향 남쪽 바다/ 그 파란 물

눈에 보이네/ 꿈엔들 잊으리오……" 하는 서정을 통해 애향과 노스탤지어를 환기하는 노래 〈가고파〉는, 인간의 귀소 본능을 자극하며 민주화의 성지가 아닌 새로운 마산을 상상하게 한다. '거친 항쟁'에 반해 '따뜻한 서정'으로 미화된 이미지, 그 아래에 가려진 '야합'의 진실을 읽어내기란 쉽지 않아서일까, 아니면 애써 눈 감으려 해서일까. 3·15의거와 4·19혁명을 '무모한 흥분' '지성을 잃어버린 데모' '불합리·불합법이 빚어낸 불상사'라고 부정했던 〈가고파〉의 시인 이은상, 평생 양지만을 탐했던 그의 한결같은 권력 지향은 또다시 햇볕을 쬐고 있다. 마산 지역 내에서 첨예한 갈등이 있긴 했지만, 마산역 앞 이은상 시비 건립을 시작으로 〈가고파〉는 그 이름을 계속 지켜갈 것처럼 보인다.

2010년 정부의 행정구역 통합 정책을 수용하여 마산이 창원으로 통합된 이후, 2011년 12월 해양수산부(옛 국토해양부)와 창원시(옛 마산시) 간에 체결한 '서항·가포지구 개발에 관한 협약'에 따라 마산지방해양항만청은 2018년까지 마산만 일대를 시민들의 품으로 돌려준다는 목표 아래 수변 공간 개발 사업을 추진하고 있다. 사업 구간 중에서도 서항 지구 일대를 "역사를 품에 안고 시민의 공간으로 돌아가는 가고파의 바다, 마산 서항"이라는 비전 아래 개발하는데, 그 안에 민주공원이라는 이름으로 추모광장(김주열 열사 및 한국 민주주의 역사의 수평적 기록 공간)과 민주광장이 자리할 것이라고 한다.

〈가고파〉가 품은 민주라니……. 이제 3·15와 부마항쟁은 뼈도 살도 남아 있지 않다는 말이 새삼스럽지 않은 것은 마산이라는 지명과 함께 민주정신도 역사 속으로 사라져 버렸기 때문일까. 4월을 읊은 어느 시인이 보이지 않는 것은 죽음만이 아니라고 했던가. "봄이 와도 우리가 이룬 것은 없고/ 죽은 자가 또다시 무엇을 이루겠느냐"(정희성, 〈사월에〉 중에서)라는 시인의 탄식만이 아련하다.

2011년에는 시민단체의 요구에 따라 김주열 열사 시신 인양지 일대가 경상남도 기념물 제277호가 되었다. 또 최근에는 늦게나마 창원시가 이곳에 '한국 민주주의 전당'을 유치하기 위해 적극 나서고 있다고 한다. 이곳이 우리 현대사의 한 획을 그은 혁명이 시작된 곳이라는 점을 강조하면서 말이다.

3·15의거와 김주열 열사

잘 알려져 있다시피, 1960년에 일어난 마산 3·15의거는 이승만 독재 정권을 무너뜨린 4·19혁명의 도화선이 된 민주 혁명이다. 근원적인 차원에서 보면 3·15의거의 배경과 계기는 여러 가지다. 이승만 독재 정권의 장기 집권에 의한 민주주의의 실종도 한 요인이며, 소득 불평등과 경기 침체로 인한 민생고와 부정부패의 만연도 국민 대중으로부터 반발을 사기에 충분한 요인이었다. 여기에 그해 3월 15일에 치러진 정·부통령 선거에서 이승만의 자유당이 저지른 조직적인 부정행위가 기름을 부었다.

그날 선거는 투표소마다 경찰의 삼엄한 경비 아래서 진행되었다. 마산시에는 당시 마흔일곱 곳에 투표소가 있었다. 이 가운데 야당인 민주당 참관인이 참석한 투표소는 세 곳에 불과했으며, 곳곳에서 투표 용지를 받지 못한 시민들이 거세게 항의했다. 이런 가운데 민주당의 마산시당 간부들은 경찰의 제지를 뚫고 투표소 안으로 들어가 40퍼센트 사전 투표와 3인조 공개투표를 비롯한 자유당의 부정 선거 현장을 확인한다. 이들은 당사로 돌아와 곧바로 선거 포기를 선언하며 시위를 준비한다.

이날 오후 두 시 삼십 분, 정남규 시당위원장과 정경도 감찰위원장을 비롯한 민주당 지휘부 30여 명의 주도로 시내 중심가인 창동 불종거리에서 600여 명의 시민과 함께 경찰과 대치하며 시위를 벌인다. 이 시위를 기점으로 시위는 시민 수천 명이 가세하여 대규모로 확산되고, 급기야 경찰은 남성동파출소 앞에서 시위 군중에게 발포를 한다. 이날 밤 마산시청과 남성동파출소, 북마산파출소 앞에서 자행된 경찰의 무차별 발포로 여덟 명이 사망하고 수많은 부상자가 속출한다. 시위대는 경찰에 쫓기면서도 자유당 당사, 노골적인 여당지로 비판의 대상이었던 서울신문사 지국, 남성동파출소 등을 부수었다. 그리고 이날 밤 열한 시 삼십 분에 자진 해산한다. 이때까지도 자유당 독재 정권의 기세는 등등했다. 그들은 3·15시위를 '빨갱이들의 난동'으로 몰아붙이면서 연행한 민주당 간부들과 시민들에게 혹독한 고문을 자행했다.

마산 3·15의거를 논하면서 빼놓을 수 없는 인물이, 지금은 열사로 추앙받고 있는 김주열이다. 3·15의거를 4·19혁명으로 이어지게 한 장본인이기 때문이다. 당시 17세였던 김 열사는 고향인 전북 남원을 떠나 청운의 꿈을 품고 마산에 온 학생이었다. 그는 기대했던 마산상업고등학교(현 용마고등학교)에 합격했다. 그러나 입학을 기다리던 3월 15일은 그에게 악몽의 날이 되고 말았다. 시위가 격해진 그날 밤, 그는 머물고 있던 장군동 이모할머니 집을 뛰쳐나가 시위대에 합류했다. 마산남전南電 앞(현 무륭병원 부근)에서 경찰과 대치하며 투석전을 벌이던 김 열사는 그 와중에 실종된다. 실종 기간이 길어지면서 마산 시민들의 관심도 고조되었다. 당시 시민들은 김 열사의 어머니 권찬주 여사가 마산 거리를 돌아다니며 "내 아들을 찾아달라"라며 눈물로 호소하던 모습을 기억한다.

김 열사는 실종된 지 27일 만에 차디찬 시체로 마산 중앙부두 앞바다에 나타난다. 그것도 눈에 최루탄이 박혀 있는 모습으로. 당시 김 열사의 시신을 유기한 장본인은 마산경찰서 경비주임이던 박종표로, 나중에 사형을 구형받았다. 김 열사의 시신은 처참한 모습 그대로 당시 마산도립병원에서 공개되었다.

이날 마산은 폭풍 전야처럼 흉흉했다. 그리고 그날 밤 마침내 민심이 폭발했다. 이른바 '2차 마산 시위'가 터진 것이다. 이날 오후 다섯 시 남성동과 창동 불종거리, 오동동파출소 앞 등에 시위대가 몰려들면서 저녁 일곱 시 경에는 김 열사의 시신이 안치된 도립병원 앞에 3만여 명이 운집했다. 시민들은 "김주열을 살려내라" "부정선거 다시 하라" "못 살겠다 갈아보자" 같은 반독재 구호를 외치며 마산시청과 마산경찰서 등을 불지르고 파괴했다. 그러자 경찰은 또다시 발포를 했고 그로 인해 시위대 중에 두 명이 사망하고 수백 명이 다쳤다. 그다음 날에는 마산고와 마산상고, 마산여고 등 고교생 3,000여 명이 1만여 명의 시위대에 합류했다. 이후 마산 시위는 전국의 관심을 끌면서 주요 도시로 확산되었고, 이 시위들이 결국 4·19혁명의 기폭제가 되어 이승만은 하야 성명을 내고 10년 자유당 독재 정권은 붕괴를 맞게 된다.

국립4·19민주묘지

살아남은 자의 비루함, 혹은 역사의 아이러니

국립4·19민주묘지는 울창한 숲 속에서 휴식을 찾는 시민들의 여가 공간이다. 북한산에서 막 내려온 여유로운 등산객, 발랄하게 묘역 주위를 걷는 아주머니, 평화롭게 유모차에 앉아 있는 갓난아기, 잠깐의 휴식을 즐기며 산보하는 젊은이들의 모습에서 여기가 엄숙한 민주 성지라는 느낌은 찾아보기 어렵다. 다만 무심코 지나치는 나들이객 옆으로 주변 조경수보다 조금 더 값나가 보이는 기념식수 제공자의 면면에서, 그리고 기념관에 민주화를 향한 염원을 한마디씩 쓴 명사들의 방명록에서, 이곳이 단순한 휴식 공간만은 아니구나 하는 인상을 얻는 정도다.

정치적 전시장이 된 역사의 길목

4·19묘지는 1963년 묘지가 처음 조성될 때에는 '4·19묘역'이었다가, 1995년 문민정부 시절에는 '4·19국립묘지'로, '국민의 정부' 시절에는 '국립4·19민주묘지'로 명명되었다. 명칭의 변화는 단순히 단어의 차이를 넘어 명칭을 부여한 사람들이 지향한 정치적 속내를 반영하는 듯하다.

1993년 4월 19일, 김영삼 대통령이 30년 만에 현직 대통령으로는 처음

4·19묘역을 참배했다. 그는 이 자리에서 문민정부가 미완의 혁명에 그친 4·19의 목표와 정신을 계승하여 완성하겠다고 선언하면서, 4·19묘역을 국립묘지 수준으로 격상시켜 민주화의 성지로 만들라고 지시했다. 군사 정권에서 대접받지 못한 묘역을 국립묘지로 만들고 성역화하여 문민정부는 뭔가 다르다는 것을 보여주는 정치적 효과를 노린 것이다. 구체적으로 말하면 그러한 조치는 군사 정권과의 합당이라는 정치적 약점을 극복해 보려는 탈출구였다. 문민정부는 또한 4·19의 이념을 교과서에 반영했고, 지식인들로 하여금 군사 정권에서 '의거'로 취급되던 4·19의 의미를 '혁명'으로 그 위상을 높이고자 했다. 그러는 한편 1963년 박정희 정권이 조성한 '4·19묘역'의 흔적을 없애고 '4·19국립묘지'로 새 단장을 했다.

4·19혁명은 1952년 내내 벌어진 부산정치파동, 이른바 '사사오입' 개헌, 각종 비리 사건 등 이승만 정권이 자행한 비민주적인 정치 행태와 인권 탄압에 대한 시민들과 학생들의 저항이었다. 1960년의 부정 선거는 이승만 정권이 한계를 드러내는 계기였다. 1960년 2월에는 대구 학생들이, 3월에는 마산 민중이 불을 지핀 저항은 서울을 거쳐 다시 전국을 강타했다. 이기붕 가족의 자살, 이승만의 하야로 이어진 혁명의 성과는 민주당 정권이 등장하면서 폭발했다. 이승만 정권 아래에서 숨죽이고 있던 민주화를 향한 다양한 노력과 통일 운동이 봇물처럼 터져 나왔다. 하지만 진정한 혁명의 성과를 달성하기도 전에 5·16군사쿠데타가 모든 희망을 물거품으로 만들었다.

'친일 조각가'와 그들만의 민주 성지

4·19혁명이 일단락된 직후, 저항 주체들은 저항의 의미를 완성하기 위한

1960년 4월, 서울 수송국민학교 학생들의 시위 모습. 시위가 확산되면서 초등학교 학생들까지 가담하기에 이르렀다. 이들은 "국군 아저씨들, 부모형제들에게 총부리를 대지 말라!"라고 쓴 플래카드를 들고 시위했다.

기념사업을 추진했다. 하지만 오늘날 4·19혁명과 연관된 저항의 공간에는 기억의 흔적이 거의 남아 있지 않다. 학생들이 진격했던 서울시청, 서울시의회, 광화문 앞과 청와대로 향하는 길목 어디에도 당시의 의미 있는 행동을 확인할 만한 흔적이라곤 전혀 없다. 다만 서대문역 근처 옛 이기붕의 집이 4·19혁명기념도서관으로 사용되고 있을 뿐이다.

사정이 이렇게 된 데에는 이유가 있다. 이승만이 물러난 뒤 학생대책위원회는 서울시청 앞에다 위령탑을 제작하기 위한 절차를 밟았고, 유족회는 서울 남산에 '4월공원'을 조성하려고 준비했다. 학생들과 시민들은 민주화를 외치며 피를 흘린 공간에 기념탑과 공원을 세우려 한 것이다. 하지만 5·16군사쿠데타로 집권한 군사 정권은 '혁명의 완성자'로 자처하면서도 저항 주체들을 배제하고 국가 주도로 기념탑과 공원을 조성했다.

군사 정권은 쿠데타라는 도덕적 결함을, 독재와 불의에 대한 저항의 전통과 결합시켜 권력의 정통성을 확보하려 했다. 그런데 서울 시내에서 멀리 떨어진 수유리 북한산 자락에 묘역을 조성하고 기념탑을 건립했다. 기념탑의 조각은 친일 조각가로 알려진 김경승이 맡았고, 글은 이승만 정권에 저항하던 학생과 시민을 빨갱이, 폭도로 매도했던 이은상이 지었다. 저항 주체들의 기억을 지배 권력이 정치적 필요에 따라 제도화해버린 것이다.

권리를 빼앗긴 저항 주체들은 국가의 포상을 거부하고 기념식에 불참하는가 하면, 자해 소동, 군사 정권 반대 유인물 살포 등으로 저항했다. 학생들은 독자적인 의례를 추진했다. 점차 4·19 의례가 군사 정권에 저항하는 의미로 부각되자 1963년부터 대통령은 기념식에 참석하지도 않았고, 서울운동장이나 효창운동장에서 진행하던 기념식 또한 규모가 축소되었다. 군사 정권 아래에서 숨죽이던 저항 주체들은 1980년 5·18광주민주화운동을 거치면서 4·19혁명을 '4월제' '4월혁명제'로 다시 불러내면서 군사 정권의 비민주적 행위에 저항하는 전략적 자산으로 활용했다.

김영삼 대통령의 명령으로 1995년에 새롭게 조성된 국립묘지에는 4·19혁명의 영령들에게 바치는 '수호예찬의 비' 열두 기가 있다. 큼직한 화강암으로 만들어진 이 비석들에는 시가 새겨져 있는데, 여기에 이름을 올린 시인 대다수는 1970~1980년대 관변 단체 회원들이다. 현실 참여시 창작에 반대하고 일관성 있게 5·16군사쿠데타를 지지한 인사도 있었고, 전두환 정권과 노태우 정권에서 관료를 지낸 인물도 포함되어 있었다. 열두 편의 시를 선정하는 절차에 하자가 없었다고 하더라도, 문민정부가 그렇게 절교하고 싶어 했던 군사 정권과 결탁했던 문인들의 회생으로 '4·19국립묘지'의 의미가 과연 되살아날 수 있었을까?

4·19혁명기념관에서도 4·19 당시 학생들과 시민들의 열망을 제대로 담아내지 못했다는 증거를 발견할 수 있다. 기념관은 이승만 정권의 비민주적인 정치 행태, 3·15부정선거와 국민들의 분노, 전국적인 저항을 다양한 해설과 당시의 증빙 자료, 동영상의 형태로 관람객들에게 제공하고 있다. 관람객들은 이승만의 하야와 민주당 정권의 탄생에서 4·19혁명의 성과를 맛보는 데 그쳐야 한다. 실제 역사에서는 그 이후로도 4·19혁명을 완성하기 위한 다양한 민주화 운동과 통일 운동이 이어졌지만, 전시관에서는 그런 흔적을 찾아볼 수 없다.

4·19혁명은 '그들만의' 정치에 분노한 민중의 정치적 표현이었다. 하지만 4·19혁명의 성과를 이용하려던 한국 정치계는 철저히 민중을 배제해버렸다. 4·19혁명기념관을 한 바퀴 돌아 마지막에 만난 방명록 코너에는 대통령을 비롯한 당 대표, 서울시장 등 정치인들의 자필 서명이 노란 조명을 받고 있다. 저기 무덤에 누워 있는 사람들이 주인공인지, 여기 방명록에 이름을 새긴 자들이 주인공인지, 누가 주연이고 누가 조연인지 모호하기만 하다.

영원한 청년들의 기묘한 동거

서울특별시 강북구 4·19로 8길 17(옛 수유4동 산 9-1번지). '국립4·19민주묘지'가 위치한 곳이다. 유영봉안소에서 묘지, 기념탑과 분향소, 참배 대기 광장으로 이어지는 하나의 동선을 삼각산(북한산) 자락이 고즈넉하게 품고 있다. 그런 모습이 외부와 단절된 깊고 깊은 휴식처인 동시에 현대사의 외진, 변두리 공간임을 단적으로 느끼게 한다. 중학교 3학년, 고등학교 1학년 등 상고머리 푸르디푸른 청춘, 청년들이 쓰러져 간 자리가 아닌, 수유리 너머에 이들의 안식처를 마련하겠다는 발상 자체에서 주변화된 역사를 읽을 수 있다고 하면 지나친 독법일까.

그날 쓰러져 간 청년들은 지금 기묘한 동거를 하고 있다.

하나는 1963년 묘역 조성 당시의 일그러진 시대 풍경과의 동거다. 시인 이은상과 조각가 김경승의 글과 조각 작품이 묘역 전체를 감싸고 있다. 어느 누구도 이들의 시선에서 벗어나 '국립4·19민주묘지'를 거닐 수 없다. 특히 김경승은 기념탑, 기념탑 하단의 청동 인물상, 기념탑 좌우 부조, 기념탑 앞 좌우 수호자상, 중앙 잔디광장 좌우 통로에 도열해 있는 열두 개의 '수호예찬의 비'를 만들었다. 그를 두고 '친일 예술가'라고 부르는 것을 떠나, 그가 4·19혁명의 대척점에 섰던 이승만의 흉상을 제작한 인물이었다는 점을 상기해본다면, 그는 이 묘역에 잠든 청년들의 넋과는 함께 설 수 없는 인물임이 틀림없다.

《중앙일보》 1986년 3월 25일자에는 〈이승만 박사의 망명 전 저택 이화장에 생전의 모습을 재현한 흉상이 건립, 설치된다〉는 기사가 실려 있다. 기사에 따르면 이 흉상은 원로조각가 김경승 씨가 제작했으며, 이승만의 111회 탄신일인 3월 26일 이화장에 기증하기로 되어 있다. 1993년 '친일미술인백서 발간 소위원회'에 참여했던 최석태에 따르면, 김경승이 이 흉상을 만든 것은 4·19혁명이 있기 전인 1959년의 일이다. 이렇듯 권력을 좇은 친일 조각가 전력을 지닌 예술가가 '4·19국립묘지'의 기념비 작업에 나섰다는 것은 역사의 아이러니가 아닐 수 없다.

또 하나의 기묘한 동거는, 오늘 우리가 4·19혁명을 호명하는 방식에서 찾을 수 있다. 그때 같이 시위대에 참여해 독재 정권 물러나라고 외쳤던 이들 중에 상당수가 거물 정치인이 되었다. 죽은 자들은 말없이 청춘의 이상理想으로 누워 있지만, 살아남은 자는 서서히 현실의 힘에 동화되고 말았다. 그들 가운데 일부는 교활하고 노회한 혓바닥이 되어 역사에 얼굴을 묻히고 있다.

4·19혁명은 청년의 순수한 열정, 민주주의를 향한 아름다운 헌신, 속화되거나 변질되지 않고 끊임없이 자신을 새롭게 하는 '과정의 정신'이다. 그렇다면 '국립4·19민주묘지'가 어떤 모습으로 기억되어야 할지도 자명하지 않을까. 해마다 4월 진달래꽃 아래 찾아드는 정치인들의 '화환' 냄새가 아니라, 잠들었으되 죽지 않고 시퍼렇게 두 눈 뜨고 영원한 청년으로 남고자 하는 그 청년 정신을 호명하는 방식으로.

울산공업지구

근대화를 견인한 중화학 단지의 두 얼굴

늦은 밤, 울산 공업탑(울산공업센터 건립 기념탑)에서 진하해수욕장 쪽으로 가다 보면 너무나 눈부신 온산공단의 야경이 눈에 들어온다. 눈을 뗄 수 없을 만큼 화려한 광경은 그곳에서 내뿜는 연기와 악취마저 잠시 잊게 하는 마력을 지녔을 정도다.

울산은 1962년 '제1차 경제개발 5개년계획'에 의해 '특정공업지구'로 선정되었다. 대규모 공단 덕분에 국가는 막대한 부를 축적했고 급격한 경제 성장을 이루었으나, 그 자랑스러운 성장의 이면에는 현장 근로자들의 고통스러운 외침이 공장의 굴뚝 연기 속에서 소리 없이 피어올랐다.

특정공업지구에 선정된 기념으로 시내 중심에는 공업탑이 우뚝 세워졌고 탑의 비문으로 당시 국가재건최고회의 의장의 글이 새겨졌다. "제2차 산업의 우렁찬 수레 소리가 동해를 진동하고 산업 생산의 검은 연기가 대기 속에 뻗어나가는 그날엔 국가, 민족의 희망과 발전이 이에 도래했음을 알 수 있습니다."

이렇듯 검은 연기가 대기로 뻗어 나가야 나라가 발전한다고 피력했던 그 시절을 지나, 이제 울산은 '태화강 십리 대밭길'과 연어의 회귀로 표상되는 '에코폴리스ecopolis'를 지향하며 오히려 이 검은 연기를 빠르게 지워가는 작업에 몰두하고 있다.

공장 굴뚝에서 피어오른 '달콤한' 연기

흔히 울산에 공업지구가 형성된 시기가 1960년대로 알려져 있지만, 자료를 보면 1930년대에 이미 일제가 대륙으로 진출하려는 야심 찬 계획을 가지고 '조선 공업화 정책'과 '대륙 병참기지화 정책'을 펼치면서 울산을 공업 지대로 조성하고자 했던 사실을 발견할 수 있다. 교통과 기후, 풍부한 공업용수, 수심과 노동력 등을 고려했을 때 공업 지대로서 입지가 가장 좋은 곳이 바로 울산이었던 것이다.

울산은 특정공업지구로 지정되기 전만 해도 인구 21만 명의 조그만 도시에 불과했다. 공업탑의 기둥을 다섯 개로 만든 상징적 의미 가운데 하나가 '50년 안에 인구 50만 되기'였다는 사실을 고려할 때, 지금과는 그 규모가 엄청나게 차이가 있었음을 알 수 있다.

단일 업종의 공업 단지로 구성되는 대개의 공업 도시와 달리, 울산에는 다양한 업종의 중공업 단지가 조성되었다. 1968년 3월 남구에 '울산 석유화학공단'이 건설되었고, 1975년 10월부터 울주군과 서생면 일대에 '온산 석유화학공단'이 들어서기 시작했다. '현대' 일색인 북구 일부와 동구 지역은 1970년대 중반에 자동차 산업 단지와 조선소 등이 들어섰다. 이 일대는 울산 안에서도 '현대시'라고 불릴 만큼 현대 계열 종사자들이 대거 살고 있고, 그들만의 커뮤니티가 형성되어 있다. 이처럼 대규모 산업 단지는 전국에서 일자리를 찾아 들어온 젊은이들로 북적이게 만들어 인구가 폭발적으로 증가했다.

1962년 2월 3일에 치러진 울산공업지구 설정 및 기공식 장면. 울산은 1962년 경제개발계획에 따라 국가가 주도하는 대규모 중공업 단지로 조성되기 시작했다.

철저하게 국가 주도로 형성된 울산공업지구는 외화 벌이의 수단이 되었고, 국내에서 1인당 소득이 가장 높은 곳이라는 기록을 얻게 되었다. 1960~1970년대에 이룬 '굴뚝 산업'의 성장은 끼니를 걱정해야 했던 그 옛날 대한민국의 설움과 맞바꾼 달콤한 연기였던 셈이다.

1980년대 노동 운동의 메카

울산은 국내 최대의 공단답게 수많은 생산직 노동자가 살고 있는 도시다. 이 점은 대규모 노동 문제 역시 안고 있음을 뜻한다. 1974년 울산 현대조선소의 노동 운동, 1984년의 대우자동차 파업 등을 거쳐, 1987년에는 그동안 억눌러왔던 분노와 투지가 마침내 끓어올라 전국 곳곳에서 '노동자

대투쟁'이 일어났다. 세계에서 가장 긴 노동 시간과 군대식 통제를 견디며 급격한 경제 성장을 이루었으나, 열악한 노동 환경과 저임금에 대한 반발이 터져 나오기 시작하면서 전국 규모의 대투쟁이 급물살을 탄 것이다. "내가 죽기 전에는 노조는 안 된다"라고 한 정주영 전 현대 회장의 말을 보기 좋게 반박하듯, 노동자들은 자신들을 진정시키러 나온 회장의 눈에 흙더미를 던지며 그동안 쌓인 울분을 쏟아내기 시작했다. 울산현대엔진이 물꼬를 트자, 맹렬한 기세로 순식간에 현대미포조선, 현대중공업, 현대자동차가 이어서 민주노조를 결성했다.

그동안 꾸준히 노동 문제에 관심을 보였던 수도권 지역이 아니라 전혀 예상치 못했던 울산에서 중장비를 동원한 노동자들이 벌인 거리 행진은 그 규모부터가 달랐고, 다른 지역 노동자들에게 깊이 영향을 끼쳤다. 울산 노동자들이 새로운 민주노조 운동의 주체로 떠오른 것이다.

그러나 울산은 노동 운동의 메카로 자리 잡음과 동시에 서서히 분열이 시작된다. 대기업이 꾀한, 교묘한 정규직과 비정규직의 차별로 노동 운동은 분열되고 변절하고 말았다. 대기업의 정치적·경제적 영향력 아래에서 스스로 정체성을 찾지 못한 채 노동자들의 진보적 정치색은 약화되고 말았다. 노동자층을 대변하며 앞장섰던 사람들이 어느새 기득권에 포섭되어 그 존재가 희미해진 것이다. '현대공화국'이 가진, 작은 한숨 소리마저 모조리 흡수해버리는, 자본의 힘은 실로 놀라울 뿐이다.

공해 도시라는 오명 벗기

울산은 도시의 기반이 채 갖추어지지 못한 상태에서 서둘러 공단과 시설들이 들어오는 바람에 산업의 성장과 더불어 '공해 도시'라는 낙인도 함께 찍혔다. 정부는 이를 극복하고자 1986년 울산·미포·온산 국가산업단지를 '대기보전특별대책지역'으로 지정해 환경 오염 관리에 뛰어들었다. 이후 울산시에서도 2004년 5월에 인간과 환경, 산업이 공존·상생하는 생태도시 건설을 목표로 한 '에코폴리스 울산 계획'을 수립했다. 그리하여 '태화강 살리기 운동'을 시작으로 태화강 주변을 생태 공원으로 조성하는 사업이 시행되었다. 또한 (주)SK에서는 대규모 수영장과 테마파크, 야외 공연장, 다목적 구장 등을 갖춘 생태형 도심 공원인 '울산대공원'을 울산시에 기증했다. 공유지이자 공공 공간의 기능을 가진 공원을 사기업에서 제공했다는 점이 역설적이다. 검은 연기가 생태 공원을 통해 얼마나 정화될지는 몰라도, 친환경 공간을 시민들에게 무료로 선사한 이미지 메이킹 작전은 어느 정도 성공한 듯하다.

또한 문화 콘텐츠 발굴로 공해 도시라는 이미지를 탈피하고 새로운 이미지로 거듭나고자 하는 작업도 분주하게 진행되고 있다. 고래잡이가 금지되면서 쇠락의 길로 들어섰던 장생포는 2008년에 고래와 관련한 문화특구로 지정되었고, 공단이 조성되면서 철거된 주민들이 이주하여 새로 형성된 신화마을을 문화와 예술 마을로 탈바꿈하는 작업도 진행 중이다.

그렇지만 공단 쪽에서 바람이 불어오는 날이면 매캐한 냄새 때문에 창문을 다급하게 닫아야 했던 기억이 선명히 남아 있는 이곳을, 공단 저 너머에 있는 아련한 역사의 기억을 끄집어내 서둘러 무언가로 만들려는 노력은 불안하게만 보인다.

포항제철

모래 벌판에서 일군 '성공 신화'의 명암

1970년대 중화학 공업을 기반으로 한 한국의 경제 발전은 탈맥락화된 상황, 즉 한국과 세계의 사회·경제의 환경 변화와 무관하게 평가될 수 없을 것이다. 포항의 외곽 농어촌 지역에 거대한 제철소가 세워졌을 때, 제철 산업이 포항과 한국에 어떠한 영향을 미칠지를 정확히 평가하기는 어려웠을 것이다. 그러나 지금의 변화된 포항과 한국, 그리고 세계의 사회·경제 측면에서 포항제철(포항종합제철주식회사)의 설립과 발전을 재평가해 볼 필요가 있어 보인다.

포항제철은 1973년 7월 3월에 제철소 1기를 준공함으로써 한국 제철업 발전에 획기적인 전기를 마련했을 뿐 아니라, 중화학 공업 육성을 목표로 한 일련의 '경제개발 5개년계획'의 실행을 위한 초석을 놓았다. 1960년대 중반 이후 박정희 정부는 자동차, 조선, 기계와 같은 중공업을 발전시키려면 철강을 꼭 국내에서 대규모로 생산해야 한다고 판단하여 다양한 노력을 기울였다. 구체적으로, 철강공업종합육성계획안 확정(1964년 12월), 대한국제제철차관단Korea International Steel Associations, KISA 구성(1966년 12월), 포항종합제철주식회사 설립(1968년 4월), 종합제철 건설을 위한 한

일간 기본 협약 체결(1969년 12월), 철강공업육성법 제정(1970년 1월) 등을 추진했고, 그 결실로 포항제철이 탄생했다. 그 이후로 포항제철은 정부의 지원, 박태준 전 회장의 추진력, 노동자의 노고를 바탕으로 성장을 거듭해, 제철소 4기가 완공된 1981년 2월에는 연간 850만 톤의 철강을 생산했다. 국가 소유의 주식회사(재무부 56.25퍼센트, 대한중석광업 43.75퍼센트)로 출발한 포항제철은 2000년에 완전한 민영 기업으로 전환되었고, 2002년에 '포스코POSCO'로 회사명을 변경했다.

철강 강국이 되기까지

포항제철의 건설과 발전은 미소의 냉전 체제 구축, 일본 철강업의 성장과 대외 진출이라는 세계사적 흐름과 맞물려 이루어졌다. 미국은 2차 세계대전이 끝난 후 냉전 체제를 구축하기 위해 적대국이었던 일본의 파괴된 경제를 재건하고자 노력을 기울였다. 더욱이 일본은 한국전쟁이 벌어지는 동안 군수 물자를 공급하면서 국가 경제를 빠르게 회생, 발전시킬 수 있었다. 그리하여 1973년 포항제철이 세계 제철업계에 얼굴을 내밀기 시작한 시점에 일본은 이미 미국, 소련 다음으로 철강을 많이 생산하는 철강 강국이 되어 있었다(연간 1억 1,932만 2,000톤).

또 당시 미국은 제선·제강·압연의 세 가지 공정을 연결시킨 일관 제철소와, 규모의 경제에 바탕을 둔 대량 생산 체계를 수립하여 세계 철강업을 지배하고 있었다. 미국의 경제적 지원을 받고 있던 일본은 1950년대에 일련의 철강업 합리화 정책을 추진하여, 미국의 철강 생산 양식을 수용해 생산량을 급속히 늘리고 생산 기술과 관리 방식 등을 발전시킨 덕분에 1980년대 초반에 와서는 미국의 철강 생산량을 추월하기도 했다.

당시 세계 철강업의 변방에 있었던 한국은 일본으로부터 일관 제철소 건설과 운영을 위한 자금과 기술을 지원받아 포항제철소를 준공했다. 그 후에도 제철 선진국들의 기술을 계속 배웠을 뿐 아니라 기술 혁신을 통해 철강업을 지속적으로 발전시켰다. 그 결과 한국의 철강 생산 규모는 1988년에 영국을 추월했고, 2002년에는 세계 5위로 도약하는 정도로 성장했다.

제철소 건설로 사라진 생태계와 삶의 터전

포항제철소가 설립된 곳은 원래 '사막 같은 모래밭' 혹은 '황량한 벌판'이었다고 흔히 표현되지만, 사실은 농업과 어업을 생업으로 삼은 주민들이 대대로 살아온 삶의 터전이었다. 강과 바다가 만나면서 만들어진 그곳 생태계는 다양한 생명체의 안식처이기도 했다.

거대한 제선·제강·압연 공장과 부대시설로 구성된 포항제철소는 결과적으로 다양한 환경을 파괴하고 말았다. 형산강의 퇴적물이 쌓여 만들어진 넓은 평야, 형산강의 강물과 영일만의 바닷물이 만나 다양한 생물의 보금자리였던 곳, 충적 평야를 개간해서 만든 논과 밭에서 농사를 짓고 영일만에서 고기잡이를 하며 살아온 주민들의 삶의 터전, 아름다운 해안 경관과 긴 백사장이 그렇게 해서 사라지고 말았다.

정부는 바로 이곳에 포항철강공업단지(1967. 7. 20. 건설부 고시)를 조성한 뒤 열 개의 거대한 공장과 열두 개의 부속 건물을 약 3년(1970. 4. 1~1973. 7. 3)에 걸쳐 건설하여 포항제철소 1기를 완공했고, 그 이후 1981년 2월까지 2기·3기·4기 제철소를 건설해 규모를 확대했다. 그러면서 포항제철소 주변의 생태계가 파괴되었을 뿐만 아니라 해양과 대기까지 오염되었다. 그리고 높은 공장 건물, 넓은 도로, 소음을 내면서 끊임없이 이동하는 대형 차량 등으로 전통적인 농어촌 경관이 대규모 근대 공업 단지의 경관, 혹은 추상적·계획적 공간으로 완전히 변모했다. 제철소 조성 시기에 이루어진 한 연구에 따르면, 부지로 편입된 대송면의 여섯 군데 동에 속한 1,147가구(6,745명)는 특별한 생계 대책과 주거 대책도 마련하지 못한 상태에서 낯선 곳으로 이주해야 했다. 요컨대 포항제철소 건설은 삶과 자연의 역동성이 펼쳐지는 구체적 장소를 국가의 개발 계획과 (국영) 기업의 이윤 추구(혹은 부의 축적)를 위해 추상적·합리적 공간으로 변모시킨 사건이었다.

1990년대에 쇠퇴의 길로 들어서다

포항에 종합제철소가 들어서면서 포항의 사회·경제도 지대한 영향을 받았다. 종합제철소를 중심으로 관련 업체들이 늘어나면서 포항은 항구·군사 도시에서 철강 도시로 탈바꿈했다. 또한 지역 경제도 철강 산업에 편중되었다. 포항 인구는 지속적으로 증가했으며, 경제 규모도 커졌다. 제철 산업의 발전은 영일만에 위치한 작은 지방 도시였던 포항을 국가, 기업(포항제철), 세계 철강업과 연계시켰다. 따라서 포항의 사회·경제는 한국 경제의 구조와 정책 변화, 포항제철(포스코)의 이윤 추구 전략, 세계 철강업의 변화와 같은 외부 환경에 의해 긍정적·부정적 영향을 받을 수밖에 없었다.

1970~1980년대 한국 경제가 중화학 공업 중심으로 운영되는 동안, 포항제철은 철강 생산량을 지속적으로 늘리면서 포항의 사회·경제에 긍정적 영향을 미쳤다. 그러나 1990년 이후 한국 경제가 지식·정보·서비스

업 중심으로 방향을 전환하고, 국내 철강 소비 시장이 포화 상태에 이르고, 중국 제철업이 급속하게 부상하면서 해외 시장에서 경쟁이 치열해지자 포항제철도 해외 진출 및 사업 다각화 등의 전략을 추구하고 있다. 이러한 전략은 재정, 고용, 소득 등의 측면에서 포항의 사회·경제에 부정적 영향을 미칠 수 있다.

다시 말해, 포항제철의 생존 혹은 지속적 발전을 위한 새로운 전략이 포항에 미치는 영향은 1970년대 이후 선진 자본주의 국가들이 탈산업화하는 과정에서 과거 중화학 공업, 즉 철강·석탄·자동차·조선·석유 산업에 편중된 도시들이 쇠퇴하거나 정체된 현상을 통해 짐작해볼 수 있다.

여의도광장

생태공원으로 덮어버린 광장의 기억

여의도는 대한민국의 말言이 모이고 흩어지는 장소다. 국민의 소리를 듣고 대변한다는 국회의사당이 있고, 여론을 모으고 유포하고 초등학생들의 유행어까지 만들어내는 방송국들이 모여 있다. 맨해튼의 월 가를 떠올리게 하는 금융가의 스카인라인, 여기가 바로 이른바 '증권가 찌라시'의 진원지다. 그러니까 여의도는 백성의 소리, 공영 방송의 소리, 새가 듣고 쥐가 듣는다는 소문까지, 온갖 소리가 모이고 흩어졌다가 다시 모이는 '여론 공작소'라고 하겠다.

대한민국의 말이 만들어지고 흩어지는 이곳에 12만 평(39만 6,000제곱미터)의 거대한 광장이 있었다는 사실은, 그것이 당초 의도와 상관없이 생긴 일일지라도, 뭔가 그럴싸한 이야기가 숨어 있을 것 같은 느낌을 준다. 이 광장에 모여든 사람들은 날生 목소리를 내며 저마다의 이야기를 쏟아냈다. 정치인이든, 종교인이든, 민중이든. 어쨌든 당대 최고 권력자의 욕망이 가시화된 '5·16광장'은 대한민국 제1호 계획도시라 할 수 있는 여의도에서 제일 먼저 자리를 잡았다.

목장에서 비행장으로, 다시 권력자의 광장으로

한강의 하중도河中島인 '여의도汝矣島'의 옛이름은 《신증동국여지승람新增東國輿地勝覽》(1530)에 잉화도仍火島, 《동국여지비고東國輿地備攷》(1883)에 나의도羅衣島 등으로 표기되어 있다. 이 지명들은 공통적으로 '너른 벌의 섬'이라는 뜻을 가진 '너벌섬'을 바탕으로 한 이름이다. 조선 시대에는 이곳에 말 목장이 있었고, 일제강점기인 1916년에는 우리나라 최초로 비행장이 들어서기도 했다. 이 비행장은 김포비행장이 건설된 1939년 이전까지 군과 민이 공동으로 이용하던 우리나라 유일의 비행장이었다.

무엇보다 사대문 밖, 서울의 외곽에 있던 이 '너른 모래섬'이 대한민국 서울의 지도를 바꾸는 계기가 된 것은 1960년대 막바지였다. 당시 서울시장이던 김현옥의 '한강 정복 프로젝트'는 1967년 12월, 여의도 윤중제輪中堤 기공식에서 첫 삽을 들었다. 윤중제와 밤섬 폭파로 상징되는 여의도 개발 '110일간의 혈투'는 마치 '조국 근대화'를 목표로 한 5·16 군사정권의 '작전'처럼 진행되었다.

여의도를 계획할 때, 당초 이곳에 무엇을 어떻게 배치할지에 대해서는 별다른 복안이 없었다. 제일 먼저 입주 신청을 한 국회의사당을 제외하면 이렇다 할 구체적인 조감도가 없었다. 80만 평(26만 4,000제곱미터)의 '새로운 국토'가 만들어졌을 때, 이 땅을 팔아 텅 빈 서울시의 금고를 채우는 일이 급선무였다. 도시 경관으로서 어떤 철학도 발견하기 힘들 만큼 도무지 이해할 수 없는 여의도 빌딩들의 조합은 여기에서 출발한다.

이렇게 여의도에 아직 아무것도 자리 잡지 못하고 있을 때, 대규모 아스팔트 광장이 먼저 들어섰는데, 당시의 유명한 일화 하나가 전한다. '크렘린 광장이나 톈안먼 광장에 버금가는 광장을 만들라'라고 대통령이 지시하자, 12만 평이나 되는 대규모 '빈 공간'이 만들어졌다는 이야기다. 여의도를 완전히 양분하는 광장의 등장으로 여의도는 남북이 갈라졌다. 당초 여의도 개발 계획에서는 6만 평(19만 8,000제곱미터) 정도 규모로 녹지나 문화·예술 시설을 갖춘 시민공원을 세운다는 구상이 있었지만, 이러한 안이 한 방에 무화된 것이다. 그뿐만 아니라 애초 계획보다 광장 규모가 커지면서 '꿈의 도시'를 건설하고자 했던 김수근 팀의 당초 도시 계획•도 결정적으로 틀어졌다.

이렇게 해서 길이 1,350미터에 너비 280~315미터, 총 면적 12만 평(약 3만 6370제곱미터), 55만 명까지 들어설 수 있는 당시 세계 최대의 광장이 1971년 9월 29일에 탄생했다. 여기에다 유사시에는 전투기가 이착륙할 수 있는 임시 비행장으로 사용할 수 있도록 하는 설계가 덧붙여졌다. 이 광장은 '5·16광장'이라 명명되었다. 그해 10월 1일에 '45만 명'(《경향신문》 1971년 10월 1일자)이 참석한 '국군의 날' 기념식이 5·16광장의 첫 공식 행사로 거행되었다. 이어 민족 문화의 창달을 앞세운 '국풍 81'이 1980년 5·18광주민주화운동이 있었던 다음 해에 열렸고, 1987년 역사적 전환기에는 '50만이다' '100만이다' 하며 각 대선 후보들이 세를 과시하는 장소가 되기도 했다.

이처럼 5·16광장은 이미 그 명명에서 권력자의 욕망이 확연히 드러났다. 광장을 구획하고 배치한 권력은 '비움'으로써 오히려 자신의

• **여의도 도시 계획 설계안** 김현옥 시장은 재임 시절인 1968~1969년 김수근 팀(윤승중, 김원, 김석철 등)에 여의도 개발 설계를 맡겼다. 이 설계안을 정리하면 다음과 같다. 1) 여의도를 서울 도심에서 인천으로 이어지는 선형 도심 가운데에 놓는다. 2) 한강 다리와 남북 강변도로를 설치해 서울 강남과 강북의 중심 거리가 되게 한다. 3) 여의도 서쪽 끝에 국회, 동쪽 끝에 서울시청을 배치하고 이 사이의 가로를 여의도의 중심축으로 삼는다. 4) 여의도 지상에는 차가 다니고 보행자를 위해 2층 보행 공간을 설치한다. 당시 천문학적 예산이 요구되었던 이 계획은 너무 이상적이라는 비판을 받았고 결국 실행되지 못했다(손정목, 《서울도시계획이야기》, 한울, 2013 참조).

욕망과 기억을 드러냈다. 이때 텅 빈 광장은 열린 소통의 장이 되기보다 오히려 '광장공포증agorafobia'을 유발하는 곳에 지나지 않았다.

이산가족 상봉을 넘어

그런데 이 광장에서 사건이 발생했다. 1983년 6월 30일, KBS에서 한국전쟁 33주년을 기념해 95분짜리 프로그램을 한 편 제작했다. 바로 그 유명한 〈이산가족을 찾습니다〉이다. 당초 일회성으로 기획되었던 이 프로그램은 장장 138일, 453시간 45분간의 생방송이라는 기록을 세웠다. 프로그램이 방송된 이 시간은 당시 기준으로 분단 이후 38년, 전쟁 발발 이후 33년, 정전 30년의 피맺힌 한이 와락 터져 나오는 처절한 순간의 연속이었다. 이 기간에 방송국으로 몰려든 사람들은 방송국 마당을 넘어 여의도 광장을 가득 메웠다.

역사의 아이러니인가. 냉전의 산물로 탄생한 장소에서 다시 냉전의 상징인 이산가족들이 아스팔트 바닥을 치며 한을 쏟아냈다. 광장은 남남南南 이산가족들의 사연들로 넘쳐났고, 이 이야기들은 넘치고 넘쳐 냉전의 아스팔트가 봉인해놓은 벽을 여기저기서 뚫었다. 5·16광장이 '만남의 광장'으로 치환되면서 이 장소는 한국전쟁의 후일담이 되었다. 반공/근대화의 불도저 앞에서 한쪽으로 밀쳐두었던, 들리지 않던 '잃어버린 30년'이 쏟아져 나왔고, "맞다, 맞아"라는 유행어를 만들어냈고, 대중가요 〈누가 이 사람을 모르시나요〉가 공전의 히트를 쳤으며, 광장의 벽은 통곡의 벽이 되었다.

그 이후인 1985년 8월 남북 간 '이산가족 및 예술공연단 교환 방문에 관한 합의서' 채택을 계기로 남북 이산가족 상봉이 처음으로 성사되었다.

1974년 항공에서 촬영한 여의도광장의 모습. 당시에는 비행장으로 쓰였다.

1983년 6월 30일 KBS에서 〈이산가족을 찾습니다〉가 방영된 이후 이산가족을 찾는 전단이 여의도 KBS광장을 온통 뒤덮었다.

이산가족은 한반도의 분단과 전쟁의 상흔, 적대적 냉전 체제를 상징하는 존재다. 하지만 잃어버린 30년에서 30년이 더 지난 지금도 여전히 이산가족 상봉은 번번이 정치적 협상의 카드로 등장하고, 반백 년을 넘게 기다려온 만남의 기대는 부풀었다 사그러들었다 하기를 반복된다. 이산의 아픔과 그리움을 안고 숨죽이며 살아가던 이산가족의 이야기가 터져 나왔던 여의도 '만남의 광장'의 통곡을 뒤로한 채.

열린 소통의 공간을 위하여

그렇게 여의도광장의 역사는 우리 현대사의 한 장면이 되었다. 이 광장이 역사 속으로 사라진 것은 1990년대 말이다. 서울시는 '푸른 도시 가꾸기' 사업의 일환으로 광장의 아스팔트를 걷어내고 거기에 나무를 심었다. 그러고는 생태 연못을 옮겨다 놓고, 한국 전통의 숲도 만들고, 잔디 마당과 문화의 마당도 만들고, 자전거 도로와 산책로도 만들었다. 세종대왕 동상도 배치했다. 텅 빈 공간이었던 곳이 이번에는 생태도 있고 전통도 있고 이것저것 몸에 좋고 보기에 좋은 것은 다 이식된 곳이 되었다. 도심에 공원이 탄생했고 시커먼 아스팔트의 도시 여의도에 초록색이 입혀졌다. 색깔은 달라졌지만, 누구 말대로 자고 일어나 보니 광장이 생겼고 자고 일어나 보니 공원이 생겼다.

광장이나 공원이란 본디 위에서 아래로 전달되는 하나의 목소리에 의해 그 생명이 유지되는 것이 아니다. 여기에 모여드는 필부필부들의 크고 작은 소리가 얽히고설키면서 그 생명력이 증폭된다. 5·16광장(여의도광장)과 여의도공원 사이에 '만남의 광장'이라는 사건이 있었고, 이 사건은 지금도 진행형이다. 남북의 정치 협상 테이블이 만들어질 때마다 마른

눈물에 숨 넘어가는 절절한 가슴을 부여잡아야 하는 이산가족은 당사자들뿐만 아니라 한반도의 비원悲願이다. 광장의 정치는 필부필부들의 크고 작은 소리에서 비롯된다. 진정한 아고라, 열린 소통의 공간으로 광장을 만들어내는 일, 이것이야말로 '도심의 허파'를 만드는 일이다.

경부고속도로

근대화를 향해 질주한 '마음의 고속도로'

'산업 전사'들의 '전쟁터'

1970년 7월 7일에 개통된 경부고속도로는 한국 경제 개발의 상징이라 할 만하다. 일제강점기에 국외 강제 동원 피해자들에게 일본이 보상한 대일 청구권 자금(그중에 극히 일부만 피해자들에게 지급되었고, 나머지는 경부고속도로, 포항제철 건설 및 정권 유지용으로 사용되었다), 베트남전쟁에 파병된 국군 장병들의 전투 수당, 베트남에서 갈고 닦은 기술이 집약되어 만들어진 것이 바로 경부고속도로다.

1964년 12월, 서독을 방문한 박정희는 서독이 '아우토반'을 토대로 경제 부흥을 이루었다는 데 주목했고, 스스로 고속도로 관련 자료를 수집해 연구했다. 그리고 1967년 대통령 선거 때 고속도로 건설을 공약으로 발표했으며, 대통령으로 취임한 뒤에는 여러 반대 의견을 물리치고 1968년 2월에 공사를 시작했다.

당시 많은 전문가들이 남북을 잇는 도로보다는 동서를 잇는 도로를 건설하는 것이 시급하다는 이유로 경부고속도로 건설에 반대했지만, 박정희는 자신이 내세운 '조국 근대화'를 실현할 방편으로 경부고속도로 건설을 추진했다. 그는 용지 매입에서부터, 군 장비와 군 인력 투입 및 현장 방문 등 많은 과정에 직접 관여했고 자신이 동원할 수 있는 모든 것을 이 사업에 쏟아부었다. 추풍령 휴게소에는 경부고속도로가 '세계 고속도로 건설사상 가장 짧은 기간'에 완공되었음을 알리는 준공기념탑이 세워져 있다. 이뿐만 아니라 이 탑에는 "서울 부산 간 고속도로는 조국 근대화의 길이며 국토 통일의 길이다"라는 문구가 박정희의 친필로 새겨져 있다.

하지만 경부고속도로에는 준공기념탑만이 아니라 위령탑도 바쳐졌다. 금강휴게소에는 고속도로 건설 도중에 사망한 77명의 노동자를 추모하는 탑이 세워져 있다. 이들 '산업 전사'들은 '건설 현장'이라는 '전쟁터'에서 죽어 나갔고, 실제로 이 '전쟁터'에는 군 건설 전문 인력과 대규모 군부대가 동원되기도 했다.

세계에서 가장 단기간에 완공되었다는 경부고속도로는 완공도 되기 전에 부실 시공 문제가 끊임없이 불거져 나왔고, 결국 개통 1년 만에 전 노선에 덧씌우기 공사를 해야만 했다. 개통된 후에도 '부실 도로' '관광도로' 등으로 불리며 제 기능을 다하지 못하다가, 1976년 이후 고속도로 주변에 공업 단지가 조성되고 경제 성장으로 물자와 인력의 수송량이 증가하고, 다른 고속도로들이 건설되어 상호 연계가 강화되면서, 고속도로로서 기능을 발휘하기 시작했다.

경부고속도로에 담긴 종교적 메시지

경부고속도로 건설이 진행되고 있던 1969년 1월 1일, 박정희는 신년사에서 "새해는 싸우며 건설하는 우리 민족의 약진의 해가 될 것"이라고 말했다. 대통령은 '국방과 건설은 떨어진 두 개의 임무'가 아니라 '국방이 곧 건설이고, 건설이 곧 국방'이라고 보고 '싸우며 건설할 것'을 강조했다. 당시 《동아일보》 1면에 대통령의 〈신년사〉와 함께 실린 신진자동차공업주식회사의 광고를 보면 자동차가 아니라 경부고속도로에 대한 기대와 꿈을 광고한 것을 볼 수 있다. "근하신년 국민 여러분의 한결같은 건승과 번영을 축원합니다. 이 고속도로의 건설과 같이 부풀어 오르는 젊은이들의 '꿈'을 조국의 번영과 인류 복지에 봉헌합시다."

이처럼 대단히 종교적인 메시지와 연결되는 경부고속도로는 철도에서 종교의 정신을 간파했던 발터 벤야민(벤야민은 미셸 슈발리에의 〈철도〉를 인용한다)을 상기시킨다.

> 오늘날 문명국들이 철도 건설에 쏟고 있는 열의와 열정은 몇 세기 전에 교회 건설에서 보여준 열의와 열정에 비교할 수 있을 것이다. …… 종교라는 말이 'religare', 즉 '묶다'라는 말에서 유래한 것이 맞다면 …… 철도는 사람들이 생각하는 것보다 훨씬 더 종교적인 정신과 깊은 관련을 갖고 있다. 각지에 흩어져 있는 사람들을 연결하기 위한 것으로 …… 이보다 더 강력한 장치는 과거에는 결코 존재하지 않았기 때문이다.
>
> —벤야민, 《아케이드 프로젝트》 II 중에서

서로를 '묶는' 형제애를 성취하고자 하는 종교의 목표는, 고속도로를 통한 한민족의 단결이라는 목표로 변형되어 '조국 근대화'라는 미망彌望을 이루었다. 박정희는 대공 투쟁에 승리하는 것과 경제 전쟁에서 승리하는 것, 조국 근대화와 조국 통일이라는 목적은 동일한 것이라고 줄곧 강조함으로써, 경부고속도로의 건설을 통일과 민족 중흥, 전쟁 승리를 위한 일이라고 정당화했다. 이 '전쟁'에서 이기기 위해 전 국민이 '혼연일체'가 되어 '싸우며 건설'했고, 이렇게 건설된 경부고속도로는 그야말로 "조용한 아침의 나라에 나타난 기적의 산 증거"이자 "3천만의 합창으로 부르는 민족의 꿈의 실현"으로, 이는 마침내 "인간 본연의 욕망인 모빌리티의 꿈"을 이루어줄 것으로 기대되었다(《경향신문》 1969년 1월 1일자).

직선 대로가 가져온 가속화라는 욕망

많은 이들이 경부고속도로가 뻗어 나가는 템포와 더불어 조국 근대화가 촉진되리라 여겼다. 다시 말해 전국이 '1일 생활권'에 들어가면 산업이 합리화되고 유통 혁명이 가능해지리라 본 것이다. 경부고속도로 건설을 추진한 사람들은 이 고속도로는 국민 소득을 끌어올리는 길, '세계로 뻗어 가는 힘찬 코리아의 길', 선진국으로 가는 길이며, 이 길을 통해 종래의 비관적인 분위기가 희망과 약동으로 바뀔 것이라고 굳게 믿었다.

여기서 당시 사람들이 경부고속도로가 선진국으로 가기 위한 '민족성 개조'를 이루어낼 '마음의 고속도로'가 될 것이라고 본 점에 주목할 필요가 있다. 실제로 경부고속도로는 전국을 1일 생활권으로 연결했을 뿐 아니라, 근대적 사고방식과 라이프스타일을 가져왔다는 점에서 마음의 고속도로를 개통했다고 볼 수 있을 것이다.

하지만 '마음의 고속도로'는 졸속 공사로 인한 사고사와 과로사, 생태계 파괴 등을 동반했다. '기적' 프로젝트는 근대화를 기적적인 속도로 이룩하긴 했으나, 이 기획은 반문명·반생태·반생명·반평화의 기획이기도 했다.

고속도로가 빚어낸 새로운 문화와 패스트푸드(햄버거)의 관계를 밝혔던 제레미 리프킨을 굳이 인용하지 않더라도, 우리는 경부고속도로가 우리 삶의 전 영역을 얼마나 크게 바꿔놓았는지 잘 알고 있다. 그런데도 여전히 우리는 직선 대로의 가속화라는 망령에 사로잡혀 있는 것은 아닐까. 고속도로를 통한 한민족의 단결이라는 목표는 또다시 '4대강 사업'을 통한 통합과 소통이라는 목표로 변형, 재생산되었고, 사람 사는 마을 위로 송전로를 내고 산에 터널을 뚫는다. 도무지 돌아갈 줄 모르고, 좁고 꼬부랑한 흙길을 천천히 걸을 줄 모르는 것이다.

우리는 여전히 경제 활성화, 안보, 활력을 강조하고 있지만, 그렇다고 돌아가는 길, 천천히 가는 길까지 모두 고속화할 필요는 없을 것이다. 힘차게 달리는 것, 빨리 가는 것 이상으로 지금 우리에게는 마음의 고속도로에서 벗어나 잠시라도 속도를 늦추고 골목길을 천천히 걸어가는 것도 필요해 보인다.

서울역

탈향·민주화·시간을 가속화한 수도의 관문

서울역, 이곳은 대표적인 탈향脫鄕의 장소다. 기차를 타고 도심의 불빛이 서울임을 알리는 어느 한 지점에 들어서노라면 바퀴 소리가 유난히 머뭇거리듯 덜커덩거린다. 구한말에서 일제강점기에 세워진 한강철교에 들어선 것이다. 한때 "한강이다!" 하고 소리를 지르며 서울에 왔음을 실감하는 사람도 있었다. 때로는 열차 칸과 칸 사이로 보이는 한강의 물은 서울이라는 '낯섦'의 장소에 '몸'을 맡기려는 사람들에겐 더욱 차가워 보인다. 그런 한강을 지나 조금 더 가서 도착하면 서울역이다. 여기서 기차는 이런 사람들, 저런 사람들을 모두 내려놓는다.

만들어진 근대, 제국의 철도역

'서울'은 1394년 태조 이성계의 한양 천도 이래로 '역사의 중심'에 진입한 사람들의 활동 공간이거나 돈과 명예와 권력이 집중되는 곳으로서 군림해왔다. 정치·경제·사회·문화에 걸친 기회의 공간으로 여겨지기도 했다. 그 공간 안에 자리한 서울역은 경부선, 호남선 등 우리나라 주요 철도의 기점이며 서울과 전국을 이어주는 관문 역할을 해왔다.

서울역은 1900년 7월 8일 경부선의 '경성역'으로 처음 영업을 개시했다. 그 후 1905년 3월 24일에 '남대문역'으로 개칭했다가, 1915년 10월 15일에 다시 경성역이 되었다. '서울역'이라는 명칭은 1946년 해방 1주기를 맞아 경성부가 서울시로 명칭이 바뀜에 따라 같은 해 11월 1일부터 쓰이게 되었다. 역사驛舍는 1925년 9월 30일에 준공되었는데, 도로면을 기준으로 2층이고 철로에서 보면 3층이다. 이 시기의 다른 역사들과 마찬가지로 철근과 콘크리트에 화강석이 쓰였고, 조선호텔을 지은 아오미 하지메가 시공했다. 르네상스 양식으로 지어진 서울역사는 서울의 대표적인 건축물 가운데 하나이기도 하다. 2004년 KTX 개통에 맞춰 현재의 신역사가 완공됨으로써 옛 서울역사는 복합 문화 공간인 '문화역서울284'로 바뀌어 서울역의 역사성을 전하고 있다.

일제는 군사적 목적으로, 또 식량을 포함한 물자를 약탈하기 위해 조선에 신속하게 철도를 건설했는데, 먼저 1899년에 경인선을, 1905년에는 경부선을 개통하는 순서로 약탈을 위한 기간 시설을 늘려갔다. 수많은 조선인의 피와 땀으로 건설된, 경부선의 종착역이자 시발역인 서울역. 그 주변에는 남대문과 남대문시장이 자리 잡고 있고, 지척에 남산이 우뚝 선 타워를 안은 채 서울역을 바라보고 있어, 사람들은 거기에 올라가 고향 가는 열차를 바라보며 향수를 달래기도 했다.

그뿐만 아니라 근대 문물을 배우고자 수많은 사람들이 서울역을 거쳐 부산으로 가서 일본 가는 배를 탔다. 영친왕과 덕혜옹주를 비롯한 대한제국 황실 가족, 김활란·박인덕·홍난파·최승희 같은 근대 지식인들의 유학과 귀국, 일제 총독부 관리들의 부임과 이임 등도 모두 서울역을 거쳐서 이루어졌다. 살길이 막막한 수많은 사람이 서울역을 거쳐 만주로 갔

일제강점기에 완공된 경성역의 모습. 르네상스 양식으로 지어진 당시 경성역사는 서울을 대표하는 건축물의 하나였다. 2004년에 신역사가 완공된 뒤로는 복합문화공간으로 쓰이고 있다.

다. 머리를 짧게 자른, 이른바 '모단毛斷, modern 보이' '모단 걸' 들이 드나들며 근대와 낭만을 누린 곳도 서울역 주변이었다.

피와 땀으로 얼룩진 근대의 표상

1950년대 한국전쟁의 폐허와 1960년대의 '보릿고개'로 불리는 식량난, 1970년대까지도 아직 벗어나지 못한 먹고사는 문제에 대한 고민은 사람들의 마음을 서울로 향하게 했다. 지금도 가끔 발견되는 '근대화 슈퍼' 같은 이름의 상점들이 짐작하게 해주듯, 하루빨리 근대화를 이루어 풍족한 물질문명을 누리며 사는 것이 당시 사람들에게는 급선무이자 간곡한 바람이었다. 1970년대 초 경제개발계획 속에서 나온, '1천 불 소득, 100억 불 수출'을 목표로 삼자는 슬로건은 단적으로 그 같은 여망과 열악했던

1977년 9월, 추석을 맞아 귀성객으로 인산인해를 이룬 서울역 앞 광장.

경제 여건을 말해준다. 그렇게 궁핍한 생활 여건과 경제 상황에서 이른바 '시골'은 서울에 비해 여러 가지 측면에서 더 열악했다. 서울 가면 무언가를 해서 운명과도 같은 가난을 벗어나고, 더 많이 공부하여 고시에 '파스pass'도 하고, 출세할 수 있을 것이라는 막연한 생각을 품은 사람들 모두가 서울역을 거쳐 상경했다. 가족이나 고향 사람을 따라 자신의 삶의 조건을 개선하려는 사람들이 거쳐간 곳이 바로 서울역이었던 것이다.

1960~1970년대에 부산으로 돈 벌러 가는 지방 사람들도 많았으나, 1970년 경부고속도로가 개통된 후에도 여전히 여객들은 서울역을 애용했다. '말은 제주도로, 사람은 서울로'라는 한국인의 관념이 서울역을 통해 성취되었는지도 모른다. '돈'을 벌기 위해, 더 많이 배우기 위해, 사회적 지위를 개선하기 위해, 어려운 여건을 참아내며 '고향'을 소재로 삼은 노래에 지친 심신을 달래며, 이른바 베이비부머·공순이·공돌이로 표상

되는 근대화의 역군들은 서울역을 거쳐 삶의 터를 닦아 나갔다.

근대성의 속도와 시간 전쟁

'만원'이나 '공화국'으로 은유되는 서울을 위해 나름의 역할을 담당한 서울역은 근대성의 메커니즘을 성취하기 위해 그동안 그야말로 빠르게 달려왔다. 완행열차, 비둘기호, 통일호, 무궁화호, 새마을호에 때로는 사람 사이의 낭만적인 '스토리'도 함께 실어 나른 여정의 종착역이기도 했다. 청량리역, 성북역, 왕십리역, 신촌역을 부심으로 거느리고서 우리나라 교통의 중심으로서 전국의 화물을 서울과 지방으로 왕래시키고 인적 자원을 소통시킴으로써 도심의 역할을 꾸준히 하고 있는 서울역은 문을 연 지 110여 년이 넘는 역사성을 가지고 있다.

이제는 시속 300킬로미터 전후를 주파하는 KTX의 등장으로 서울역은 하루를 생활 권역으로 하여 부산에 직장을 두거나 사업을 하는 사람들까지도 품어주는 장소가 되었다. 통일호, 비둘기호 같은 완행 열차에서 무궁화 열차로, 그리고 새마을 열차로, 다시 KTX로 상징되는 속도의 진화는 시간 절약과 효율을 골간으로 하는 근대성이 이미 너끈히 실현되었음을 잘 보여준다. 또한 지하철 서울역이 교차하고 인천공항철도까지 가세해, 이제는 사람들을 해외로 보내기도 하고 해외로 나가는 사람들의 통로가 되기도 한다. 이른바 1980년대 이후 불어닥친 신자유주의로 근대성의 속도와 시간 전쟁도 모자라는 듯 '더 빨리' 사람들의 장소 이동을 부추기는 곳이 되었다. 일제, 근대 문명 이행기, 오늘의 신자유주의 시대에 이르도록, 서울역은 이별과 만남을 위한 장소이기도 했다.

한편으로 서울역은 민주화 운동의 장소로서 '광장'을 생성해왔다.

1956년 5월, 대통령 3선에 도전한 이승만에 맞선 민주당 대통령 후보 신익희의 연설을 듣기 위해 한강 백사장에 몰려든 30만 인파가 거쳐간 곳이거니와, 1980년대에는 시청과 광화문으로 이어지는 민주화 운동의 수용 공간이기도 했다.

마지막으로, 서울역은 우리가 '노숙자'라 부르는, 집 없고 의지할 곳 없는 사람들이 모여드는 공간이기도 하다. 어쩌면 금의환향의 꿈을 안고 고향을 떠나온, 이촌향도離村向都의 주인공일지도 모를 그들. 한때는 배고픔을 달래가며 부지런히 일한 근대화의 역군이었지만, 이젠 KTX 속도의 진화만큼이나 빠르지 않으면 안 되는 무한 경쟁의 대열에서 낙오되어, 피곤한 몸과 마음을 이끌고 막연히 찾아온 곳이 바로 서울역일 수 있다. 근대 공간의 한계와 신자유주의의 어두운 그림자가 드리워진 채, 서울역은 오늘도 승차 시각을 알리며 사람들을 마구 흡입하고 있다.

무성 영화에 그려진 경성역

영화 속 서울역 하면 우선 1934년에 개봉된 무성 영화 〈청춘의 십자로〉(각본·감독 안종화)가 떠오른다. '현존하는 한국 최고最古'의 영화이며, 조선극장에서 에른스트 루비치 감독의 〈생활의 설계〉와 함께 개봉된 것으로 알려진 이 영화는 '문화역서울284'에서 변사극으로 되살아나기도 했다(2012년 9월 26일부터 10월 13일 상연). 이 영화에 주요하게 등장하는 공간이 바로 경성역(서울역)인데, 철도역이라는 근대적 공간을 배경으로 살아가는 군상이 깊이 있게 그려진다.

영화의 줄거리는 이렇다.

1934년 경성, 경성역에서 수하물 운반부로 일하는 영복에겐 가슴 아픈 사연이 있다. 그는 꿈에도 잊지 못할 고향에서 봉선의 집 데릴사위로 들어가 7년 동안 뼈 빠지게 일했으나 배신을 당하자 늙은 어머니와 누이동생을 둔 채 고향을 떠나올 수밖에 없었다. 그러던 중 영복은 근처 '개솔린 스탠드(주유소)'에서 일하는 계순을 만나 꽁꽁 얼어붙었던 마음이 차츰 열린다. 계순 역시 병든 부친과 어린 동생을 부양하며 근근이 살아가는 불우한 처녀였다. 한편 고향에 남은 영복의 동생 영옥은 모친을 여의고 서울로 오지만 오빠를 만나지 못한 채 카페의 여급이 된다. 어느 날 영옥은 주명구의 술책에 넘어가 주명구와 어울려 지내는 악덕 사채업자 개철에게 능욕을 당한다. 설상가

서울역(경성역)을 배경으로 삼은 무성 영화 〈청춘의 십자로〉가 변사극으로 재탄생하여 2012년에 '문화역서울284'에서 상연되었다.

상으로 계순마저 실직한 몸으로 직장을 찾아 헤매다가 개철 일당에게 걸려든다. 우연히 계순의 소식을 알게 된 영복은 개철의 집에 달려가고, 뜻밖에도 거기서 영옥을 만나 그간의 사정을 듣고 하늘을 우러러 통탄한다. 영복은 개철 일당을 응징하려 한다.

무성 영화 속 인물들과 이들이 깃들어 사는 공간은 이렇게 묘사되어 있다. 경의선 철로를 따라 북에서 남으로 내려오는 육중한 증기 기관차를 배경으로 '手荷物(수하물)'이라는 한자가 쓰인 모자를 눌러쓰고 제복을 입은 주인공 영복이 민첩하게 움직인다. 잡다한 물건을 파는 행상 소년들, 역 앞 '가고일 모빌 오일Gargole Mobile Oil'이라는 간판이 내걸린 주유소. 그리고 이들 주변의 부르주아 사내들을 바라보는 시선도 등장한다. 그들은 서구식 바에 앉아 맥주를 마시는, 난봉꾼 같은 인물로 그려진다. 이들은 기차가 실어 나른 사람들이다. 기차는 쉼 없이 질주한다. 시골 촌놈들은 기차를 통해 대도시 경성의 문턱을 넘게 된다. 이들에게 경성역은 가히 랜드 마크라고 할 수 있다.

경성역을 배경으로 삼은 영화 〈청춘의 십자로〉에 그려진 서사 구조는 이후 산업화의 경로를 밟아간 한국 사회의 비극적 단면을 예고하는 하나의 묵시록이었다는 점에서 더욱 눈길을 끈다. 1960~1970년대 한국 문학에 그려진 산업화의 어두운 그림자가 이 작품에 예고되어 있었던 것이다.

구로공단

산업화가 만들어낸 고난과 희망의 교차로

디지털산업단지로 변화한 구로공단

'구로공단'(공식 명칭은 한국수출산업공단의 구로공업단지)은 1960~1970년대에 가난한 농촌 가정에서 태어나고 자라, 고향을 떠나서 정착한 수많은 젊은 여성 노동자들이 가족의 생계와 동생들의 교육을 위해, 혹은 거창한 '수출 역군'이 되기 위해, 열악하고 통제된 노동 환경 속에서 청춘을 바쳐 힘들게 일하고 부당한 노동 조건과 해고에 맞서 싸운 장소로 기억된다.

구로공단이 생겨난 지 수십 년이 지난 지금, 한국 사회는 양적·질적으로 크게 변화했다. 특히 1990년대 이후 한국의 경제 구조는 수출 지향적 경공업과 중화학 공업에서 고급 기술과 생산자 서비스(금융, 법률, 지식·정보, 광고) 중심으로 전환했다. 이러한 변화는 2000년에 구로공단이 '서울디지털산업단지'로 명칭을 변경한 데에서 감지할 수 있다.

그러나 서울디지털산업단지를 구성하는 기업들은 기술, 자본, 상품, 임금, 고용 등의 측면에서 보면 복잡하고 다양해졌지만, 그곳에서 일하는 도시 하층민, 주부, 외국인 노동자 들은 여전히 저임금, 비정규직, 불법 고용과 같은 열악한 노동 환경 속에서 일하고 있다. 이들은 과거 구로공단의 여성 노동자들처럼 한국의 경제 성장과 소비문화를 지탱하게 해주는 데 중요한 역할을 담당하고 있지만, 눈에 보이지 않고 목소리가 들리지 않는 주변인 혹은 잉여(부재)적 인간으로 취급되고 있다.

무명 강촌에서 공장지대로

1960년대 중반에 형성되기 시작된 구로공단은 일제강점기 이후 전개된 영등포 지역의 변화, 특히 철도 및 공장 지대 형성과 직간접적으로 관련이 있다. 과거 한양(도성)의 외곽이며, 한강과 안양천의 범람으로 만들어진 저지대에 위치한 영등포는 경인선과 경부선이 건설되면서 무명無名의 강촌에서 서울과 인천 및 부산을 잇는 근대 철도 교통의 중심지로 급부상했다. 그리고 일본의 대기업들이 들어서면서 이곳은 공장 지대로 변모하기 시작했다.

특히 구로공단의 중심 산업인 섬유 산업의 경우, 1930년대에 영등포에 진출한 일본의 거대 방적 공장인 종연방적·동양방적·대일본방적과 깊숙이 관련되어 있었다. 또 이 시기에 제정된 조선총독부의 도시계획령에 따라 영등포는 잠재력이 풍부한 공업 지대로 지정되었지만, 해방과 한국전쟁을 거치면서 이곳의 여러 공장들은 자본과 기술 부족으로 방치되거나 대규모 폭격으로 거의 파괴되다시피 했다. 그러다가 영등포 공업 지대는 수출 주도형 국가 공단인 구로공단이 조성되면서 부활했다.

구로공단은 애초에 재일 조선인들이 세운 기업을 유치해 수출을 증대시키려는 목적으로 조성된 계획 공간이다. 공단은 크게 보아 세 개의 단지로 나뉘었는데, 시차를 두고 차례로 건설되었으며, 일정한 조건을 만족시키는 업체들이 차례로 입주했다. 《한국공단총람》(1987)에 따르면, 구로공단 단지별 입주 업체 수는 제1단지(1965~1967년)에 54곳(평균 종업원 수 324.2명), 제2단지(1967~1968년)에 58곳(평균 종업원 수 260.6명), 그리고 제3단지(1970~1973년)에 158곳(평균 종업원수 234.3명)이 있었다.

이렇듯 구로공단이 점진적으로 확장되고 활성화되면서 구로동 거주 인구가 증가하자, 영등포구에 포함되었던 구로동은 1980년 4월에 구로구로 승격되었다. 그리고 1990년대에 와서 지속된 침체를 벗어나기 위한 재구조화 전략으로 2000년 12월에 서울디지털산업단지로 명칭이 변경되었고, 아파트형 공장 설립이 허용되었다. 이때가 바로 지금의 '가산디지털단지역'을 중심으로 동서남북 사면이 상전벽해의 공간으로 바뀌게 된 전환점이다.

구로공단의 노동자 수는 제1단지가 조성된 이후 지속적으로 늘어나 1987년에 7만 3,195명을 기록했으며, 중심 업종은 섬유봉제와 전기전자였다. 1980년대 후반 이후 노동 쟁의, 임금 상승, 도시 재개발, 저가 수출 상품의 국제 경쟁 심화 등으로 구로공단의 기업들이 지대와 임금이 더 저렴한 지방이나 해외로 이전하면서 노동자 수가 지속적으로 감소해, 1999년에는 2만 9,639명으로 줄었다. 그러나 2000년에 아파트형 공장이 대규모로 건립되기 시작한 뒤로 소규모 업체들이 다수 입주하면서 노동자 수가 또다시 급속히 증가해, 2011년에는 14만 2,280명으로 늘었다.

주체적으로 노동 운동을 이끈 '공순이' '공돌이'들

이러한 외형적 변화 속에서도 놓칠 수 없는 대목이 있다. 그것은 1970~1980년대에 '공순이' '공돌이'로 호명된 구로공단의 노동자들이 저임금, 장시간 노동, 먼지·소음·악취와 같은 열악한 작업 환경 속에서 비인격적인 대우를 받으며 가족의 생존, 기업의 이윤, 국가의 경제 발전을 위해 헌신적으로 일했다는 사실이다. 오늘날 한국 사회의 괄목할 만한 성장 배경에는 이들의 숨은 노력이 크게 작용했다는 점은 누구나 인지하고 있는 바다.

한국수출산업공단에서 펴낸 자료(1981년)에 따르면, 당시 구로공단의 노동자 5만 8,061명 가운데 남녀 성비는 여성 65.3퍼센트, 남성 34.7퍼센트였고, 이 가운데 남성 노동자의 55.4퍼센트가 미혼인 반면에 여성 노동자의 89.8퍼센트가 미혼이었다. 특히 젊은 노동자(25세 이하)의 경우, 여성은 78.5퍼센트, 남성은 47.6퍼센트를 차지했다. 한마디로 구로공단에는 수많은 젊은 '미혼 여성 노동자'의 삶과 노동, 헌신이 깃들어 있었음을 알 수 있다. 이들 미혼 여성 노동자들은 섬유봉제업이나 전기전자 산업의 조립·가공 노동의 중심에 놓여 있었다. 이들 산업은 저임금과 장시간 노동의 결과로 이윤을 남겨 자본을 축적할 수 있었던 것이다.

구로공단의 발전 동력이 된 노동자들이 노동조합을 결성하기 위해 기울인 노력도 주목할 부분이다. 구로공단의 노동자들은 기업과 국가의 착취와 억압(탄압)에 순종하는 수동성에서 벗어나, 노동 과정에서 겪은 피해 경험을 바탕으로 노동조합을 결성하고 투쟁을 전개하면서 주체적 노동자가 되고자 애썼다. 이러한 노력의 한 예가 1985년 6월에 일어난 '구로동맹 파업'이다. 이 파업을 분석한 유경순의 연구에 따르면, 구로동맹 파업은 '대우어패럴' 노조 간부 3인의 구속 사건을 계기로 다섯 개 노조, 노동 운동 단체, 민중 운동 세력이 연대한 투쟁이었고, 민주주의 사회 건설에서 노동 운동의 중심성을 보여준 사례로 기록되었다.

그러나 2000년에 서울디지털산업단지로 지정된 이후 노동자 수가 급격히 증가했는데도 노동자 구성의 특이성 탓에 1980년대와 같은 노동 운동의 조직화·운동화는 이제 기대하기 어려워졌다. 소규모 영세(하청) 기업들이 비정규직, 파견, 주부, (불법) 외국인 노동에 크게 의존하고 있기 때문에 이들을 조직화하여 체계적인 노동 운동을 전개하기는 쉽지 않아 보인다.

1970년대 구로공단의 젊은 노동자들은 감시와 규율의 시선이 늘 따라다니는 기숙사에서 생활하거나, 공단 주변의 임대료가 싼 열악한 주거지에서 살아야 했다. 많은 노동자들이 먹고 자고 하던 '벌집(쪽방)'은 구로동의 상징이었다. 부엌 하나 딸린 작은 방들은 가난한 젊은 노동자들이 힘든 노동에서 잠시 벗어나 자기만의 시간을 보낸 주거 공간이었다. 1990년대 이후 구로공단의 쇠퇴와 서울디지털산업단지로의 재생에 의해 벌집의 주인은 미혼 여성 노동자에서 비정규직 노동자 혹은 외국인 노동자로 바뀌었다. 현재 구로공단 지역은 디지털산업단지, 열악한 임대 주택, 중산층 아파트, 최신식 백화점, 화려한 오락 시설, 외국인 상가 등이 혼재하는 복합 공간이 되었다. 따라서 구로공단의 과거와 현재를 이해하려면 다양한 시선이 필요하다.

허기진 '노동의 새벽'에서 '외딴방'의 성장통까지

구로공단은 지난날 우리나라 산업화 시대의 슬픈 한 단면을 간직한 곳이다. 그곳에서 일했던 수많은 젊은 노동자들은 말로는 '산업역군' '수출역군'으로 포장되었지만, 그 이면에는 저임금과 거친 작업 환경, 소외의 그늘이 있었다. 구로공단과 이들 근로자들을 소재로 한 문학 작품들은 이들의 실태와 애환을 담고 있다. 구로공단과, 이곳의 배후지이자 공단 2, 3단지가 자리 잡은 가리봉동은 근로자들의 고된 노동과 굵은 땀방울이 맺힌 곳이기에 이곳과 이곳 근로자들을 소재로 한 문학은 궁극적으로 노동 운동을 골자로 한 노동 문학의 형태를 띨 수밖에 없었다.

1984년 가을, 구로공단 근로자들은 시로 자신들의 처지를 대변해주는 한 사람을 만난다. 그해에 시집 《노동의 새벽》을 펴낸 박노해가 바로 그다. 그 자신 1970년대 초에 구로공단에서 기능공 생활을 했던 박노해는 '노동 해방'을 뜻하는 필명을 앞세우며 잇따라 노동시를 발표했고, 그 목소리는 강렬했다.

《노동의 새벽》에 실린 시들은 전부 예외 없이 노동자들의 일과 삶을 노래한다. 〈가리봉 시장〉에서는 값싼 순대로 간신히 허기를 때우며 시골집에 송금할 돈을 모으던 당시 구로공단 노동자들의 고통과 애환을 다루었다. 또 다른 시들에서는 열악한 노동 조건의 폭로, 간절한 계급 해방의 열망, 동료

구로공단을 소재로 한 시집 《노동의 새벽》과 소설 《내일을 위한 집》, 《외딴방》.

노동자들을 향한 각성과 단결의 외침이 담겨 있다. 〈시다의 꿈〉을 비롯한 박노해의 노동시들은 송효순, 유동우, 석정남의 노동 수기류를 계승하면서도 좀 더 세련된 장르인 시로 노동 현장을 담아냈다는 점에서 의미가 있다. 박노해는 노동자 시인에서 노동 운동가이자 혁명가로 변신했다가, 이후 사상의 긴 시련을 거쳐 평화 운동가로 거듭난다.

구로공단을 소재로 한 문학은 소설로도 이어진다. 1987년에 이문열이 발표한 《구로아리랑》은 1980년대 구로공단을 중심으로 한 노동 운동과 노동 운동 탄압 양상을 잘 보여준 작품이다. 이 소설은 당시 노동자 밀집 구역이었던 구로공단에서 노동자들이 겪은 비참한 현실을 사실적으로 묘사하는 동시에, 공단 부근 노동자들 사이의 갈등과 분쟁, 노사 간의 갈등과 분쟁 등을 그렸다. 이 소설은 처음부터 끝까지 아리랑 곡조 같은 타령조로 구성된 점이 특징인데, 거기에는 부당한 대우를 하는 기업주에게 대항하도록 노동자들의 분발을 촉구하는 메시지가 들어 있다. 이 소설은 당시 대학 운동권

1986년 구로공단의 한 봉제 공장에서 작업 중인 여공들의 모습.

학생들 사이에서 필독서로 통했으며, 1989년에는 영화로도 만들어졌다.

이 소설보다 앞서 1986년에는 양귀자가 단편 〈비오는 날이면 가리봉동에 가야 한다〉를 발표했다. 이 작품은 부와 빈곤이라는 세속적인 도시의 논리 속에서 소외된 계층의 문제를 따스하면서도 날카로운 시선으로 그려내면서, 도시 외곽 지대에서 살아가는 소외된 사람들의 삶을 통해 이웃 간에 벌어지는 갈등과 이해, 공존의 원리를 제시한다.

방현석의 《내일을 여는 집》도 구로공단을 소재로 한 대표적인 소설집이다. 방현석은 노동 현장에서 일하고 노동 운동을 하면서 노동자의 삶과 현실을 그린 작가라는 점에서 이 소설집은 적잖이 주목을 받았다. 특히 이 소설집에 수록된 〈새벽 출정〉은 리얼리즘 소설로서 작품 성과가 뛰어나다고 평가받아, 1980년대 대표작으로 꼽히기도 했다.

소설가 신경숙도 구로공단 근로자, 이른바 '공순이' 출신이다. 신경숙은 고향에서 중학교를 졸업한 후 상경해, 구로공단에서 공장을 다니며 야간으로 고등학교를 졸업한 이력을 가지고 있다. 따라서 구로공단이 작가에게 문학의 한 원천이었음을 어렵지 않게 짐작할 수 있다. 특히 1995년에 펴낸 소설《외딴방》은 작가의 개인적 경험을 바탕으로 쓴 자전적 소설로, 구로공단 노동자로 일하며 고등학교에 다녔던 시절을 회상 형식으로 서술한다. 당시 구로공단의 여성 노동자 대다수가 그러했듯, 소설의 주인공도 '외딴 방'에 기거하며 공장에 다닌다. 소설의 주인공은 열악한 노동 환경에서 고된 노동을 하며 가난과 절망에 시달리면서도 야간 학교에 다니며 희망을 잃지 않고 꿈을 키운다.《외딴방》은 아프고 잔인한 청년 시절을 단조로운 문체와 선명한 서술로 생생히 드러낸 작품이다.

청계천 평화시장

개발과 복원으로 사라진 청계천의 역사

'평화부틱'과 '인간이하지대'의 공존

서울 동대문 및 청계천 지역에 밀집한 의류 도매 시장인 평화시장은 한때 유명 메이커 의류를 할인해서 파는 '땡시장'이 몰려 있어, 멋쟁이들에게 사랑받으며 '평화부틱'이라는 애칭으로 불린 적이 있다. 작가 박완서는 1983년 11월 26일자 《동아일보》에 실린 〈두 개의 평화시장〉이라는 칼럼에서 "평화시장에 가면 자신이 부자 할머니가가 돼 예쁜 아동복을 한 보따리나 사서 손자들에게 선물할 수 있었다"라며, 자신이 서울에 사는 여러 이유 가운데 하나만 대야 한다면 평화시장에 물건 사러 다니는 재미를 들 것이라고 썼다. 부자가 아닌 이들이 적은 비용으로 큰 즐거움을 누릴 수 있었던 곳이 바로 평화시장이었던 것이다.

평화시장 주변은 서울시의 대표적인 상업 지구일 뿐 아니라 제조업 지구로, 한국의 산업화 초기부터 의류 제조업체가 밀집하기 시작해서 1980년대 중반까지 우리나라 제1의 수출 품목이었던 섬유 산업, 특히 의류 제조업의 중심지로 기능해왔다. 서울시에서 보기 드문 의류 제조업체 밀집 지역인 이곳은 사업장의 규모 면에서 대단히 영세한 점이 특징이다.

1970년에 이곳에서 청계천 피복 노동자들의 '영원한 횃불' 전태일이 근로기준법 준수를 외치며 분신한 이후에도, 이곳의 근로 조건은 그다지 개선되지 않았다. 그래서 박완서는, 가난한 우리가 잠시나마 적은 돈으로 만족스러움을 느끼게 해주는 평화시장 말고도 또 하나의 평화시장이 존재한다고 말했다. '전태일의 평화시장'이 바로 그것이다. 자신에게 즐거움을 주는 평화시장과 자신에게 고통을 주는 평화시장의 괴리 속에서 작가는, 이 둘이 서로 요령껏 비켜 가게 함으로써 타협점을 찾지만, 결국 "큰돈 안 들이고 한 보따리의 쇼핑을 즐기고 돌아오면서도 마냥 즐겁기만 한 게 아니라 문득 허전해"지노라며 자신의 사람 됨의 한계를 고백했다.

한편 1991년 1월에 《경향신문》은 새해의 시작과 함께 '소외 지대'라는 주제로 기획 연재를 시작한 바 있는데, 이 연재물에서 처음 다룬 곳이 '평화시장 봉제 공장'이었다. 기사에서는 "'고도성장'의 거창한 구호 아래 가려 그늘진 '인간이하지대人間以下地帶'에 보다 따뜻한 관심과 대책 수립이 절실한 시점"이라며 최저 생계비에도 못 미치는 저임금, 열악한 작업 환경과 작업장 내의 성추행, 근로자 처우 및 복지 문제 등이 심각하다고 지적했다.

전태일이 분신한 지 20년이 지났건만 상황이 여전히 좋지 못하다며 '인간이하지대'를 고발한 지도 또다시 20년이 지났으나, 불행히도 이런 상황은 여전히 현재진행형이다. 한 가지 달라진 점이 있다면, 재개발이라는 현재의 고통으로 그 무게를 더하고 있다는 점 정도일 것이다.

도심 재개발로 파괴된 청계천의 산업 생태계

한국전쟁 직후 이북의 피란민들이 청계천변 판자촌에서 '미싱' 한두 대로

1965년 8월 청계천 복개 공사 당시의 평화시장.

1980년대 평화시장의 내부 모습. 평화시장은 한국의 산업화 초기부터 1980년대 중반까지 우리나라 제1의 수출 품목이었던 섬유 산업(의류 제조업)의 중심지로, 매우 영세한 사업장들이 밀집해 있었다.

옷을 만들어 팔던 데서 출발한 평화시장 상가 공장은 1960~1970년대 중반에 밀집되었다가, 1970년대 후반부터 근처로 분산되기 시작했다. 평화시장의 의류 사업장들이 그 근처인 창신동·충신동·숭인동·신당동 등지로 분산되어, 5인 미만의 영세 사업장과 가내 하청업체 형태로 중저가 내수 의류 제조업체 밀집 지역으로서 그 정체성을 유지해간 것이다.

그러다가 2000년대에 들어와 이들 제조업체들 사이에서 대단히 중대한 사건이 발생했다. 청계천로 위에 설치된 고가 도로를 철거하고 하천을 복원하려는 계획이 이슈로 등장한 것이다. 재개발 계획이 발표되었을 때, 청계천로 일대의 제조업체들은 강력하게 반발하고 나섰다. 일반적으로 세입자들은 재개발이 되면 이전보다 비싼 임대료를 내야 하기에 재개발에 반대하는 경향이 있지만, 청계천로 주변 상가들의 반대는 경제적 차원이나 심리적 차원의 이유를 넘어선다. 도심 산업 공간의 입지라는 점에서 볼 때, 특히 청계천로 주변 공구 상가를 비롯한 업체들은 서로 긴밀한 연결망 속에서 일종의 사회적 생태 네트워크를 구성하고 있기에, 이 네트워크의 일부를 떼어내 철거하거나 이전하는 것은 단순히 도시 미화 차원의 문제가 아니라 '도시의 삶과 죽음'의 문제였던 것이다. 지저분하고 좁고 어두운 길과 낡은 건물을 치워버리는 재개발은 오랜 역사를 거치며 서서히 형성된 대단히 복잡한 산업 생태계와 사회적 생태망을 파괴하는 과정이기도 하다. 전태일이 자신을 버리고 죽이며 지켜낸 청계천은 이렇게 또 한 번 거대한 폭력과 파괴의 위험에 노출되었다.

'복원'은 과거가 미래와 만나는 것

전 서울시장 이명박은 2002년 6월 지방 선거에서 청계천 복원을 대표 정

2002년 지방 선거에서 서울시장 후보 이명박은 청계천 '복원'을 선거 공약으로 내세워 당선되었고, 그 후 2년여의 공사 끝에 2005년 10월에 '복원된' 청계천을 공개했다.

책으로 제시하며 서울시장에 당선되었다. 당시 청계천복원추진본부장은 '복원'이란 원래의 것을 찾는 것과 더 좋은 것을 만드는 것, 두 가지 뜻이 있다는 (기이한) 주장을 펼쳤고, 결국 '복원'이라는 이름으로 '개발'을 강행했다. 그 개발의 결과물은 '콘크리트 인공 수로'였다.

그리고 2014년 3월, 동대문시장 근처에서는 세계적 건축가 자하 하디드가 설계한 세계 최대의 비정형 건축물, 동대문디자인플라자가 개관했다. 그런데 동대문역사문화공원을 기획한 이가 '역사'라는 개념을 어떻게 이해했는지 궁금해진다. 역사와 디자인이 통합되는 신개념 '역사문화공원'을 표방한다고 했지만, 결과적으로는 '역사'라는 이름으로 대단히 '미래'주의적 개발을 한 것만은 사실인 것 같다.

청계천 복원이나 동대문시장 주변의 개발은 도심지 재생이나 생태, 복지 등 여러 측면에서 필요한 사업이긴 했으나, 이 과정에서 역사와 시민들의 삶은 엄청나게 파괴되고 말았다. 청계천은 산업화 시대의 기억과 흔적을 완전히 지워버리고 오로지 미래적 관점의 서사만으로 치장되었고, 대립적인 기억과 서사의 장인 청계천은 사라져버렸다. 박완서가 싼값의 즐거움 속에서 문득 허전함을 느꼈던 평화시장, 전태일 열사가 '내 이상의 전부'라 했던 평화시장의 어린 동심도, 복잡하게 얽히고설킨 네트워크로 짜인 평화시장도 사라졌다. 이제 우리는 두 개의 청계천, 두 개의 평화시장 사이의 괴리에서 오는 불편함을 느낄 필요도 없어졌고, 우리의 어둡고 힘든 과거를 기억할 필요도 없어진 것이다. 하지만 이렇게 하면 우리는 과연 '안녕'할까.

'디자인 서울'을 꿈꾼다면 멋진 디자인의 건축물만 필요한 것이 아니라, 미싱과 '평화부틱', 전태일과 '어린 여공들'의 역사에 물길을 대고 거기서 현재와 미래의 대화를 시도하는 것이 필요하지 않을까. 이것이 지금 청계천이 '재복원'되어야 하는 이유다. 오랜 역사가 만들어내는 이야기의 여러 층, 온갖 사람들이 얽히고설키며 만들어낸 무질서 속의 질서를 되살리는 복원은 불가능한 것일까.

전태일다리 너머로 바라본 세상

나는 돌아가야 한다. 꼭 돌아가야 한다. 불쌍한 내 형제의 곁으로, 내 마음의 고향으로. 내 이상의 전부인 평화시장의 동심 곁으로. 생을 두고 맹세한 내가 그 많은 시간과 공상 속에서, 내가 돌보지 않으면 아니 될 나약한 생명체들, 나를 버리고 나를 죽이고 가마. 조금만 참고 견디어라…….

—《어느 청년 노동자의 삶과 죽음》(1983) 중에서

평화시장의 재단사였던 전태일이 청계천 버들다리 건너 평화시장 입구에서 "근로기준법을 준수하라. 우리는 기계가 아니다!"라고 외치며 근로기준법 책자를 끼고서 1970년 11월 13일 오후 한 시 사십 분에 분신하기 넉 달 전 일기에 쓴 글이다. 그의 분신은 사회 각계에 노동자들의 비참한 삶을 일깨워 노동 문제에 대한 각성을 촉구했지만, 최저 임금법이 1986년에 와서야 만들어진 점에서 알 수 있듯이 노동 환경과 근로기준법은 매우 더디게 바뀌고 있다.

전태일은 사후 노동 운동과 반정부 운동의 상징이 되면서 급진적이고 전투적인 인물이라는 이미지가 생겼지만, 그가 쓴 글을 보면 아주 소박하고 온건한 성품임을 알 수 있다. 비록 전해지진 못했지만, 당시 박정희 대통령에게 그가 쓴 탄원서를 보면 근로기준법을 준수하고 악덕 기업주들을 단속

1970년 11월 13일, 전태일이 '근로기준법을 준수하라'라고 외치며 자신의 몸을 불살랐던 전태일다리에 2005년에 세워진 전태일 동상. 그의 시선이 향하는 곳은 어디일까 상상해보게 한다.

해달라는 것이 주된 내용이었다. 전태일은 이 탄원서의 마지막에 이렇게 썼다. "각하께서는 국부이십니다. 곧 저희들의 아버님이십니다. 소자 된 도리로서 아픈 곳을 알려드립니다. 소자의 아픈 곳을 고쳐주십시오."

스물두 살 푸르디푸른 청년 재단사가 분신으로 생을 마감한 지 45년이 지난 2001년, 정부는 민주화운동보상법에 따라 전태일을 '민주화운동 관련자'로 공식 인정했다. 2005년 9월, 청계천 6가와 평화시장 입구 사이에 있는 '버들다리' 중간쯤에 임옥상미술연구소가 제작한 전태일 반신상이 세워졌고, 2년을 끌어온 '버들다리'냐 '전태일다리'냐 하는 명칭 표기 문제도 2012년에 '전태일다리'로 정리되었다. 다리 근처에 큰 버드나무가 있어서 '버들다리'로 불리던 다리가 사건사적 명칭을 얻은 것이다.

바로 이 다리에 앞서 말한 전태일 동상이 놓여 있다. 그런데 흥미로운 건 동상의 시선이다. 그는 청계천의 남쪽과 북쪽 어디에도 시선을 두지 않았다. 그의 시선이 가닿는 곳은 물이 흘러 내려가는 청계천 저편이다. 그의 등 뒤편으로는 계속해서 더 높이 솟아오르고 있는 빌딩들이 물줄기 저편 좌우를 따라 우뚝 솟아 있는데, 원경이 된 빌딩숲과 동상의 시선이 묘한 대조를 이룬다. 강북에서 소규모 영세 업체가 들어찬 평화시장을 조망해보아도 이곳은 한국 자본주의라는 큰 그림에서 하나의 톱니바퀴 모양을 하고 있을 게 틀림없다. 강북의 외진 동네에서 평화시장까지 출퇴근했던 전태일의 시선은 고향이 있던 남쪽이나, '미싱'을 돌리던 공장이 즐비했던 시장 골목을 향하지도 않았다. 그저 모두가 행복한 모습으로 어우러지는, 모든 것이 순리대로 풀려서 하나로 모이는 그 어떤 곳을 향하고 있다고 본다면 지나친 독법일까?

금남로와 옛 전남도청

민주화 운동의 지성소

민주화의 성지, 금남로

금남로는 인조 2년(1624년)에 도원수 장만張晩을 도와 이괄의 난을 진압하고 진무공신 1등에 책록되어 금남군錦南君에 봉해진 충무공忠武公 정충신鄭忠信을 기려 붙인 이름으로, 지략과 용맹이 출중했으나 무고誣告를 받고 억울하게 죽은 의병장 김덕령의 시호를 딴 충장로와 함께 광주의 중심 도로이다. 금남로가 20세기 현대사에서 가장 치열한 항쟁의 거리이자 무등無等의 공간이 된 것은, 아전에 서얼 출신으로서 입신한 장군의 봉호에서 그 이름을 얻은 점과도 무관하지 않을 것이다.

우리는 흔히 금남로를 1980년 5월 광주민주화운동과 연관시켜서만 기억하지만 사실 광주 시민들이 이 땅의 민주주의를 지키고자 금남로에 나섰던 일은 그 전부터 있었다. 1960년 3월 15일 정·부통령 선거가 투·개표 부정으로 얼룩지자, 가톨릭센터 앞 거리에서 시민 1,000여 명이 "곡哭, 민주주의"라고 쓰인 가로 펼침막을 들고서 장송葬送 시위를 벌였다. 이 시위는 전국 최초의 3·15 부정 선거 규탄 대회로서 4·19혁명의 출발점이 되었고, 경찰은 광주일고를 비롯한 고등학생 중심의 시위대에 무차별 총

1980년 5월 21일 시민을 향한 계엄군의 발포는 사태를 더욱 악화시켰다.

격으로 일곱 명을 희생시켰지만 우리는 그 사실을 잘 기억하지 못한다.

1980년 5월 14일, 권력 장악의 야욕을 노골적으로 드러낸 신군부에 맞서 전남도청 앞 분수대에서는 '교수·학생들의 민족·민주화 성회'가 열렸다. 이어서 16일에 열린 금남로 '횃불 대행진'은 민주주의 제단에 희생제를 알리는 일종의 고유제告由祭(사당이나 신명에게 중요한 일을 알리는 제사)였다. 19일에서 21일까지 전남도청 앞 광장은, 국가는 국민의 생명권을 지키는 사회계약을 준수하라고 요구하며 무장 군인에 맞서 30만 시민이 함성을 울린 만민공동회의 장소였다. 21일에는 계엄군의 발포로 50명이 넘는 시민들이 사망하고 500여 명이 총상을 입고 쓰러졌다. 그야말로 민주의 제단에 피와 눈물을 바치는 희생제가 열리는 시간이 펼쳐졌다. 그날 오후, 분노한 시민들의 결사 항전에 밀려 무장 군인들이 철수하자 전남도청은 항쟁 지도부와 시민수습대책위원회가 활동한 대동세상 광주 시민공동체의 중심이 되었다. 그리고 27일 새벽에는 계엄군의 무력 진압에 맞선 윤상원 열사를 비롯한 시민군의 최후 결사 항전지가 되었다. 한편 전남도청 앞 '5·18민주광장'은 1987년 6월민주항쟁 당시 시민들의 최종 집결지이자, 군부독재 체제에 맞서다 희생된 이한열, 강경대, 박승희 등 망월동 묘지에 잠든 수많은 민주 열사의 노제가 열리고 또 열리면서 피눈물이 스며든 장소이기도 하다. 이 금남로와 민주광장이 침묵과 성찰의 공간인 이유가 여기에 있다.

끊임없는 기억 투쟁의 공간

수많은 왜곡과 매도를 뚫고 '5·18민중항쟁'은 '5·18광주민주화운동'으로 공인되었다. 희생자들에게 일정한 보상을 하게 되면서 기념일로 제도화되었고 금남로와 전남도청과 분수 대광장은 한국 민주주의의 성지로 '공인'되었다. 그러나 시간이 흐르면서 이들 공간의 성격을 이해하고 기억하는 방식에서 분화가 일어났다. 그날을 직접 겪은 이들에게 금남로와 분수대 광장은 너무나도 생생한 경험 공간이다. 그러나 〈꽃잎〉, 〈화려한 휴가〉, 〈26년〉 등의 영화는 금남로를 재현 공간으로 재구성하여 우리들의 상상력에 불을 지핀다. 그 공간을 '한국 민주주의의 성지'로 재현할 때 금남로는 민주주의와 시민의 희생을 연결시키는 '상징 공간'이 된다.

상징 공간으로서 금남로는 성지이며 지성소다. 지성소는 순결한 자를 불태우는 희생 제의를 올리는 장소이며 그 불꽃의 연기는 함께 살아가는 구성원들에게 슬픈 눈물을 요구한다. 금남로에서는 지금도 기약 없는 투쟁이 전개되고 있다. 민중의 자유와 평등의 구현이라는 지난한 과제를 멍에처럼 짊어지고 금남로와 민주광장을 인권과 민주주의의 상징 공간으로 지켜가려는 이들과, 5·18을 종북과 폭동으로 매도하고 온갖 치졸한 이념과 지역주의를 가동시켜 금남로를 전라남도 광주의 한 장소로 축소시켜 성지를 모독하려는 자들 사이에 건곤일척의 첨예한 투쟁이 벌어지고 있다. 금남로는 비록 광주의 한 소박한 거리이지만, 한국 현대사의 성격을 규정하고 한국 사회의 나아갈 방향과 진로를 설정하려는 기억 투쟁이 전방위로 전개되는 공간이다.

한편 금남로가 '공인 성지'로 그 위상이 승격되자 그 정신의 유산을 계승하는 방법을 두고 전남대학교가 '5·18연구소'를 세워 그 정신을 가다듬는 등 다양한 모색이 전개되었다. 그러나 유공자 단체들 사이에서 명예와 입지를 차지하려는 각축전이 벌어졌고, 더러 '이름과 명예'를 얻으려는 자들이 금남로를 시민의 기억을 이용하기 위한 무대로 삼기도 했다. 또 5·18이 국가 기념일로 지정되면서 5·18광주민주화운동 관련 기록물들이 2011년에 유네스코 세계기록유산으로 등재되었다.

하지만 현실은 만만하지 않다. 제도권 기념식에서는 금남로와 전남도청에서 스러져간 이들을 기리며 오래전부터 불렀던 노래 〈임을 위한 행진곡〉을 이제 더는 부르지 않는다. 우리가 방심하거나 더러는 위축되어 '우리 가슴에 붉은 피'로 썼던 〈오월의 노래〉를 잊은 날, '동지들 모여서 함께 나가자'던 〈광주출정가〉를 작곡한 범능 스님이 입적(2013년 6월)한 일은 우리의 마음을 무겁게 한다.

민주화와 신자유주의가 협상하는 공간

금남로는 한국 민주주의의 성지로 공인되었지만 현재 5·18광주민주화운동을 직간접적으로 표상하는 건축 시설과 공간이 늘어나면서 장소학적 위상이 약해지고 심지어 소외가 진행되고 있는 역설의 공간이다. 전남도청 이전으로 도심 공동화가 심화되면서, '사적지'라는 명칭만으로는 시민들의 당면한 생존 욕구를 채워줄 수 없게 되자, 재개발과 도심 재생이 논의되면서 금남로와 민주광장 공간을 재구성하는 협상 전략을 불가피하게 선택해야 하는 상황에 이르렀다. '한국의 문화수도 광주'라는 이름 아래 2004년부터 20년간 추진될 예정인 국책 사업 '아시아문화중심도시'가 금남로와 민주광장을 적극적으로 포섭한 배경도 여기에 있다.

아시아 도시들의 문화적 연대와 교류를 통해 광주, 곧 금남로의 정신을 확산시키는 것을 목표로 삼은 이 사업은, 국내에서는 막상 지역주의의 벽에 가로막혀 확산을 멈춘 5·18광주민주화운동의 정신을 아시아라는 더 큰 영토공간에서 우회적으로 발언하기를 모색하는 노력의 일환이다. 이와 동시에 시장경제의 효율성을 사회 운영의 원리로 강조하는 신자유주의가 이윤 축적의 도구로써 도시들의 브랜드 경쟁을 조장하는 현실은, 광주로 하여금 5·18민주화운동을 도시 브랜드 가치를 올리는 작업에 동원하게 하는 역학 관계 역시 작용하고 있다.

그런가 하면 2015년 9월에 개관할 예정이며 지하 4층, 지상 1층으로 민주광장 북쪽에 세워지는 국립아시아문화전당은 신개념의 문화 도시를 조성하는 문화 프로젝트로서 '아시아문화발전소' 역할을 자임하는 핵심적인 거점 시설이다. 그 흔한 고층 건물을 마다하고 문화전당을 지하 건물로 짓는 이유는 금남로에서 무등산을 조망할 수 있게 하고 옛 전남도청의 모습을 돋보이게 하여 5·18민주화운동을 상기시키려는 것이 목적이다.

이렇듯 금남로와 옛 전남도청 앞 민주광장은 문화수도라는 이름 아래 5월 광주의 민주주의 정신과 신자유주의적 도시 경쟁이 협상하며 재구성을 모색하는 공간이다.

오월의 기억을 말한다는 것

말줄임표와 쉼표로 이루어진 여백의 기억

오월의 기억을 이야기한다는 것이 가능한 일인가. 끝나지 않는 길처럼, 끊임없이 말하고 이야기하게 하는 것이 바로 오월의 거리가 획득한 장소적 의미이기도 하다. 오월의 거리를 단순하게 단 한 번의 사건이 일어난 공간 정도로 기록할 수 없듯이, 그날의 기억도 몇 줄로 요약되어서는 안 된다. 그날이 남긴 슬픔과 분노, 쓸쓸함과 무력감, 고립감과 외로움을 담아낼 수 있는 말이 있을까. 그 거리를 이야기하려는 끝없는 욕망은 우리 시대의 슬픔, 분노, 사랑의 다른 이름이다. 울음도 아닌, 노래도 아닌, 이야기도 아닌, 차라리 웅얼거림에 가까운 그 소리는 오월 광주를 지금, 여기로 불러낸다.

> 뭉치자, 막 이런 것도 아니에요. 여기만 딱 고립돼서 언제 죽어도 아무도 모를 거라는 위기의식 같은 거였지. 이 나라에서 누가 죽어도 아무도 모르고 딱 통제된다는 걸 느낀 거잖아요. 그래서 그런 분노가 있었던 것 같아. 딱 여기만 단절되고 우리만 죽을 수도 있다. 그래서 아무도 기억하지 못할 수 있다, 라는 것.
>
> —광주전남여성단체연합 기획, 《광주, 여성》 중에서

산산이 흩어져 버린 몸의 조각들을 모으면서 느꼈던 설움, 우리만 죽을 것 같고 아무도 기억하지 못할 것 같은 순간에 느꼈던 고립감, 이 슬픔이 분노와 사랑이 아니라면 무엇일까. 금남로를 떠도는 웅성거림은 조각난 몸을 주우면서, 외롭게 갇혀 있어야 했던 광주 사람들의 아물지 않는 상처에서 흘러나왔을 것이다. 그 자리에서 뼈아픈 물음과 노래가 시작된다.

그 노래는, 그러니까 1980년 오월의 거리에서 시작되었고 지금도 어디론가 흘러가고 있다. 이름도 없이 사라진 사람들과 살아남은 자들에게서 흘러나온 그 노래는 오월의 거리를, 인간의 삶을 무참하게 짓밟은 무한의 시공간과 만나게 한다.

금남로와 전남도청이 만들어낸 또 하나의 이야기-책은 뚜렷한 언어와 문자가 아니라 말줄임표와 쉼표로 이어진 여백으로 되어 있다. 그 여백은 오월 당사자들은 물론이고 이름도 없이, 아무런 소용도 없이, 다만 묵묵하게 지켜볼 수밖에 없었던 주변 사람들의 숨결과 표정이 자리한 곳이다.

> 오월만 되면 그 표정을 잊을 수 없어. …… 전남도청으로 버스를 타고 내려서 지나가면 전일빌딩, YMCA, 금남로 길 주변에 사람들이 건물에 붙어서 서 있는 거야. 그런데 아무런 표정이 없어. 누가 어떤 표정을 지을 수 있겠냐. 나오라고 하는 사람도 없어. 선동하는 자도 없어. …… 그런데 무언가를 기다리고 있는 사람들. 금남로를 바라보면서 양쪽으로 도열하는 듯 침묵한 채 서 있던 사람들의 표정을 잊을 수 없어. 굉장히 무서운 장면이었지.
>
> —정경운 현 전남대학교 문화전문대학원 교수(2013년 12월 4일 인터뷰에서)

5·18광주민주화운동 당시 시민들이 시위대에게 빵과 음료를 제공하는 모습.

'그런데', '그런데', 이 반복되는 접속사에서 오월의 표정 하나가 나타난다. 침묵과 기다림, 그것이 그날이 우리에게 남긴 두 가지 표정이다.

금남로와 전남도청이 남겨놓은 말줄임표와 쉼표, 그 여백의 공간은 여전히 '침묵과 기다림'으로 채워져 있다. 이질적인 감성이 충돌하면서 동거하는 '무서운 장면'은 시간이 지날수록, 점점 더 선명한 흔적을 환기시킨다. 침묵은 새로운 세상을 향한 기다림을 절실하게 부른다. 옛 전남도청에 들어선 국립아시아문화전당은 광주의 유구한 역사성과 80년 오월의 기억이 만나서, 오월 정신을 아시아로 넓히는 미래지향적 공간으로 거듭나고 있다.

문화와 연대의 공간으로 거듭나는 오월의 거리

그러나 금남로와 전남도청으로 상징되는 오월의 거리는 단지 이곳들로만

국한되지 않는다. 윤상원을 비롯한 '들불야학' 강학들이 〈투사회보〉를 제작하여 배포한 '가톨릭센터'와 '녹두서점 옛터', 시민군의 훈련장이자 편성지로서 치안 업무를 담당했던 곳인 '광주공원', 오월항쟁을 문화로 승화시킨 예술 공간 '민들레소극장', 주먹밥으로 공동체 정신을 실현한 '양동시장' 등, 오월은 인권·민중·의향義鄕·예술·남도 등과 접속하면서 여러 가지 모양의 '별자리'를 그린다.

그중에서도 대인시장-오월 어머니집-광주 YWCA 옛터-옛 전남도청-광주공원 광장-양동시장까지 펼쳐진 '오월 민중길 주먹밥 코스'는 끈끈한 연대와 대동의 공간을 상징한다(전남대 문화전문대학원 장소마케팅연구센터/5·18기념재단 기획·제작, 《광주의 오월을 걷자》, 2013). 이렇듯 오월을 기억하는 공간들은 5·18민주광장 주변에 자리한 '사직공원', '광주극장', '대인시장' 등과 함께 문화와 예술의 공간으로 탈바꿈하고 있다. 앞으로 금남로와 전남도청 일대는 '문화'라는 키워드를 통해 광주를 재구성함과 동시에 아시아 여러 국가들과 연대하는 장이 될 것이다.

어떤 장소에서 살아간다는 것은 다른 사람들이 걸어간 길과 역사를 다시 걷고 새롭게 펼치는 것이다. 옛 전남도청에서 금남로로 뻗어 있는 길은 동학군과 의병, 얼룩무늬 군인들과 시민군들이 걸었던 길이며, 그 길은 지금 아시아 문화와 접속할 준비를 하고 있는 생성의 무대다. 그곳을 걷는다는 것은 시민과 군인이 남긴 발자국을 하나씩 지우면서 걷는 것이며, 동학, 의병, 광주학생독립운동 등 오월 이전과 이후의 역사를 새롭게 쓰면서 기억하는 것이다.

이렇듯 오월의 거리는 기억 투쟁의 공간을 넘어서 문화의 주체가 적극적으로 개입하고 실천하고 기획하는 장소라고 할 수 있다. 오월의 거리에서 약속할 수 있는 미래는 민주·인권·평화의 실현을 통해 궁극적으로 무등無等의 공간을 만들어내는 것이다. 누구나 이 길 위에 서면, 아무것도 아니면서도 무엇인가가 될 수 있었으면 한다. 그것이 오월의 거리 금남로와 전남도청이 우리 시대에 요청하는 현재적 의미이자 물음이다.

5·18민주광장을 중심으로 갈래갈래 뻗은 길들은 이제 다른 시공간에서 살아가고 있는 사람들의 몸과 접속하는 특별한 장소가 되고 있다. 오월의 거리는 관념이나 추상의 공간이 아니라 새로운 가치와 의미를 창출하는 공간, 국경을 넘어 아시아, 세계와 접속하는 연대 공간인 것이다. 지금 여기에서, 당신의 물음을 시작하라.

명동성당

‘아고라’에서 ‘구원과 선교의 성당’으로

1987년 5월 18일, 명동성당에서 광주민주화운동 7주기 추모 미사가 끝난 후 천주교정의구현전국사제단(약칭 정의구현사제단) 대표 김승훈 신부는 박종철 고문치사 은폐·조작을 폭로하는 성명을 발표했다. 이 사건은 이한열 사건과 함께 6월민주항쟁의 도화선이 되었다. 최루탄에 맞서 싸우던 학생들과 시민들의 시위대는 명동성당에 모여 민주 항쟁을 이어갔다. 이렇듯 명동성당은 정치적으로 암울한 상황에서 독재 정권의 강압에 맞서 정권의 부도덕성과 불의를 적극적으로 고발함으로써 민주화 의식을 고취시킨 저항의 공간이었다. 그뿐만 아니라 사회적·경제적으로 소외된 사람들의 인권을 보호하고 진실을 밝히는 데 앞장섬으로써 인간 존엄성을 지키기 위해 온 힘을 다했던 희망의 공간이었다.

대한민국 대표 고딕 양식의 건축물

명동성당은 천주교 선교사들이 비밀리에 선교 활동을 전파했던 시기에 중심적 역할을 한 곳으로, 우리나라 천주교의 총본산이다. 명동성당이 지어진 자리는 천주교 최초의 순교자로 불리는 김범우金範禹(1751~1787년)의 집이 있었던 곳으로, 조선 시대 한성부의 행정 구역 가운데 하나인 명례방明禮坊에 속해 있었다. 이곳에서 천주교 신도들의 신앙 공동체가 형성되었고, 이승훈李承薰(1756~1801년)이 세례를 베풀었으며, 종교 집회가 열리기도 했다. 명동성당은 1883년 블랑 주교joannes marie Blanc•가 대지를 매입하면서 건립이 추진되기 시작했다. 이후 코스트 신부Eugene-Jean George Coste••의 설계와 파리 외방선교회의 재정 지원으로 1892년 8월에 착공하여 1898년 5월에 준공되었다. 당시에는 이곳 지명을 따서 '종현鐘峴성당'으로 불리다가 1945년 광복을 기점으로 '명동성당'으로 바뀌었다.

명동성당은 우리나라에서 규모가 가장 큰 고딕 양식의 벽돌조 교회당이다. 석재가 아니라 적색과 회색 두 종류의 벽돌이 사용되어 상대적으로 장중함은 덜한 편이지만 고딕식 요소가 살아 있다. 궁궐보다 높은 경사지 언덕의 정상에 위치해, 건립 당시에는 서울 사대문 안의 모든 곳을 내려다볼 수 있었다고 한다. 많은 사람들의 반대에도 궁궐을 내려다볼 수 있는 곳에 성당이 지어졌다는 것은, 역으로 당시 조선 왕조의 권력이 얼마나 쇠약했는지를 알 수 있게 한다. 성당 지하 묘역에는 병인박해 이후의 순교자 유해가 안치되어 있다. 그리고 성당 정문 왼쪽에는 1909년에 이곳에서 이완용을 척살하려 했던 이재명 의사를 기념하는 '이재명 의사 의거 터' 표석이 세워져 있다.

• **블랑 주교**(1844~1890년) 당시 조선 교구 제7대 교구장(1884~1890년 역임)이었다. 1876년 5월 조선에 입국하여 선교 활동을 시작했다. 박해 이후 천주교 재건을 위해 노력했으며 명동성당 건립을 추진하던 중 1890년 2월에 선종했다.

•• **코스트 신부**(1842~1896년) 1885년 조선에 들어와 천주교 건축에서 중요한 역할을 수행했다. 하지만 명당성당의 완공을 보지 못하고 1896년에 선종했고 이후 공사는 푸아넬(Victor Louis Poisnel, 1855~1925년) 신부에 의해 마무리되었다. 코스트 신부는 용산신학교(1892년 준공), 약현성당(1892년 준공), 답동성당(1897년 준공), 원효로성당(1902년 준공)의 설계도 맡았으며 '가톨릭은 고딕 양식'이라는 인식을 우리에게 심어준 인물이기도 하다.

건립 당시 낮은 기와집과 초가집 한가운데에 들어선 거대한 서양식 건물 명동성당은 궁궐보다 높은 경사지 위에 세워져, 사대문 안이 훤히 내려다보였다고 한다.

한국 민주화의 상징 공간

1980년대 중반은 우리나라에서 민주화 열기가 고조되던 시기다. 천주교는 이 격동기에 우리 사회의 인권 운동에 지지를 표하고 사회 정의 고취와 사회 복지 신장을 위한 활동을 적극적으로 실천했다. 그 활동의 중심지가 바로 명동성당이었다.

1987년 4월에 여기서 상계동 철거민들의 집단 천막 생활이 시작되었고, 5월에는 정의구현사제단이 박종철 고문치사 은폐·조작을 폭로했으며, 6월에는 학생들과 시민들로 구성된 시위대가 독재 타도를 외쳤다. 이런 일들은 1962년 제2차 바티칸 공의회 소집 이후 천주교가 사회 정의 문제에 적극적으로 참여하면서 비롯된 것이다. 또한 명동성당이 정치·사회·경제적으로 압박받는 계층의 자유 회복에 관심을 갖고 시국 사건과 관련한 각종 미사, 시위, 농성 등을 통해 민주화 청원의 장소로서 상징성을 얻어가고 있었기에 가능했다. 그뿐 아니라 종교적 성역, 즉 치외법권적 공간이면서 지리적 접근성과 인원 동원력이 뛰어난 서울의 한복판 명동에 위치한 데다 많은 사람이 집결할 수 있는 광장이 성당 내에 확보되어 있었던 덕분이기도 하다.

1987년 6월 10일, 재야와 통일민주당이 연대한 '민주헌법쟁취국민운동본부'는 '박종철 고문살인 은폐조작 규탄 및 민주헌법쟁취 범국민대회'를 개최했다. 경찰에 쫓기던 수백 명의 학생들과 시민들은 명동성당에 모여 6월 15일까지 집회를 이어가며 민주화 운동의 불씨를 전국으로 확산시켰다. 당시 성당에서 농성을 하고 있던 상계동 철거민들이 이 시위대에게 밥을 해주었고 계성여고 학생들은 등교할 때 도시락을 전해주기도 했다. 인근의 직장인들과 상인들, 시민 단체들도 쌀, 의류, 성금 등을 제공하며 물심양면으로 시위대를 지원했다. 그리고 성당에서 농성 중이던 학생들과 시민들을 연행하려고 경찰이 무력 진압을 시도했을 때, 당시 서울대교구장이던 고 김수환 추기경은 자신을 먼저 밟고 지나가라며 맞섰다.

마침내 집권 세력으로부터 시위대의 안전 귀가, 사후 문책 포기라는 약속을 받아냄으로써 농성 투쟁은 자진 해산 결의로 마무리되었다. 농성이

1987년 명동성당 앞에서 펼쳐진 민주화 운동 단체의 집회.

끝난 후에도 민주화를 요구하는 6월민주항쟁은 전국으로 계속 이어졌다. 위기 국면에 처해 체제의 정당성을 위협받은 집권 세력은 6월 29일에 대통령 직선제 개헌, 언론의 자유 등 여덟 개 항목을 담은 선언문을 발표했다. 이렇듯 6·29선언은 시민들과 학생들에 의해 주도된 6월민주항쟁 앞에 집권 세력이 항복함으로써 이루어졌다.

그러나 그 이면에는 민주적 절차를 보장함으로써 국민의 저항을 약화시키고 자금력과 조직력, 언론을 이용한 여론 조작 등으로 직선제에서도 승리할 수 있다는 집권당의 계산이 깔려 있었다. 결국 6·29선언은 6월민주항쟁의 성공적인 결과물로 보이지만, 이후 이어진 정권의 행태를 보면 집권층의 권력 연장을 위한 노림수에 국민들이 기만당한 것이었다는 해석도 가능한 사건이다.

1990년대부터 뚜렷해진 탈정치화 경향

1987년 6월 이후에도 명동성당에서는 정치, 경제, 사회 복지, 노동, 통일 등의 이슈와 관련된 크고 작은 시위가 끊임없이 이어졌다. 이로써 명동성당이 종교적 장소로서뿐만 아니라 역사와 시대의 증언대, 대변자로서의 역할을 수행했음을 알 수 있다. 하지만 우리 사회가 민주화의 과정을 밟기 시작하면서 명동성당은 집단적 이익을 성취하기 위한 농성 장소로 변질된 듯한 모습을 보이기도 했으며, 장기 농성, 종교 의식 방해, 쓰레기 투기 등으로 인해 시위대에게 무관심과 적대의 반응이 나타나기도 했다. 내부적으로 성당의 정치적 입장 표명에 제동을 가하려는 시도도 있었고 종교 공동체로서의 역할에 충실하자는 목소리도 있었다. 그러다 2000년 12월에 명동성당이 시설 보호를 이유로 성당의 허가없이 집회·농성을 하지 못하게 차단하면서부터 명동성당을 중심으로 한 천주교의 민주화 운동은 소극적으로 바뀌었으며, 1990년대부터 등장한 정치적 보수화, 탈정치화 경향이 한층 뚜렷해졌다.

명동성당은 누가 뭐라고 해도 여전히 명동을 대표하는 상징적 공간이다. 그러나 수많은 학생, 시민, 노동자 들의 투쟁과 열정으로 민주화의 성지 혹은 소수자들의 피난처라 불리던 모습은 이제 찾아보기 어렵다. 용산 참사, 뉴코아·이랜드 비정규직 사태 때 성당에 농성 천막을 치지 못하게 하거나 농성 중이던 천막을 철거한 적도 있다. 6월민주항쟁 24주년을 기념하는 2011년 '6·10민주올레' 행사에서는 순례자들의 방문을 허락하지 않았다. 성당을 관광 명소로 특화 개발하는 데에는 적극적으로 동조하면서도 바로 인근의 명동 재개발 3구역에서 발생한 철거 용역에 의한 강제 철거와 폭력 사태에는 침묵했다. 이것이 과연 우리 사회의 부조리를 규탄

하고 약자들의 권리를 청원하는 '아고라'에서 종교 본연의 역할인 '구원과 선교의 성당'으로 되돌아가는 것을 의미하는지 의구스럽기만 하다.

명동성당 건축 약사

한국 가톨릭을 대표하는 서울대교구 주교좌 성당인 명동성당은 공간과 역사, 상징적 의미에서 한국 가톨릭교회의 첫 출발점이다. 명동성당의 역사적 배경은 1784년이 원점이며, 그 중심 인물은 우리나라 가톨릭 첫 영세자인 이승훈(세례명 베드로)과 이벽李檗(1754~1785년, 세례명 요한)이다.

지금의 명동성당이 자리 잡은 대지는 언덕배기로, 당시 언덕 위 높은 곳에 종을 매달아 놓았다고 해서 '종현鐘峴'이라 불리던 곳이다. 행정 구역상 '명례방'에 속했던 이곳에는 원래 천주교에 입교한 통역관 김범우의 집이 있었다. 그 집에서 1784년 봄, 중국 베이징에서 영세를 받고 귀국한 이승훈이 교회 예절 강좌와 교리 강좌 등을 열었고, 자신과 정약전 삼형제, 권일신 형제 등이 이벽을 지도자로 삼아 신앙 공동체를 만들면서부터 명동성당은 그 역사가 시작된 셈이다. 교회 역사가들은 사실 이때 조선 천주교회가 설립된 것으로 본다. 그러나 이 명례방 신앙 공동체는 이듬해에 한 형조 금리禁吏에게 발각되어 김범우가 유배되면서 해체된다.

그러다가 1882년에 한미수호조약이 체결되면서 서양 종교를 믿을 자유가 어느 정도 허용되자, 당시 조선 교구를 관장하던 블랑 주교가 조선 첫 천주교회의 상징성을 가진 김범우의 집을 성당 터로 매입했다. 블랑 주교는 이곳에다 우선 종현서당을 세워 운영하면서 예비 신학생을 양성하는 한편, 성당 건립을 추진한다. 그리고 한불수호통상조약이 체결된 1887년 5월에는 명례방 지역의 대지를 마저 구입하여 그해 겨울부터 언덕을 깎아내는 일을 비롯해 정지整地 작업을 시작한다. 이때 신자들은 저마다 팔을 걷어붙이고 노역을 보탠다.

조선 교구는 이 자리에 큰 규모의 성당을 짓고자 했다. 그런데 축성하기가 쉽지 않았다. 당시 대궐이 내려다보이는 곳에 대궐보다 높은 뾰족탑 모양의 성당을 짓겠다고 하니 조정에서 허가를 내주지 않았던 것이다. 그리하여 프랑스의 힘을 등에 업은 교구와 조정 간에 밀고 당기기가 계속되다가, 1892년 5월에 가서야 겨우 허가를 얻어 기공식을 연다. 그사이 성당 건립 계획을 세우고 추진했던 블랑 주교는 죽고 그 후임으로 두세Doucet 신부가 부임하여 일을 적극적으로 이어간다.

두세 신부는 성당 축성에 본격적으로 매달려, 설계와 공사의 지휘 감독을 코스트 신부에게 전담케 한다. 코스트 신부는 건축 전문가여서, 당시 양옥 건축 기술자가 없던 조선에서는 명동성당 건립의 적격자였다. 1896년 벽체 공사가 끝날 즈음에 코스트 신부가 죽고 푸아넬 신부가 뒤를 이어 내부 공사를 속행하여, 건설을 시작한 지 12년 만인 1898년 5월에 완공된다.

명동성당은 가톨릭의 성신강림대축일인 1898년 5월 29일에 당시 조선 교구장이던 뮈텔Mutel 주교의 집전으로 축성식을 갖고 교회 문을 열었다. 건립 당시 명동성당의 이름은 '종현대성당'이었다.

'명동대성당', 그러니까 오늘의 명동성당으로 이름이 바뀐 것은 한참 후인 1945년 8월 15일 광복을 맞으면서부터다. 명동성당은 건립 당시 '뾰족집'이라는 별칭이 생겨났고 많은 구경꾼이 매일 몰려와서 보는, 장안의 명물이었다고 한다. 건립 이후 1947년과 1973년 두 차례에 걸쳐 수리 공사가 진행되었고, 사제관, 교육관 같은 부속 건물이 건립되었으며, 한국 천주교 200주년인 1981년부터 대대적인 복원·수리 공사에 착수, 1984년에 마무리되어 오늘에 이르고 있다. 1900년 9월에는 병인박해 순교자들의 유해를 용산신학교에서 옮겨와, 유럽의 성당처럼 지하 묘지에 안장해 지금도 신자들의 순례지가 되고 있다. 명동성당은 그 역사성과 독특한 건축미를 인정받아, 1977년 11월에 사적 제258호로 지정되었다.

저자 소개

집필진(총31명)

고성빈 제주대학교 정치외교학과 교수, 중국정치학
공윤경 부산대학교 한국민족문화연구소 HK교수, 도시공학
김경연 부산대학교 국어국문학과 교수, 국문학
김대호 국사편찬위원회 전임연구원, 한국근대사
김영철 교수신문 편집위원
김호연 단국대학교 무용과 교수, 한국근대연극
김희연 전 교수신문 기자
류지석 부경대학교 인문사회과학연구소 전임연구원, 철학
문재원 부산대학교 한국민족문화연구소 HK교수, 국문학
박규택 부산대학교 한국민족문화연구소 HK교수, 인문지리학
박명진 중앙대학교 국어국문학과 교수, 국문학
박수경 부산대학교 한국민족문화연구소 HK교수, 일본어학
박정희 서울대학교 아시아연구소 객원연구원, 중문학
변광석 부산대학교 한국민족문화연구소 HK연구교수, 조선시대사
손은하 부산대학교 한국민족문화연구소 HK연구교수, 영상정보학
신지은 부산대학교 사회학과 교수, 사회학
안창모 경기대학교 건축학과 교수, 건축사
양흥숙 부산대학교 한국민족문화연구소 HK교수, 조선후기사
오미일 부산대학교 한국민족문화연구소 HK교수, 한국근현대사
윤상민 전 교수신문 기자
이명수 부산대학교 한국민족문화연구소 HK교수, 중국근현대 철학
이상봉 부산대학교 한국민족문화연구소 HK교수, 지역정치학
이은상 부산대학교 한국민족문화연구소 HK교수, 중국근현대사
장세룡 부산대학교 한국민족문화연구소 HK교수, 서양사
조관연 부산대학교 한국민족문화연구소 HK교수, 문화인류학
조명기 부산대학교 한국민족문화연구소 HK교수, 국문학
차윤정 부산대학교 한국민족문화연구소 HK교수, 국어학
차철욱 부산대학교 한국민족문화연구소 교수, 한국근현대사
최익현 교수신문 편집국장
최현주 순천대학교 국어교육과 교수, 국문학
한순미 조선대학교 자유전공학부 교수, 국문학

장소 선정에 도움을 주신 분들

고영진(광주대학교, 조선시대사상사), **김광식**(동국대학교, 한국근대사), **김동노**(연세대학교, 역사사회학), **김동전**(제주대학교, 조선후기사 - 제주사), **김명섭**(연세대학교, 정치사), **김백영**(광운대학교, 역사사회학), **김열규**((사)민족미학연구소, 민속학), **김영나**(서울대학교, 미술사), **김정인**(춘천교육대학교, 한국근대사), **김행선**(고려대학교, 한국현대사), **류시현**(광주교육대학교, 한국현대사), **박노자**(노르웨이 오슬로 대학교, 한국현대사), **박명림**(연세대학교, 한국정치학), **박상익**(우석대학교, 서양사상사), **박성순**(단국대학교, 한국근대사), **박윤재**(경희대학교, 한국근대사), **박찬승**(한양대학교, 한국근대사), **송규진**(고려대학교, 한국근대사), **신복룡**(건국대학교, 한국정치사상), **신주백**(연세대학교, 한국근현대사), **안병욱**(가톨릭대학교, 한국현대사), **양동숙**(오사카 대학교, 한국현대사), **양진석**(서울대학교, 조선후기사), **윤해동**(한양대학교, 한국근대사), **이민원**(원광대학교, 한국근대사), **이상록**(국사편찬위원회, 한국현대사), **이상의**(인천대학교, 한국근대사), **이계형**(단국대학교, 한국근대사), **임계순**(한양대학교, 중국사), **장세윤**(동북아역사재단, 한국근대사), **정근식**(서울대학교, 역사사회학), **정요근**(덕성여자대학교, 고려시대사), **정차근**(창원대학교, 동양정치사상), **조명래**(단국대학교, 지역정치), **조성훈**(국방부 군사편찬연구소, 한국현대사), **차철욱**(부산대학교, 한국근현대사), **채웅석**(가톨릭대학교, 고려시대사), **최갑수**(서울대학교, 프랑스사), **최성환**(목포대학교, 한국근대사), **최종민**(전북대학교, 정치경제학), **최혜주**(한양대학교, 한국근대사), **한용진**(고려대학교, 교육사학)

사진 제공 및 소장처

강성현
고흥군청
교수신문
국사편찬위원회
국정홍보처
권태균
김성철
독립기념관
동아일보
민족문제연구소
백유선
서울역사박물관
셔터스톡
엄재용
연합뉴스
위키피디아
윤상민
이영란
조명기
조수정
차윤정

• 이 책에 쓰인 사진은 정해진 절차에 따라 저작권자의 허락을 받아 사용하였습니다. 이 책에 사진을 제공해주신 분들께 감사드립니다.

• 저작권자를 찾지 못하여 게재 허락을 받지 못한 사진에 대해서는 확인되는 대로 허락을 받고 통상의 기준에 따라 사용료를 지불하겠습니다.

찾아보기

ㄱ

ㅅ

ㅊ

ㅋ·ㅌ

ㅍ

한국 근현대사 역사의 현장 40

'근대의 심장' 경복궁에서 '분단의 상징' 판문점까지

교수신문 기획
교수신문·부산대학교 한국민족문화연구소 로컬리티의인문학연구단 외 지음

1판 1쇄 발행일 2016년 2월 29일

발행인 | 김학원
경영인 | 이상용
편집주간 | 위원석 황서현
편집장 | 강창훈
기획 | 문성환 박상경 임은선 최윤영 조은화 전두현 최인영 이혜인 정다이 이보람
디자인 | 김태형 유주현 임동렬 최우영 구현석 박인규
마케팅 | 이한주 김창규 이선희 이정인 이정원
저자·독자서비스 | 조다영 채한을(humanist@humanistbooks.com)
조판 | 홍영사
용지 | 화인페이퍼
인쇄 | 청아문화사
제본 | 정민문화사

발행처 | (주) 휴머니스트 출판그룹
출판등록 | 제313-2007-000007호(2007년 1월 5일)
주소 | (03991) 서울시 마포구 동교로23길 76(연남동)
전화 | 02-335-4422 팩스 | 02-334-3427
홈페이지 | www.humanistbooks.com

ISBN 978-89-5862-464-6 03910

• 이 도서의 국립중앙도서관 출판예정도서목록(CIP)은 서지정보유통지원시스템 홈페이지(http://seoji.nl.go.kr)와 국가자료공동목록시스템(http://www.nl.go.kr/kolisnet)에서 이용하실 수 있습니다.(CIP제어번호: CIP2016003469)

만든 사람들

기획 | 최인영(iy2001@humanistbooks.com) 강창훈
편집 | 문해순
디자인 | 유주현